네가 실패하면
하나님이
실패하시는 거란다

부모로 부르시다
믿음으로 답하다

장미숙

네가 실패하면
하나님이
실패하시는 거란다

좋은땅

고난의 십자가를

달게 지고 가신 어머니께

프롤로그

나는 예순을 넘긴 나이이고 그동안 여느 사람 못지않게 열심히 살았다. 그런 내 삶에서 지금 가장 큰 즐거움은 주님과 함께 하는 시간이다. 성경 말씀을 묵상하고 기도하는 시간은 세상 무엇하고도 바꾸고 싶지 않다. 아침 일찍 일어나 가볍게 맨손체조를 한 다음 책상 앞에 앉으면 마음 깊숙한 곳에서부터 기쁨이 차오른다. 주님과 함께 하는 그 시간이 그저 좋고, 그것을 누릴 수 있는 공간과 평안한 여건을 주신 것이 감사하다.

어느 날 문득 내 삶에서 하나님이 '그래 너 수고했다!'라고 칭찬하실 것은 무엇일까? 생각해 보았다. 다른 것은 별로 떠오르지 않고 우리 집 두 아들이 하나님 믿는 청년들로 잘 자란 것이 떠올랐다. 오해하지 마시길 바란다. 우리 아이들이 이름만 말하면 누구나 알 정도로 성공이나 업적을 이루었다는 것은 결코 아니다. 이제는 부모인 내가 걱정하지 않아도 될 만큼 스스로 하나님을 믿는 믿음을 지키며 성실함으로 자기 길을 잘 찾아가고 있다는 뜻이다. 왠지 이 정도만 했어도 주님이 칭찬해 주실 것 같은 생각이 들었다.

2020년은 내 인생의 꿈을 이룬 해이다. 남편 유학 뒷바라지하고 두 아이를 키우고 난 다음 나이가 많이 들어 공부를 한 탓에 박사를 했어도 강의 자리를 얻기 힘들었는데 드디어 대학원에서 강의를 하게 되었다. 코로나COVID-19로 인해 온라인으로 강의하느라 힘들기도 했지만, 지금까지 감사한 마음으로 잘하고 있다. 그런 중 어느 날 하나님께 기도하는데 이런 생각이 들었다. '이 강의 자리가 비록 내 인생의 꿈을 이룬 것일지라도, 이것 하고도 결코 바꿀 수 없는 것이 있다면 무엇일까?' 그 답은 바로 주님과 함께 하는 시간이고 우리 아이들의 신앙이란 것이었다.

전에 나는 내 인생의 꿈을 이루기 위해 많이 애쓰고 노력했지만 늘 가족이 우선이 되다 보니 원하는 대로 그 꿈을 이룰 수 없었다. 그땐 남들보다 뒤처지는 것 같아 우울하기도 했고 하나님께 서운하기도 했다. 그러나 그 꿈을 이룬 지금 돌아보니, 하나님은 내게 그 꿈보다 더 중요한 것을 먼저 주셨다는 것을 깨달았다. 그 중요한 것을 먼저 주시기 위해 내 꿈을 이루어 주시길 늦추신 것이었다. 이것을 깨달았을 때, 하나님의 계획도 알지 못한 채 볼멘소리로 "제 인생은 그냥 이렇게 끝나게 하실 건가요?" 하며 불평했던 것이 죄송했다. 주님은 나도 몰랐던 '내 영의 깊은 간구'를 먼저 아시고 이루어 주신 것이다.

온 세상이 죄로 물들었을 때 노아는 어떻게 믿음을 지켰을까? 바로 할아버지 므두셀라와 아버지 라멕에게서 믿음을 물려받았기 때문이다. 또 그 할아버지는 그 위 아버지 에녹에게서 믿음을 물려받았다. 믿음의 대물림이 노아를 홍수 심판에서 건졌다. 온 세상도 다시 한번 생존의 기회를 얻었다. 하나님께서 홍수가 나기 직전까지 할아버지 므두셀라를 노아 곁에 두신 것은 므두셀라의 역할이 노아를 위해 얼마나 중요했는지 말해 준다.

이 책의 글들은 영아부 사역하면서 부모설교 한 것 중 더 많은 부모와 공유하고 싶은 내용을 정리한 것이다. 내가 만난 하나님을 소개하고, 어떻게 하나님의 뜻을 따라 자녀를 양육하며 믿음을 물려줄 수 있을지 나눔 하는 이야기들이다. 이렇게 하는 이유는 그리스도인 부모로서 이 일이 우리 인생에 자신의 꿈을 이루는 것보다 더 중요한 것을 알았기 때문이다. 그것이 자녀를 살릴 뿐 아니라 모두를 살리는 길이란 것을 확신하기 때문이다.

그러나 믿음을 대물림하기가 결코 쉬운 일은 아니다. 찬란한 믿음의 영웅들도 실패한 일이 바로 이 일이다. 출애굽 2세대는 믿음의 용사들로 가나안을 정복했으나, 자녀들의 신앙교육에는 실패하여 가나안 신들에게 그들의 영혼을 약탈당하게 했다. 하나님의 마음에 합한 자로 불리는 다윗조차 신앙의 바른 훈계를 자녀들에게 하지 못함으로 평생 복수와 반역의 칼이 그 집에서 떠나지 않았다. 부모가 정신을 차리고 단단히 마음을 먹지 않으면 신앙의 전수는 결코 쉽게 이루어지지 않는다.

그러므로 주님은 부모 된 우리를 부르신다. 그 어려운 일을 부모가 혼자 하는 것이 아니라 주님과 함께하길 원하신다. 부모가 먼저 주님께 배우고, 배운 것을 아이에게 가르치며, 그 시행착오 과정에서 겸손히 주님께 더 가까이 나아오길 바라신다. 이 땅에 사는 날 동안 이 일의 완성은 없다. 과정만 있을 뿐이다. 다만 한 걸음 한 걸음 믿음으로 나아간다면, 일희일비一喜一悲 할지라도 여전히 함께하시는 주님의 신실하심과 부모의 연약함에도 불구하고 그분의 선하고 완전하신 뜻을 따라 자녀의 삶을 이끄시는 주님의 성실하심을 보게 될 것이다. 그리고 어느덧 '내 영의 깊은 간구'를 나도 모르는 사이 주님이 이루어 주신 것을 깨달을 것이다. 이 책이 부모의 그 여정에 작은 길잡이가 되길 소원한다.

감사의 말

무엇보다 모든 설교 영감의 원천이신 주님께 감사드린다. 말씀에서 새로운 교훈을 깨닫는 것은 언제나 큰 기쁨이었다. 내 삶의 시간 속에 늘 함께하시는 주님께 찬양 올려드린다. 내게 베푸시는 사랑과 은혜가 놀랍기만 하다. 이 책도 주님이 함께 써 주셨다. 원고를 붙들고 씨름과 포기를 거듭하다가, 주님이 등을 밀어주시면서 이십일 만에 탈고하였다.

영아부 사역을 할 수 있도록 길을 열어 주신 사명의 교회 김승준 담임 목사님과 당회 및 성도님들께 감사드린다. 영아부 사역을 하면서 두서없던 생각들이 정리되고 두루뭉술했던 관념들이 명료해졌다. 함께 영아부를 섬긴 선생님들과 영아부 부모님들께는 감사와 더불어 애틋한 사랑의 마음도 전한다. 처음 해 보는 부모 역할을 잘하려고 애쓰는 모습은 안쓰러우면서도 대견하다. 나를 나이보다 훨씬 젊어 보이게 한 우리 아기들은 내 생의 보물들로 기억될 것이다.

주 안에서 함께 동고동락하며 부부로서 또 부모로서 신앙과 인격의 성장과 성숙을 견인해 준 남편 현창학 목사님과 부모설교를 하기에 민망하지 않도록 잘 자라준 두 아들 성수, 은수에게 사랑과 고마움을 전한다. 가족이 없다면 오늘의 나도, 이 책도 없을 것이다. 하나님이 보내 주신 예쁜 맏며느리 사랑과 앞으로 만나게 될 둘째 며느리를 비롯해 우리 집안의 귀한 딸·아들·며느리·사위들에게 그동안 하고 싶었으나 기회가 없어서 하지 못한 말들을 이렇게 전할 수 있게 되어서 참 기쁘다.

이 책이 나오기까지 조언과 격려를 아끼지 않은 모든 분께 진심으로 감사드린다. 바쁜 중에도 흔쾌히 표지 그림을 그려준 김성희 전도사님께 특별히 감사드린다. 표지 모델이 된 강현이네 가정에도 감사드린다. 하나님을 사랑하고 예배를 사랑하는 강현이네 가정이 표지 모델이 된 것은 우연이 아니라 하나님의 특별한 섭리로 여겨진다.

이 땅의 모든 젊은 그리스도인 부모들이 부모로 부르심에 믿음으로 답하며, 처음 가는 낯선 부모의 길을 혼자가 아니라 꼭 주님과 함께 가기를, 그래서 그 결국에 기쁨과 감사와 보람이 넘치기를 바라마지않는다.

2025년 새해 장미숙

목 차

6장   말씀 묵상과 기도

1장

하나님 알기

우리 하나님은 전능하시다. 그러나 내가 기도하는 문제에 응답을 척 척 해 주시는 식으로 전능하신 것은 아니다. 그럴 능력은 충분하실 지라도 결코 그렇게 하시지 않는다. 하나님은 하나님의 뜻을 이루어 가시는 데 전능하시다. 그 뜻은 우리를 예수님 닮은 참된 하나님의 자녀로 만들어 가시는 것이다.

하나님과 친하기

마태복음 19:14
14 예수께서 이르시되 어린아이들을 용납하고 내게 오는 것을
금하지 말라 천국이 이런 사람의 것이니라 하시고

지금까지 살면서 가장 기억에 남는 일은 무엇일까? 아직 돌이 되지 않은 아기 부모에게는 아기 태어난 것이 가장 큰 일이었을 것이다. 좀 큰아이가 있는 집이면 그 아이가 유치원 간 일 또는 초등학교 들어간 일이 기억에 남을 것이고, 우리 한국 사회 같으면 고3 지나 대학 들어갈 때를 또 잊을 수 없을 것이다. 나는 십여 년 전 일이지만 아직 기억한다. 둘째 아이가 수시를 다섯 군데 넣었는데 다 떨어지고 한 곳만 발표가 남아 있었다. 그 마지막 발표를 기다릴 때 조마조마함이란 말로 표현하기 어렵다. 내가 대입 치르고 합격자 발표볼 때보다 더 가슴 졸였다. 그래서 기억에 오래 남아 있다.

자녀를 낳기 전과 후의 가장 큰 차이점은 가장 기억에 남는 일이 대부분 자녀와 관련되는 것이다. 삶의 희비도 마찬가지이다. 직장에서 승진하거나 상을 탄 것도 기쁜 일이고 기억에 남을 수 있지만 그

것도 아이들과 관련된 어떤 일이 없을 때이고, 아이가 학교에서 왕따를 당하거나 혹은 아파서 입원이라도 하면 직장에서 내가 아무리 잘 나가도 즐겁지 않다.

왜 그럴까? 이제는 나 자신보다 자녀가 더 나에게 소중한 존재가 되었기 때문이다. 이 자녀의 존재는 참으로 신비하다. 그렇게 이기적인 사람도 자기 자녀에겐 더 이상 헌신적인 사람이 될 수 없다. 애가 뭐길래 부모는 전 존재가 그 아이에게 끌려다닌다. 아이가 웃으면 부모가 더 웃고, 아이가 아프면 부모가 더 아프다. 머리로는 이해가 잘되지 않아도 그것이 사실이다.

나중에 자녀가 자라면 좋아하는 것이 있다. 바로 옛날 자기 키울 때 겪은 일들을 들려주는 것이다. 다른 아기는 다 목을 가누는데 목을 못 가누어서 걱정한 이야기, 겨울에 예배 가려고 다 차렸는데 응가를 해서 기저귀 가느라 예배 지각한 이야기 등 남이 듣기엔 아무것도 아닌 이야기라도 자기와 관련된 이야기를 들려주면 정말 재미있게 잘 듣는다. 그리고 그런 이야기들을 들으며 부모와 깊은 친밀감을 느끼게 된다. 아이가 부모에게 더 친근하게 다가와 엄마 혹은 아빠하고 안긴다. 아이와 라포를 형성하는데 가장 좋은 방법 중 하나가 아이에게 자기 키우던 얘기를 해 주는 것이다. 엄마 아빠 결혼한 이야기같이 어떤 부분은 아이가 알지도 못하고 기억도 못 한다. 그래도 그런 이야기를 해 주면 아이들이 신나서 눈을 반짝이며 듣는다. 자기가 어떻게 시작되었는지를 듣게 되기 때문이다.

성경은 부모 된 이의 자녀에 대한 마음보다 더 큰 사랑과 인내로 우리를 돌보시는 아버지 하나님이 자녀 된 우리에게 우리를 키우면서 겪은 아버지의 기억을 들려주시는 것과 같다. 창세기 1장에서처럼 하나님이 천지를 창조하신 이야기를 들을 때 우리 마음이 아이들 마음 같으면 좋겠다. 앞으로 성경 말씀을 들을 때 언제나 이 마음이면 좋겠다. 오늘 우리가 있기까지 하나님이 무슨 일을 어떻게 겪어 오셨는지 이야기를 들려주실 때, 자기는 알지도 기억도 못 하지만 엄마 아빠가 어린 시절 자란 이야기, 결혼해서 자기를 낳은 이야기, 자기를 키우며 즐거웠던 이야기, 고생했던 이야기들을 귀 기울여 듣는 아이처럼, 그렇게 하나님 아버지의 이야기를 들으면 좋겠다. 그리고 그 아이들이 반응하는 것처럼 반응하면 좋겠다. 때로는 이야기가 너무 재미있어 웃고, 때로는 자신도 모르게 엄마 아빠 마음을 아프게 했던 것을 알고 미안해하고, 또 그런 이야기 속에서 부모가 자기를 얼마나 사랑하는지 알고 그 사랑에 감동하여 '엄마 아빠' 부르며 그 품에 안겨 오는 아이처럼 우리도 하나님 아버지께 반응하면 좋겠다. 성경 이야기를 들으면서 하나님 아버지와 우리 사이에 서로를 더 깊이 알아감에서 나오는 따스한 친밀감이 생겨나면 좋겠다.

천국은 어린아이 같은 자들의 것이다.

하나님이 들려주시는 첫 이야기

창세기 1:1-19

1 태초에 하나님이 천지를 창조하시니라

2 땅이 혼돈하고 공허하며 흑암이 깊음 위에 있고 하나님의 영
은 수면 위에 운행하시니라

3 하나님이 이르시되 빛이 있으라 하시니 빛이 있었고

4 빛이 하나님이 보시기에 좋았더라 하나님이 빛과 어둠을 나
누사

5 하나님이 빛을 낮이라 부르시고 어둠을 밤이라 부르시니라
저녁이 되고 아침이 되니 이는 첫째 날이니라[1]

하나님이 들려주시는 첫 이야기는 천지를 창조하신 이야기이다.
1절 '태초에'에 눈이 간다. 태초는 우주의 시작, 시간과 공간의 시작
을 의미한다. 영원 속에서 하나님이 시공간의 세계를 창조하셨다.
사실 하나님이 제일 먼저 창조하신 것은 시간이다. 하나님은 자신
을 "알파와 오메가, 처음과 마지막, 시작과 마침이라" 하셨다(계시록

---

[1] 성경 본문은 중요한 구절만 실었다.

22:13). 이것은 모두 같은 뜻으로 하나님이 시간을 시작하셨고 그 끝을 맺으신다는 뜻이다. 하나님이 시간의 주인이시다.

삶에서 시간 문제로 염려하시는 분이 많다. 기다려야 하는데 기다리기 너무 힘든 분도 있다. 이런 때 자신이 어떻게 해 보려고 하지 않는 것이 좋다. 할 수 있는 최선을 다한 다음 주님 손에 맡겨 두는 것이 지혜롭다. 시간이 지나면서 혹은 시간 속에서 주님이 일하시면서, 가장 완벽한 시간에 하나님께서 그 문제를 다루시고 해결해 주실 것이기 때문이다. 그렇지 않고 할 수 있는 모든 방법을 동원해서 시간을 바꾸려 한다든지 당기려 한다면 일이 더 복잡해지고 어려워질 수 있다.

특히 아이들 키울 때 조바심이 크다. 지나고 나면 아무것도 아닌데, 그 당시는 그 문제가 너무 심각하게 보여서 안달복달할 때가 많다. 아이들 키가 자라고 지혜가 자라는 문제가 다 그렇다. 같은 개월 수의 다른 아기는 걷는데 우리 아기는 못 걸으면, '왜 우리 아기는 아직 못 걷지?' 하면서 겉으로 표현은 하지 않지만 속으로 애를 태운다.

아이들이 자랄 때 많은 문제는 사실 시간과 관련된다. 키가 자라든 지혜가 자라든 대부분 시간과 관련된다. 이 말은 많이 기다려야 한다는 뜻이다. 아이가 말을 더디 배우는 것 같을 때, 배움이 느린 것 같을 때 더 빠른 다른 아이들과 비교하지 말고 기다려야 한다. 꾹 참고 기다리며 기도하는 것이 중요하다. 기도하고 기다리면 아무 문제 없다. 오히려 그것이 무슨 문제이든지 하나님의 시간에 모든 것을 아름답게 만들어 주실 것이다. 하나님이 시간의 주인이시기 때문이다.

아이들이 커 가면 더 많이 기다려야 한다. 아이들에게 자의식이 생기기 때문에 기다리지 않으면 갈등이 생기기 쉽다. 아무리 좋은 뜻으로 말해도 잔소리가 될 수 있다. 그리고 이 기다림 속에서 사실 부모 인격이 성장한다. 부모가 좀 더 인내를 배우고, 좀 더 자기를 부인하고, 좀 더 성숙해지는 것이다. 결국 이런 기다림은 우리 모두에게 유익을 준다.

하나님의 창조 이야기에서 또 눈이 가는 곳이 있다. 하나님이 무에서 유를 창조하신 부분이다. "땅이 혼돈하고 공허하며 흑암이 깊음 위에 있고"(2절). 아무것도 손에 잡히는 것이나 눈에 보이는 것이 없었다. 그런데 하나님이 무언가 눈으로 볼 수 있고 손으로 잡을 수 있는 것을 만들어 내셨다, 그것도 단순히 말씀하심으로. 이어지는 성경 본문은 맨 처음 빛을 창조하시고, 하늘, 바다와 땅, 해와 달과 별을 만드신 이야기까지 한다. 이 모든 것을 하나님은 아무것도 없는 데서 그냥 말씀으로 생겨나게 하셨다. 이 이야기는 하나님의 전능하심을 가장 극적으로 보여 주는 대목이다. 하나님이 전능하신 하나님이신 것을 이 창조 이야기보다 더 잘 말해 주는 이야기는 없다. 하나님은 전능하신 하나님 Almighty God이시다.

이 전능하신 하나님이 바로 우리 아버지시라면 얼마나 좋을까? 우리 마음이 얼마나 든든하고 어깨에 얼마나 힘이 들어갈까? 그런데 실제로 이분이 우리 하나님 아버지이시다. 문제는 우리가 그것을 안 믿거나 못 믿는 것이고, 또 하나는 그 전능하심을 다른 일은 간섭하지 말고 내가 원하는 것을 이루도록 도와주는 데만 쓰시도록 요구하는 것이다.

우리 하나님은 전능하시다. 그러나 내가 기도하는 문제에 응답을 척척 해 주시는 식으로 전능하신 것은 아니다. 그럴 능력은 충분하실지라도 결코 그렇게 하시지 않는다. 하나님은 하나님의 뜻을 이루어 가시는 데 전능하시다. 그 뜻은 우리를 예수님 닮은 참된 하나님의 자녀로 만들어 가시는 것이다. 그 일을 위해 때로는 우리에게 긴 기다림도 주시고 고난도 주신다. 어떤 때에는 정말 피하고 싶은 사람 사이의 갈등도 있고, 경제적 어려움도 있다. 그런데 그런 것들을 전능하신 하나님 손에 맡기면, 그 일들을 통해 먼저 우리를 훈련하시고, 때가 되면 모든 것이 합력하여 선을 이루도록 멋지게 상황을 바꾸어 주신다.

시간의 주인이신 하나님 앞에서 믿음으로 기다리자. 모든 것을 합력하여 선을 이루어 가시는 전능하신 하나님을 만나게 될 것이다.

알아야 맡긴다

창세기 1:20-25

20 하나님이 이르시되 물들은 생물을 번성하게 하라 땅 위 하늘의 궁창에는 새가 날으라 하시고

21 하나님이 큰 바다 짐승들과 물에서 번성하여 움직이는 모든 생물을 그 종류대로, 날개 있는 모든 새를 그 종류대로 창조하시니 하나님이 보시기에 좋았더라

22 하나님이 그들에게 복을 주시며 이르시되 생육하고 번성하여 여러 바닷물에 충만하라 새들도 땅에 번성하라 하시니라

23 저녁이 되고 아침이 되니 이는 다섯째 날이니라

24 하나님이 이르시되 땅은 생물을 그 종류대로 내되 가축과 기는 것과 땅의 짐승을 종류대로 내라 하시니 그대로 되니라

25 하나님이 땅의 짐승을 그 종류대로, 가축을 그 종류대로, 땅에 기는 모든 것을 그 종류대로 만드시니 하나님이 보시기에 좋았더라

하나님은 시간의 주인이시며 온 세상을 말씀으로 창조하신 전능

자이시다. 그러므로 그분의 전능하심을 인정하고 높이며, 자녀들의 성장과 관련된 모든 시간 문제를 주님께 맡기고 기다릴 수 있어야 한다. 하나님께 맡기는 것이 중요하다.

그런데 우리가 누군가에게 뭔가를 맡길 때 어떤 사람에게 맡기는가? 중요한 것일수록 잘 아는 사람에게 맡긴다. 지갑이나 아기를 모르는 사람에게 절대로 맡기지 않는다. 사실 아기 돌보미나 어린이집에 잘 모르고 아기를 맡겼다가 문제 된 일도 많이 보도된다. 그래서 어쩔 수 없이 아기를 다른 사람 손에 맡길 때 마음이 엄청 불안하다. 무슨 일이 생길지 모르기 때문이다. 그러나 친정어머니 혹은 시어머니처럼 확실히 아는 분들에게는 마음 놓고 아기를 맡긴다. 그분들이 아기를 잘 돌보아 줄 것을 알기 때문이다.

하나님께 우리 자녀나 자신의 문제들을 맡기는 것도 마찬가지다. 잘 못 맡기는 이유는 하나님을 잘 알지 못하기 때문이다. 그러나 이렇게 저렇게 하나님을 경험하면서 그분이 어떤 분이신지 알아 가게 되면 맡기는 일이 점점 수월해진다.

성경을 배우는 것은 바로 하나님을 알아 가는 것이다. 하나님이 어떤 분이신지 말씀을 통해서 알아 가면 그것에 비례해서 내 삶의 문제들을 점점 더 많이 하나님 손에 맡기게 된다. 그와 더불어 나는 점점 더 자유로워진다. 내 짐을 벗어버리니 자유로워질 수밖에 없다. 삶이 감사해지고 즐거워진다.

그러므로 성경을 통해 하나님이 어떤 분이신지 배울 필요가 있다. 창세기 1장 20~25절은 하나님이 모든 움직이는 생물을 만드신 것을 말해 준다. 여기서 눈에 확 띄는 어구가 있다. 바로 '그 종류대로'이다. 바다에는 각종 다양한 물고기가, 공중에는 각종 다양한 새가, 그리고 땅에 역시 각종 다양한 동물들이 '그 종류대로' 살게 하셨다. 땅에는 또 각종 다양한 풀과 나무가 자라게 하셨다. 하나님은 세상을 온갖 다양한 종류가 함께 사는 곳으로 지으셨다. 이것은 먼저 하나님의 지혜를 말해 준다. 하나님의 지혜는 오묘하기 그지없어서 우리의 모든 상상을 초월한다.

시카고에는 세계에서 제일 큰 수족관 중 하나가 있다. 시카고 셰드 수족관Shedd Aquarium 이다. 나는 예전에 한번 그곳에 가 봤는데, 바닷물고기가 그렇게 형형색색 많고 다양한 줄 처음 알았다. 실로 엄청나다. 모양도 별의별 모양이 다 있고, 색깔도 곱고 이쁜 물고기들이 너무 많았다. 그때 처음으로 바닷속 색깔이 지상의 색깔보다 더 화려할 수 있다고 느꼈다.

하나님의 창조 세계에 대해 눈이 한 번씩 뜨이는 때가 있다. 보통 높은 산에 올라갔을 때이다. 하늘은 광활하게 펼쳐져 있고, 탁 트인 시야에 높고 낮은 산봉우리들이 즐비하게 서 있으며, 안개구름이 높은 봉우리들을 싸고 있다. 한 번씩 바람이 구름을 몰아가면 시원한 물바람을 얼굴에 맞으며 찬양이 절로 나온다. "주 하나님 지으신 모든 세계 내 마음속에 그리어 볼 때… 주님의 높고 위대하심을 내 영혼이 찬양하네." 난 시카고 수족관에 갔을 때 다시 한번 눈이 뜨이는 느낌이었다. '와! 바닷속 세계가 엄청나게 아름답구나!' 시퍼런 바다 물속에 색깔 있는 것은 아무것도 없을 것 같았는데 너무 아름다워서

'하나님 대단하시구나!' 경탄하지 않을 수 없었다.

하나님이 온갖 다양한 생물을 바다와 육지와 공중에 지으시고 차고 넘치게 하신 것은 하나님의 지혜가 무궁무진하다는 것을 의미한다. "우리 주는 위대하시며 능력이 많으시며 그의 지혜는 무궁하시도다"(시편 147:5).

부모는 지혜로워야 한다. 부모가 지혜로우면 아이들이 성장하면서 많은 에너지나 시간 낭비를 줄일 수 있다. 아이에게 주신 달란트가 무엇인지 분별하는 지혜가 있으면 일찍 그쪽으로 나가도록 길을 잡아 줄 수 있다. 그런 지혜가 없으면 남들이 하는 것을 다 시키면서 자주 시간 낭비 돈 낭비를 한다. 그러나 대부분 부모에게는 그런 지혜가 없다. 다만 할 수 있는 것이 있다. 지혜의 하나님께 구하는 것이다. 하나님께 구하면 후하게 주시고 꾸짖지 않으신다. "너희 중에 누구든지 지혜가 부족하거든 모든 사람에게 후히 주시고 꾸짖지 아니하시는 하나님께 구하라 그리하면 주시리라"(야고보서 1:5).

또 하나님은 다양한 것을 좋아하신다. 하나님은 창의성이 탁월하신 분이시다. 이 말은 하나님이 우리 아이들을 지으실 때도 똑같이 짓지 않으시고 한 명 한 명 독특하고 다양하게 지으셨음을 의미한다. 아이마다 개성과 재능을 남다르게 하셨다. 그러나 우리 동양 문화는 집단주의 문화이다. 다른 사람이 하는 것을 같이 해야 안전감을 느낀다. 누가 피아노 가르치면 우리 애도 피아노, 누가 태권도 가르치면 우리 애도 태권도를 가르쳐야 안심이 된다. 아이들도 마찬가지다. 노스페이스 잠바가 유행했을 때 청소년 중 그 잠바 입지 않

은 애들이 없었다. 지금은 청소년들 사이에 아이폰이 유행이어서 갤
럭시 훨씬 비싼 모델보다 아이폰 싼 모델을 더 좋아한다고 한다. 문
제는 집단을 따라갈 때 자녀에게 주신 독특한 재능을 살리기가 쉽지
않다는 것이다.

하나님은 다양성과 독특성의 하나님이시다. 그분의 지혜는 무궁
무진하다. 그 지혜로 우리 자녀를 지으셨다. 염려하지 말고 자녀를
그분께 맡기자.

〈나의 맡김 이야기〉

　사실 난 주님을 잘 알아서 아이를 맡긴 것은 아니다. 교회를 다니며 성경을 읽으며 이렇게 저렇게 들은 풍월이 있었고, 아이를 낳기만 했을 뿐 육아 경험은 일천日淺 한 초보 부모로서 아이를 잘 키울 수 있을까에 대한 염려로, 아이들이 일찍 갓난쟁이였을 때부터 주님께 맡겼다. 특별히 무엇을 한 것이 아니라 기도할 때마다 단순히 "주님, 우리 아이를 주님 손에 맡깁니다. 주님이 키워 주세요." 했다.

　그러다가 진짜 하나님께 아이를 제대로 맡긴 일이 있다. 큰아이가 고3 때 대입 수시 구술고사를 볼 때였다. 논술고사를 볼 때는 아빠가 아이를 데려갔으나 구술고사는 내가 혼자 데리고 갔다. 과천으로 빠져야 하는데 길을 놓쳤다는 것을 안 순간, 아침부터 약간 배가 쌀쌀하게 느껴졌던 것까지도 완전히 잊어버리고 오로지 제시간에 도착하는 것에만 모든 신경을 집중하였다. 다행히 시험은 오후 2시인데 워낙 일찍 출발한 터라 안양으로 돌아간다고 해도 늦을 것 같지는 않았다. 운전하는 내내 기도했다. 학교에는 제시간에 도착했고, 아이는 점심을 먹은 후 시간에 맞추어 구술 고사장으로 들어갔다.

　나는 오후에 해야 하는 일이 있었기 때문에 아이에게 구술 고사 후에 혼자 집으로 오라고 하고 먼저 돌아올 참이었다. 출발하기 전에 한 번 더 하나님께 기도했다. 그런데 이번에 나는 예상치도 않게 이렇게 기도했다. "하나님, 저는 이제 떠납니다. 여기 우리 아들을 두고 떠납니다. 하나님께 모든 것을 맡기고 떠납니다. 그러나 이제 이 떠남은 거리로만 떠나는 것이 아닙니다. 하나님께서 지난 18년 동안 이 아들을 키우도록 부모로서 특권과 책임을 주셨는데 이제 그 것을 하나님께 돌려 드립니다. 이제는 내 손에서 우리 아이를 하나님 손으로 떠나보냅니다. 하나님께 돌려 드립니다. 지금까지는 부모 된 저희를 통해서 하나님께서 아이를 가르치시고 인도하셨지만, 이 제는 하나님께 온전히 드리니 하나님께서 직접 아이에게 말씀하시 고 가르치시고 인도해 주옵소서. 하나님께서 직접 훈련도 하시고 연 단도 하셔서 하나님의 일군으로 세우시옵소서. 그 훈련의 과정에 힘 들고 안타깝고 애달파 보이는 순간들이 있을지라도, 저에게 미리 깨 우쳐 주셔서 하나님의 뜻을 알게 하시고 염려하지 않게 하소서. 저 는 이제 자유 합니다. 하나님께서 제게 주신 부모로서 책임의 짐까 지 다 주께 맡기니 저는 이제 자유 합니다. 이제는 주께서 이 아이를 주의 뜻대로 빚으사 주의 영광을 위해 사용하시고, 저는 다만 그것 을 보며 함께 기뻐하게 하소서."

이렇게 기도를 다 했을 때 마음이 날아갈 듯이 가벼워졌다. 다시 금 하나님께서 나의 기도를 들으신 것을 느꼈다. 수원으로 차를 몰 고 오는 동안 내내 극동 방송에서 나오는 찬양을 신나게 소리 높여 같이 불렀다. 구술을 마치고 아이가 저녁에 집에 돌아왔을 때 아이 도 만족한 듯이 보였다. 그리고 합격자 발표 날, 아이는 S대 인문대

수시 특기자로 당당히 합격했다.

그날 내가 주님께 드린 기도는 나 자신도 생각지 못한 기도였다. 성령님께서 그렇게 기도하도록 내 마음에 감동을 주신 것이 분명했다. 그러나 그 기도 속에 앞으로 내가 겪어 내야 할 부모로서 인고가 들어 있었을 줄 누가 알았으리오.

아이는 딱 처음 한 학기에만 학교를 열심히 다니다가 공부도 동아리 활동도 학교와 관련된 모든 일에 거부반응을 보였다. 입시 공부하느라고 사춘기를 제대로 보내지 못했는데, 사춘기가 느지막이 온 것 같았다. 큰아이의 원망의 주된 이유는 입시가 그토록 지옥인 줄 알면서 어떻게 자기들(동생 포함)을 한국으로 데리고 올 수 있었느냐는 것이었다. 죽도록 공부해서 원하는 대학에 들어가긴 했지만, 막상 대학 생활을 해 보니 이것을 위해 내가 그렇게 힘들게 살았나 생각이 들며 억울하고 화가 난 것 같았다.

우리 가족은 남편의 유학 생활로 미국에서 십 년 넘게 살다가 큰애가 중학교 2학년, 작은 애가 초등학교 6학년 때 귀국하였다. 아이들은 한국 학교 경험이 전혀 없었고, 우리 말 실력도 같은 학년 수업을 따라가기에 턱없이 부족했다. 그러나 우리는 이 모든 것을 알고 있었을지라도 아이들을 데리고 들어 올 수밖에 없었다. 가진 돈 없이 십 년 동안 유학 생활을 하면서 남편과 나는 경제적으로 지칠 대로 지쳐 있었고, 위장이 약한 남편이 혼자 귀국하여 기러기 아빠처럼 살 수도 없었다. 남은 한 선택은 아이들만 미국에 두고 오는 것이었으나, 철부지 중딩 그것도 사내아이들을 마음만 먹으면 무슨 짓이라도 할 수 있는 자유분방한 미국 사회에 부모 울타리 없이 알아서 살도록 버려두고 싶은 마음은 추호도 없었다. 죽이 되든 밥이 되든 고등학교 졸업할 때까지는 옆에 끼고 있고 싶었다.

그래서 기도할 수밖에 없었다. 우리 기도만으로 부족할 듯하여 일찌감치 양가 할머니들께도 기도를 부탁드렸다. 아이들이 귀국하여 한국 학교에 잘 적응할 수 있도록. 그럴지라도 그것이 특히 한국 생활에 채 적응이 되기도 전에 대학 입시부터 준비해야 했던 큰아이에게 너무 큰 짐이 되었던 것 같았다. 고 1, 고2 때는 목표를 가지고 성실하게 노력하면서 많은 진보를 이루었으나, 고 3초 모의고사에서 언어영역 성적이 기대한 만큼 나오지 않자 아이는 실망을 감추지 못했다. 노력해도 되지 않는다는 좌절감이 스며들면서 서서히 공부가 아이에게 고역이 되어 갔다. 타고난 영민함을 보고 주위 사람들이 "너 정도면 S대에 들어갈 수 있어."라고 말해 준 것이 이제 동기부여가 아니라 강박관념이 되어 아이를 괴롭혔다. 아이는 억지로 죽지 못해 공부하였다.

물론 나는 끊임없이 기도하였다. 40일을 작정하고 아침을 금식하며 기도했고, 새벽마다 애끓는 심정으로 나의 마음을 주님 앞에 토하였다. 지난날 우리의 형편과 처지를 누구보다 더 잘 아시고 지금 여기까지 인도해 오신 분이 주님이시오니, 아이의 피곤과 낙담을 주께서 아시고 홍해를 가르심같이 아이를 위해 입시의 길을 열어 주십사 눈물로 간구했다. 그리고 그 기도를 들어주셔서 대학에 들어갔건만…

그런데 뜻밖으로 아이가 반항하고 방황하던 그 모든 시간 나를 붙들어 준 것은 바로 아이 구술 고사 때 내가 그 대학교 주차장에서 드린 기도였다. '그때 나는 분명히 이 아이를 주님께 맡겼다. 그리고 주님이 맡으셨다. 지금 이 아이가 이렇게 하는 것은 주님이 이 아이를 가르치시고 훈련하시는 것이다. 그러니 걱정하지 말자. 주님을 신뢰하자!' 그럴지라도 자꾸만 비틀거리는 아들의 모습이 너무 가슴 아파 주님께 기도하면, 주님은 코믹하게도 "내가 네 아들 훈련하지 못하도록 내 바짓가랑이 잡고 하소연하지 말라!"고 답하시곤 했다.

　주님은 신실하셨다. 나는 보이지 않아 온갖 염려와 근심을 달고 살았을지라도, 주님은 차근차근 아이를 향한 주님의 뜻을 이루어 가셨다.

아기를 더 낳아야 하는 이유

창세기 1:26-31

26 하나님이 이르시되 우리의 형상을 따라 우리의 모양대로 우리가 사람을 만들고 그들로 바다의 물고기와 하늘의 새와 가축과 온 땅과 땅에 기는 모든 것을 다스리게 하자 하시고
27 하나님이 자기 형상 곧 하나님의 형상대로 사람을 창조하시되 남자와 여자를 창조하시고
28 하나님이 그들에게 복을 주시며 하나님이 그들에게 이르시되 생육하고 번성하여 땅에 충만하라, 땅을 정복하라, 바다의 물고기와 하늘의 새와 땅에 움직이는 모든 생물을 다스리라 하시니라

하나님께서 드디어 사람을 만드셨다. 하나님의 특징, 다양성과 독특성을 좋아하시는 점은 여기서도 유감없이 발휘된다. 사람은 귀하다. 본문에서 보는 대로 무엇보다 하나님의 형상을 따라 지음 받았기 때문에 존귀하다. 다른 어떤 피조물도 하나님의 형상을 따라 지음 받지는 않았다. 그러므로 사람은 누구든지, 그가 어떤 형편과

처지에 있든지 무론 하고, 인간으로서 존엄성을 가진다. 존엄하신 하나님이 우리 아버지이시기 때문이다.

그런데 이유가 하나 더 있다. 사람이 귀한 것은 진짜 귀하기 때문이다! 귀하다는 것은 희소가치가 있다는 뜻이다. 흔하지 않은 물건이 귀한 것이다. 다이아몬드가 귀하고 값비싼 이유는 흔하지 않아서 쉽게 구할 수 없기 때문이다.

사람이 귀한 것은 온 천하에 그 사람이 단 하나뿐이기 때문이다. 들에 지천으로 피어나는, 사람들이 대개 눈길도 잘 주지 않는 야생화도 각양각색으로 꽃마다 특징을 갖고 생겨나게 하셨는데, 하나님의 형상을 따라 지으신 인간을 하나님이 대량 생산으로 막 찍어낸 도매상 물건처럼 만들어 내셨을 리가 없다. 지문인식이나 얼굴인식으로 본인확인을 할 수 있다는 것은 세상에 그 어떤 사람도 똑같은 지문 똑같은 얼굴을 가지고 있지 않다는 뜻이다. 바로 우리 한 명 한 명이 하나님께 모두 한 명 한 명 특별한 자녀로서 존재한다는 뜻이다. 우리 서로에게도 우리 한 사람 한 사람은 세상에 다시 없는 존재이다.

우리가 자주 보는 옆 사람은 사실 세상에서 단 하나뿐인, 그래서 가장 존귀한 존재이다. 세상에서 정말 특별한 무엇을 보면, 우리는 그것 때문에 무척 즐겁고 그것 본 것을 자랑하게 된다. 뉴욕에 간 사람은 자유의 여신상을, 프랑스에 간 사람은 에펠 탑이나 루브르 박물관을 보았다고 자랑하게 된다. 그런데 우리는 날마다 세상에서 하나뿐인 귀한 존재들을 보면서도 그 존귀함을 알지 못하기 때문에 자랑은커녕 즐거워하지도 않는다. 서로 비교해서 경쟁하지만 않아도 다행이다. 우리는 서로에게 사과할 필요가 있다. "당신이 그토록 귀한 존재인 것을 알아보지 못하고 당신을 만난 것을 기뻐하지 못한 것을 용서해 주시오."

이제 우리가 서로를 존귀하게 여기면 좋겠다. 세상에서 하나뿐인 유일무이한 존재로 서로의 가치를 인정하고, 서로를 기뻐하며 도와주고 격려하면 좋겠다. 그리고 이 말씀을 무엇보다 우리 자녀에게 적용하면 좋겠다. 부모에게 자녀가 귀한 이유는 그들에게 유일무이한 존재이기 때문이다. 그러나 그 자녀는 그 부모에게만 유일무이한 존재가 아니다. 우리 모두에게 유일무이하고, 나아가 하나님 아버지께도 유일무이하다. 하나님께서 그만큼 귀하게 여기신다.

이렇게 귀한 존재로 인간을 창조하신 다음, 하나님은 그들에게 사명을 주셨다. "하나님이 그들에게 복을 주시며 하나님이 그들에게 이르시되 생육하고 번성하여 땅에 충만하라, 땅을 정복하라"(28절). 하나님은 자신의 형상을 따라 사람을 지으시고, 생육하고 번성하여 땅에 충만하고 땅을 다스리도록 축복하셨다. 그 지으신 창조 세계를 잘 관리하고 다스릴 책임을 인간에게 주셨다. 당연히 우리는 이 사명을 잘 감당해야 한다. 그러나 현실을 볼 때 우리는 실패자로 보인다. 잦은 미세먼지로 야외활동이 어려울 때가 많다. 지구 온난화로 인해 폭우와 폭염과 혹한의 기록이 연신 경신될 뿐 아니라, 코로나 팬데믹으로 수많은 사람이 목숨을 잃었다. 살아 있는 사람도 마스크를 써야 했다. 더욱 비관적인 소식은 코로나 팬데믹이 마지막이 아니라 시작이라는 것이다. 앞으로 사람들은 전염병과 싸움을 계속해야 할 것이라고 한다. 그러나 이미 늦었다고 한탄하는 소리가 있을지라도, 하나님이 정하신 마지막 시간이 올 때까지 여전히 우리는 최선을 다해야 한다. 우리 아이들이 사는 미래가 조금은 덜 고통스럽기 위해 재활용이나 이산화탄소 발생을 줄이는 지구 보전 운동에 적극적으로 동참해야 할 것이다.

그런데도 이것이 전부는 아니다. 생육하고 번성하여 땅을 정복하고 다스리라는 명령이 단순히 지구를 잘 관리하고 다스리는 것만을 의미하는 것은 아니다. 하나님은 영이시고, 하나님의 창조의 궁극적인 목적은 바로 하나님 나라의 완성에 있다. 지구 환경이 비관적으로 보일지라도 우리는 여전히 아기를 낳아야 하고 또 많이 낳아야 한다. 그것은 바로 그 아기들이 하나님 나라의 백성이 될 것이기 때문이다.

예전에 아기들을 많이 낳았을 때는 생육하고 번성하라는 명령을 되새길 필요가 없었다. 그러나 요즘에는 다시 생육하고 번성하라는 명령을 생각해야 할 때가 되었다. 이런저런 이유로 사람들이 아기를 낳지 않으려 하기 때문이다. 세상 속에서 경쟁력 있는 아이들로 키우자니 교육비가 너무 많이 든다. 맞벌이 부부인데 아이들을 돌봐 줄 사람이 없다. 아이들이 살아갈 미래 세계가 지금보다 더 힘들 것으로 생각되기도 한다. 그래서 아기 낳기를 주저하거나 아예 포기한다.

그러나 이 생각은 천지를 지으시고 사람을 지으시며 생육하고 번성하라고 축복하신 하나님의 뜻은 결코 아니다. 들에 핀 꽃도 공중에 나는 새도 부양하시는 하나님의 생각에서 나온 것은 더욱 아니다. 그것은 세상 사는 것을 점점 더 힘들게 느끼도록 만들어 삶을 포기하게 만들거나, 사람들로 하여금 다른 사람을 돌아보기보다 자기 사랑에 빠지게 하여 삶을 궁핍하게 만들려는 사탄에게서 나온 생각이다.

하나님은 생명을 만드시고 사탄은 생명을 파괴한다. 사탄이 죄에 빠져 하나님을 등지고 이기적으로 된 사람들을 부추겨 하나님을 대적하는 일로 가장 크게 하는 일 중 하나가 바로 아기를 낳지 않게 하는 것이다. 동성애가 대표적이고, 결혼을 힘들게 생각해서 독신을 택하거나, 둘이 잘 살면 된다고 하는 생각으로 결혼을 했어도 아예 아기를 낳지 않거나 적게 낳게 하는 것이다.

그러나 우리가 이 땅에서 쌓은 그 어떤 업적도 죽을 때 가지고 갈 수 없지만, 단 하나 가지고 갈 수 있는 것이 있다. 바로 우리 자녀들이다. 우리의 자녀는 믿음으로 살 때 우리와 함께 천국에 간다. 하나님은 하나님의 나라가 우리가 신앙으로 잘 키워낸 믿음과 사랑이 충만하면서 각자 톡톡 튀는 성품과 재능으로 주위 사람들을 즐겁게 할, 천하에 단 하나뿐인 존귀한 인물들로 가득 차기를 원하신다. 하나님이 온 세상을 창조하시고 생육하고 번성하라고 명령하신 이유는 바로 여기에 있다. 세상의 죄악을 보면 주님이 빨리 오시지 않는 것이 이상하다. 그러나 주님이 지금도 기다리시는 이유는 아직 한 명이라도 세상에 아기가 더 태어나 하나님의 자녀가 될 기회가 있기 때문이다. 아마 이 생육과 번성이 더는 이루어지지 않을 때 주님이 오실 것이다. 그리고 이 세상은 끝날 것이다.

　사람은 존귀하다. 하나님의 형상으로 지음 받아 존귀하고 세상에 유일무이함으로 존귀하다. 영원한 하나님 나라에서 사람은 더욱 존귀하다. 영광의 하나님이 함께 하시며 그를 기뻐하시기 때문이다. 세태를 거스르는 것 같아도 아기를 더 낳아 믿음으로 키워야 하는 이유가 여기에 있다.

주일예배 드려야 하나?

창세기 2:1-3

1 천지와 만물이 다 이루어지니라

2 하나님이 그가 하시던 일을 일곱째 날에 마치시니 그가 하시던 모든 일을 그치고 일곱째 날에 안식하시니라

3 하나님이 그 일곱째 날을 복되게 하사 거룩하게 하셨으니 이는 하나님이 그 창조하시며 만드시던 모든 일을 마치시고 그 날에 안식하셨음이니라

　신앙이 없는 사람들이 갖는 의구심 중 하나는 일주일 중 푹 쉴 수 있는 한 날 일요일에 그리스도인들이 아침부터 교회 간다고 설치고, 그중 어떤 사람들은 한술 더 떠서 온종일 교회 일에 매여 가족 모임 친구 모임도 불사한다는 것이다. '저 사람들은 왜 저럴까?' '좀 쉬기도 하고 자기 계발도 할 수 있을 텐데….' 반면에 교회를 다니는 사람 중에도 주일예배가 성가실 때가 있다. '주일예배를 꼭 드려야 하나? 예배 좀 빼먹고 집에서 쉬면 안 될까?'

　안식 또는 쉼을 뜻하는 말은 이곳 창세기 2장 2절에 처음 등장한

다. "하나님이 그가 하시던 일을 일곱째 날에 마치시니 그가 하시던 모든 일을 그치고 일곱째 날에 안식하시니라." 이 말은 안식을 지으신 분이 하나님이심을 의미한다. 안식의 주인은 하나님이다. 하나님께서 6일 동안 열심히 천지를 창조하신 후, 제7일은 일을 그치고 안식하셨다. 사실 하나님은 영이시기 때문에 피곤해서 쉬어야 하시는 분은 아니다. 그럼 왜 일을 그치고 쉬셨을까?

먼저 하나님이 안식하신 것은 하나님의 창조가 완전하고 완벽하게 완성되었음을 의미한다. 천지와 만물이 다 이루어졌다(1절). 하나님이 그가 하시던 모든 일을 그치고 일곱째 날에 안식하셨다(2절). 하나님이 다 지으셨다. 그것도 그냥 대강 지으신 것이 아니라, 본인이 보시기에 심히 좋은 정도로 완벽하게 완성하셨다. "하나님이 지으신 그 모든 것을 보시니 보시기에 심히 좋았더라"(창세기 1:31). 하나님의 창조는 완전했다. 어떤 작품을 공들여 마음에 들게 완성했을 때 그것을 만든 사람의 기분이 어떨까? 두말하면 잔소리다. 너무 좋을 것이다. 그리고 그 즐거운 마음으로 그 일에서 쉴 수 있다. 그러나 혹 작품이 마음에 들지 않거나 흠이 발견되면 마음에 들 때까지 뜯어고치느라 쉬지 못할 것이다. 하나님이 모든 일을 그치고 일곱째 날에 안식하셨다는 말은 하나님이 기쁘게 쉬실 만큼 천지창조가 완전하게 이루어졌음을 의미한다.

하나님이 일곱째 날 안식하신 또 다른 이유는 그날이 특별한 날이기 때문이었다. 하나님이 그 일곱째 날을 복되게 하사 거룩하게 하셨다(3절). 거룩하게 하다는 말은 '하나님을 위해 구별해 두다'라는 뜻이다. 일곱째 날 자체를 복 있는 날로 정하시고 그날을 하나님을 위해 거룩한 날로 구별하셨다는 뜻이다. 왜냐하면 그날은 아주 특별한 날이기 때문이었다. 이날이 왜 특별한 지 조금 더 실감 나게 설명해 보겠다.

우리가 그 현장에 있는 아담과 하와라고 상상해 보자. 어느 날 깨어 보니 말 그대로 낙원에 있다. 무엇 하나 부족한 것이 없고, 눈을 들어 주위를 둘러볼 때 아름답지 않은 것이 없다. 감탄이 절로 나온다. "우와! 이것은 무엇이지?" "우와! 저건 또 뭐야?"

이런 아담과 하와는 처음에 무엇을 하였을까? 아담과 하와의 첫날은 바로 하나님이 안식하신 일곱째 날이다. 하나님이 어떻게 하셨을 것 같은가? 부모가 때로 아이가 이쁘지만 피곤해서 쉬고 싶을 때 저리 가서 혼자 놀기를 바라는 것처럼, "아담, 하와, 나 좀 쉴 테니 저쪽 가서 조용히 놀고 있어!"라고 하셨을까? 아니면, 이제 멋지게 완성된 창조 세계를 아담과 하와에게 이것저것, 요기조기 보여 주시면서 놀라는 것을 보고 기뻐하고 즐거워하셨을까?

일곱째 날을 복되게 하사 거룩하게 하셨다는 말씀은, 이날은 하나님께서 아담과 하와에게 하나님이 지으신 창조 세계를 이리저리 보여 주시고 설명하시며 그들과 함께하신 날로 삼으셨다는 뜻이다. 하나님은 일을 다 하고 쉬셨지만, 아담과 하와는 이제 자기들의 일을 시작하기 전에 이 세상이 어떻게 만들어졌으며, 자기들이 어떻게 생겨났는지 하나님께 듣고, 하나님께 감사하고 하나님을 기뻐한 날이었다. 하나님은 이날을 복되게 하셨다. 하나님이 천지를 지으시고 사람을 지으신 이유가 하나님과 함께 살게 하기 위함인데, 이날이 바로 그 뜻을 이루는 날이기 때문이었다. 그러므로 이날은 하나님께도 사람에게도 특별한 날이 아닐 수 없었다.

상상이지만, 아담과 하와가 범죄 하기 전에 나는 그들이 이 일곱째 날을 특히 좋아했을 것으로 생각한다. 그날은 온종일 하나님과 함께하면서 재미있는 모든 이야기를 들을 수 있는 날이었다. 그렇게 그들은 하나님 말씀을 들으며 기뻐하고 즐거워했고, 그 모습을 보시는 하나님도 마음에 기쁨과 즐거움이 가득 찼을 것이다. 예배는 다른 것이 아니다. 바로 이것이 예배이다. 하나님과 함께하며 하나님을 기뻐하는 것이 예배이다. 그분이 하신 놀라운 일에 감탄하며, '하나님 최고이십니다!' 엄지척함으로 하나님을 높이는 것이다.

인간은 흙으로 만들어져서 쉬어야 한다. 맞다. 하나님이 천지를 창조하시고 일곱째 날 쉬셨기 때문에 우리도 쉬어야 한다. 그것도 맞다. 그러나 진실로 우리가 일곱째 날에 안식해야 하는 이유는, 하나님이 보시기에 너무나 멋들어지게 천지를 창조하시고 나서 그날 일곱째 날에 자신의 분신 같은 아담과 하와와 함께 온종일 시간을 보내시며, 그들과 깊은 교제의 시간을 가지시며, 그날을 특별한 날로 구별하셨고 복을 주셨기 때문이다.

예배의 이런 의미를 우리가 회복하면 좋겠다. 그냥 습관으로, 드리라고 명령하셨기 때문에 드리는 것이 아니라, 실로 이날은 하나님을 더 가까이 만나는 날, 그분의 이야기를 음성으로 듣는 것처럼 실감 나게 듣는 날, 그저 아버지 앞에 있는 것만으로 마음속 모든 근심이 해소되고, 그 지혜의 이야기를 들으며 모든 걱정거리가 사라지는 날이 되면 좋겠다. 그렇게 되면 자연히 우리는 최상의 안식을 누리게 될 것이다.

주일예배? 드려야 한다!

〈내가 너의 예배를 받았다〉

　큰아이의 친구 성빈이는 미국에서 대학을 다녔다. 4년간 공부도 열심히 하고 친구도 많이 사귀고 성적도 좋아서 졸업할 때 상도 타게 되었다. 그래서 졸업식 날을 무척이나 고대하고 있었는데, 이게 웬걸? 졸업식이 주일 오후에 있었다. 성빈이가 다니는 교회는 주일 오후에 대학부 예배를 드렸다. 자기가 가야 하는 예배, 자기가 섬기는 예배. 성빈이는 교회를, 하나님을 사랑했다. '어떡하지? 졸업식을 가야 하나, 예배를 가야 하나?' 심히 고민하다가 하나님이 무엇을 좋아하실까? 생각했다. 그리고 울면서 결정했다. "하나님, 그럼 졸업식을 안 가고 예배를 가겠습니다. 졸업식 가서 가운 입고 친구와 가족들의 축하 받고 앞에서 상도 받고 싶지만, 예배를 가겠습니다."

　그리고 그 주일날 졸업식장에 가지 않고 교회에 나와 대학부 임원으로 맡은 봉사를 다 했다. 그날 예배를 드리고 예배당을 나오는데, 마음속에 하나님이 말씀하시는 것 같은 음성이 들렸다. "성빈아, 내가 너의 예배를 받았다." 그 순간 자기는 너무 감격스럽고 감사하고 기뻤다고 한국 와서 친구인 우리 아들에게 간증했다.

제일 큰 감사 제목

창세기 4:1-8
8 가인이 그의 아우 아벨에게 말하고 그들이 들에 있을 때 가
인이 그의 아우 아벨을 쳐 죽이니라

성경을 읽지 않았을 때 나는 성경에 좋은 말만 기록되어 있는 줄
알았다. 일테면 '원수도 사랑하라', '오른뺨을 때리면 왼뺨도 돌려대
라' 같은 말이다. 그러나 성경을 읽게 되면서 내 생각이 완전히 틀렸
다는 것을 알았다. 성경은 어떻게 하면 인간이 착하게 살 수 있는지
를 기록하기보다, 왜 인간은 아무리 노력해도 착하게 살 수 없는지,
그래서 인간이 얼마나 악한지, 그 삶이 얼마나 비참한지를 더 많이
말해 주기 때문이다.

하나님은 보시기에 심히 좋을 정도로 천지창조를 마치시고 아담
과 하와와 즐겁게 시간을 보내시기 위해 안식일까지 정하셨다. 그렇
지만 그 시간이 얼마 가지 못하고 아담과 하와는 사탄의 꼬임에 빠
져 하나님께 범죄 하게 된다. 그 결과 모든 좋은 관계가 깨어지고 말
았다.

우선 자기 자신과의 관계가 깨어졌다. 아담과 하와가 범죄하고 제일 먼저 경험한 것은 바로 눈이 밝아져서 자기들이 벗은 것을 발견하고 수치심을 느낀 것이다. 그전에는 하나님의 사랑 속에 감싸 있어서 자기 자신의 부족한 모습이 보이지 않았다. 그런데 하나님과의 관계가 깨어지면서, 제일 먼저 보게 된 것이 자기 자신의 벌거벗은 모습이었다. 자기 자신이 갑자기 너무나 부족하고 어리석고 볼품 없게 보였다. 그동안 하나님의 사랑을 듬뿍 받으면서 무엇 하나 부족함이 없어 자기가 완전한 줄 알았는데, 아뿔싸! 그를 감싸 주던 하나님의 사랑의 옷이 벗겨지니 자신의 모습이 너무 부끄럽게 보였다. 그래서 범죄 후 제일 처음 경험한 감정이 수치심이었다. 아담과 하와는 그것을 가리려고 무화과나무 잎사귀로 치마를 만들어 입었다.

혹시 자기 자신에게 엄청 불만을 가진 분들이 있는가? 하나님의 사랑이 아주 많이 필요하다는 뜻이다. 남녀가 서로 깊이 사랑하면 다른 사람 눈에는 보이는 허물이 당사자들 눈에는 보이지 않는다. 그때 우리는 "눈에 콩깍지가 씌었다."라고 말한다. 마찬가지이다. 우리가 하나님과 관계가 회복되고 그분의 사랑을 깊이 경험하게 되면, 그 사랑이 나를 감싸서 나도 내 부끄러움을 보지 못하게 된다. 없는 것이 아니고 거기 있지만, 하나님의 사랑에 가려서 보이지 않게 된다. 정말 약점이 있다는 것도 모르고 사는 것이 아니라, 그 문제가 더는 나를 괴롭히는 문제가 되지 않는다는 것이다. 하나님의 사랑으로 다 덮어지기 때문에, 그 문제로 인해 더는 부끄러워하거나 수치심을 느끼지 않는다. 이런 사람은 하나님의 사랑으로 인해 자기 자신의 약점들을 극복하고 오히려 그것 때문에 하나님께 더 감사하는 자가 된다.

그럼 이렇게 질문하실 분도 있을 것이다. "저는 하나님도 잘 믿고 하나님의 사랑도 아는데, 왜 저 자신에 대해 불만이 많을까요?" 답을 하자면, 아직 죄가 환하게 밝혀 놓은 그 눈으로 자신을 보기 때문이다. 앞에서 범죄 하므로 인해 하나님의 사랑의 옷이 벗겨지니 아담과 하와가 자신들의 부족하고 볼품없는 모습을 보고 부끄러워했다고 했지만, 실제로 아담과 하와의 모습은 부끄러운 모습이 아니었다. 하나님은 보시기에 심히 좋을 정도로 그들을 만드셨다. 그들은 완벽하게 지어진 사람들이었다. 그런데 왜 부끄러움을 느꼈을까? 죄가 들어오면 그런 쪽으로 눈이 밝아지게 하고, 문제가 없는 것도 다 문제로 보이게 하기 때문이다. 죄를 아는 일에 눈이 밝아졌는데, 그 밝은 눈으로 끊임없이 자기 허물을 보고 다른 사람과 비교하면서 자신에게 불만이 쌓이는 것이다.

우리 각 사람은 누구나 완벽하게 지어졌다. 우리가 자신에게 느끼는 불만은 실제로 문제가 많아서가 아니라, 우리 속에 들어 온 죄가 그것을 눈에 확 들어오게 하고 문제를 크게 삼기 때문이다. 그러므로 자기 자신에게 불만이 많을 때 혹은 그것 때문에 열등감이 생길 때, 이렇게 생각하는 것이 필요하다. "아, 내가 하나님의 눈이 아니라 죄가 밝혀 놓은 내 눈으로 나를 보고 흠을 잡고 티를 잡는구나."

부모로서 이 점은 자녀들에게도 마찬가지로 적용해야 한다. 하나님의 사랑의 눈으로 보면 모든 자녀가 흠이 없다. 그러나 내 눈에는 불만스러운 점이 많이 보인다. 역시 자꾸 우리 죄가 밝혀 놓은 눈으로 보기 때문이다. 우리가 기도해야 할 것은 바로 우리도 하나님의 사랑의 눈으로 자녀를 혹은 다른 사람들을 볼 수 있게 해 달라는 것이다. 이 기도는 하나님의 사랑이 내 가슴을 푹 적실 때까지, 우리 눈에서 하나님의 사랑이 퐁퐁 쏟아져 나올 때까지, 다른 사람의 허물도 안 보이고 내 허물도 안 보일 때까지, 어쩌면 평생 우리가 드려야 할 기도일 것이다.

그다음 깨어진 관계는 하나님과 관계이다. 사실 순서로 하면 죄가 들어오면서 바로 깨어진 것은 하나님과의 관계이다. 다만 그 죄의 결과로 나타난 현상이 아담과 하와가 자기 자신에게 수치를 먼저 느끼고 그다음 하나님을 무서워한 것으로 나온다. 죄가 들어오기 전에는 두려움이 없었다. 그런데 이제 아담과 하와는 극심한 두려움을 느낀다. 하나님을 피해서 숨을 정도였다. "내가 동산에서 하나님의 소리를 듣고 내가 벗었으므로 두려워하여 숨었나이다"(창세기 3:10). 아담은 벗어서 창피해서 숨은 것이 아니라 두려워서 숨었다. 수치를 느낀 것은 자기 자신에 대해서였고, 하나님에 대해서는 두려움을 느꼈다.

우리는 두려움을 언제 느끼는가? 잘못해서 벌을 받게 될 때 두려움을 느낀다. 죄로 인해 그들을 감쌌던 사랑의 옷이 벗겨지면서 자신들의 부끄러움을 알게 되었다면, 이번엔 죄로 인해 그들을 감싸고 있던 의의 옷이 벗겨지면서 아담과 하와는 하나님 앞에서 엄청난 두려움을 느꼈다. 하나님은 거룩하신 분이다. 그분에게는 한 점 어두움도 없다. 그런 분과 함께 할 수 있도록 하나님께서 의의 옷을 입혀 주셨는데, 이제 그것이 완전히 벗겨지고 나니 하나님 앞에 서는 것조차 두려움으로 몸을 떨게 된 것이다. 그래도 하나님을 두려워하면 다행이다. 죄는 하나님과의 관계가 깨어진 것을 틈타서 아예 하나님이 없다고 가르친다. "어리석은 자는 그 마음에 이르기를 하나님이 없다 하는도다 그들은 부패하고 그 행실이 가증하니 선을 행하는 자가 없도다"(시편 14:1).

세 번째 깨어진 관계는 사람 간의 관계이다. 아담과 하와의 관계가 깨어져 그들이 서로 책임을 전가하며 비난한 것은 물론, 오늘 성경 본문은 그것이 최악의 상황에까지 치달은 것을 보여 준다. 형제 간에 살인이 났다. 창세기 말씀은 죄가 얼마나 심각한 결과를 초래한지를 파노라마처럼 보여 주는데, 느긋하게 볼 수 있는 속도가 아니라 숨 가쁘게 진행되는 드라마 같이 보여 주고 있다. 어떻게 이렇게나 빨리 최악의 상황까지 왔을까? 바로 죄의 속성 때문이다. 죄는 가만히 두면 걷잡을 수 없이 진행된다. 오늘날 파렴치하고 흉악한 범죄자들이 많지만, 그들이 원래부터 그런 사람들은 아니었다. 지극히 평범한 사람들이었으나, 어떻게 하다가 죄의 길에 발을 들여놓았을 때 불행하게도 브레이크를 걸어 줄 만한 사람이 옆에 없어서 그렇게 막 치달은 것뿐이다.

세상에서 제일 무서운 것은 암에 걸리는 것도 아니고 돈이 없어 밥을 굶는 것도 아니다. 그것은 바로 죄를 모르고 사는 것이다. 이 죄가 얼마나 심각하게 우리에게 영향을 주는지 모르고 사는 것이다.

그럼 세상에서 제일 감사한 것이 무엇인지 아는가? 바로 이 죄의 문제를 해결 받은 것이다. 예수께서 십자가에서 내 죄를 대신 지고 죽으심으로 하나님께서 내 죄를 용서해 주심을 믿을 때, 그리스도의 사랑의 옷, 의의 옷을 나에게 입혀 주셔서 완전한 사랑, 완전한 의로 나를 회복시켜 주신 것이다. "나의 사랑 너는 어여쁘고 아무 흠이 없구나"라고 말씀해 주시는 것이다(아가 4:7). 하나님의 사랑을 알지만 자신에게 불만이 있는 것처럼, 아직 우리가 그 회복을 충분히 누리지 못하고 살 수는 있다. 그럴지라도 이 죄의 사슬에서 우리는 완전히 해방되었다. 더는 죄의 속박과 굴레에 매여 살지 않으며 그 부추김에 끌려가지 않아도 된다.

이 회복을 더욱 충분히 누리기 위해서 해야 할 일이 있다. 그것은 나를 구원하신 예수님을 찬양하는 것이다. 내 밝아진 눈으로 나를 살피고 옆 사람을 살펴서 흠을 찾고 비판하기 전에, 나를 구원하여 다시 사랑의 옷, 의의 옷을 입혀 주시는 주님을 찬송하는 것이다. 그렇게 주님을 찬송하다 보면 이상하게 내 마음이 사랑으로, 감사로 차게 되고, 나 자신의 흠도, 옆 사람의 흠도 별문제로 보이지 않게 된다. 그리고 어떤 어려움이 닥쳐도 두려워하지 않는 담대함이 생긴다. 죄로 인해 생겨난 두려움이 내 안에서 사라졌기 때문이다.

아침에 깨어 가장 감사해야 할 제목은 '내가 그리스도 안에 있다'는 사실이다.

무지개 언약의 숨은 의미

창세기 9:8-17

8 하나님이 노아와 그와 함께 한 아들들에게 말씀하여 이르시되

9 내가 내 언약을 너희와 너희 후손과

10 너희와 함께 한 모든 생물 곧 너희와 함께 한 새와 가축과 땅의 모든 생물에게 세우리니 방주에서 나온 모든 것 곧 땅의 모든 짐승에게니라

11 내가 너희와 언약을 세우리니 다시는 모든 생물을 홍수로 멸하지 아니할 것이라 땅을 멸할 홍수가 다시 있지 아니하리라

...

16 무지개가 구름 사이에 있으리니 내가 보고 나 하나님과 모든 육체를 가진 땅의 모든 생물 사이의 영원한 언약을 기억하리라

(코로나COVID-19가 한창이던 시기 설교)

코로나에서 우리 부모님들과 아이들을 지켜 주시길 기도한다. 그러나 사실 내가 가장 중요하게 기도하는 것은 하나님의 뜻이 이루어

지는 것이다. 이렇게 말하면, 내가 매우 종교적이거나 아니면 사람들 사정도 모르고 너무 신앙적으로만 말하는 것으로 보일 수 있다. 지금 믿는 사람이라면 너무나 당연히 코로나가 빨리 멈추고, 환자들은 다 쾌유하고, 경제도 빠르게 회복하여 이전처럼 평안하게 살 수 있기를 기도하는 것이 맞을 것이다. 우리 모두 그렇게 기도하고 있다.

　　그러나 다시 한번 생각해 보자, 하나님 아버지 입장에서. 그렇게 기도하는 것만이 정말 하나님이 원하시는 것일까? 아니 하나님이 코로나가 더는 퍼지지 않고, 환자들이 빨리 낫고 세계 경제가 원상으로 회복되어야 하는 것을 모르시거나 아니면 우리가 더 간절히 기도하기를 바라시기 때문에, 우리가 어떻게든 열심히 기도해야 하는 것일까?

　　우리가 기도해야 하는 것은 맞다. 무엇보다 긍휼한 마음으로 그리고 참으로 하나님 앞에서 낮아진 겸손한 마음으로 기도해야 한다. 코로나가 진정되기를, 환자들이 빨리 낫기를, 치료제와 백신이 빨리 개발되기를, 경제가 빨리 회복되기를 기도해야 한다. 당연히 그렇게 기도해야 한다. 하지만 그것이 다일까? 그렇게 해서 하나님이 기도를 들어주시면 "하나님 감사합니다!"하고 또 이전처럼 아무 일도 없었던 것처럼 열심히 살면 되는 것일까? 하나님의 생각과 마음은 과연 어떠실까? 생각해 보고 싶다.

　　하나님은 홍수로 세상을 심판하셨다. 그토록 기뻐하고 사랑하셨던, 자신이 지은 최고의 창조물을 뼈저린 후회가 밀려올 만큼 아픈 가슴을 안고 심판하셨다. 당신의 눈앞에서 그 모든 것이 쓸려져 가

버리는 것을 보셨다. 노아의 배가 물 위에 떠 있었던 기간이 일 년 하고도 열흘이 지나는데, 그 모든 날 동안 하나님은 아마도 눈을 감고 계셨을지 모른다, 보시기 너무 고통스러우셔서.

그리고 이제 비가 그치고 지면에서 물이 물러나고 노아가 방주에서 내려왔다. 노아의 가족 여덟 명-노아와 그의 아내 그리고 세 아들과 며느리-와 동물들 한 쌍씩 -정결한 짐승은 암수 일곱씩-이 남은 이들 전부였다. 땅은 홍수로 휩쓸렸고, 봄이 되어서 나무에 싹이 트긴 했으나, 이전에 지으셨던 그 아름답고 풍성했던 창조 세계와 비교하면 모든 것이 심히 황폐해졌고 초라해졌다. 거기에 한 줌 거리도 안 되어 보이게 남은 노아의 가족과 동물들은 하나님 보시기에 눈물 나게 불쌍했다. 어떻게 알 수 있는가? 그 상황을 한번 상상해 보고 하나님이 하신 말씀을 곰곰이 생각해 보면 알 수 있다.

홍수 이전엔 사람들의 죄악으로 가슴에 회한이 가득하셨다면, 이번에는 그 황폐하고 초라해진 세상과 한 줌밖에 남지 않은 사람들로 인해 하나님의 마음이 시리도록 아프셨다. 그래서 그는 언약을 맺으신다. 우리는 그것을 노아 언약 또는 무지개 언약이라고 부르는데, 이 언약은 노아와만 맺은 것이 아니라 모든 생물과 맺은 것이다. 자세히 보면 거의 모든 구절에 모든 생물이 나온다. "너희와 너희 후손과 너희와 함께 한 모든 생물", "땅의 모든 생물", "나와 세상 사이의 언약"이라고 나온다. 언약이란 낱말이 총 열 구절에 일곱 번이나 나온다. 사람은 물론 동물들까지 보시기에 너무 불쌍하고 마음 아파서, 마치 하나님이 어쩔 줄 모르시는 것처럼 같은 말을 되풀이하시는 것으로 보인다. 그 말인즉, '내가 다시는 너희를 물로 심판하지 않겠다!'라고 약속하시는 것이다.

심판을 자초한 것은 사람이었다. 하나님이 잘못하신 것이 아니었다. 사람의 죄악이 너무 커서 더 이상 두면 하나님의 창조 계획을 이룰 수 없으므로 심판을 하지 않으실 수 없었다. 그럴지라도 그 결과에 대해 하나님께서 너무 가슴 아파하시고 남은 동물이 너무 불쌍해 보여서, 계속 위로하시고 보호해 주시겠다고 약속하시는 것이었다. 노아나 노아의 가족이 '하나님 홍수 심판 너무 무서우니 제발 다시는 그렇게 하지 말아 주세요!' 기도하거나 부탁드린 것이 아니었다. 그냥 하나님이 보시고 마음이 심히 아려서, 사람은 물론 동물들까지 너무 불쌍해서, 스스로 그들과 언약을 맺으셨다. 하나님은 당신이 잘못하신 것은 없으니 '내가 잘못했다' 말씀하시지는 않는다. 다만 '다시는 물로 너희를 심판하지 않겠다'는 말을 되풀이 되풀이하심으로 하나님이 그들을 얼마나 불쌍하게 생각하시는지 그 마음을 보여 주셨다. 하나님의 이 마음이 느껴지면 좋겠다.

코로나를 위해서 열심히 기도해야 한다. 그러나 최소한 하나님을 믿는 사람이라면, 이제는 기도가 조금 바뀌어도 좋을 것 같다. 하나님의 마음을 알고 하나님의 생각을 이해할 수 있기를 원하는 기도가 되면 좋을 것 같다. 성경을 보면, 하나님의 마음이 사람으로 인해 아픔과 슬픔이 가득하셨을 때가 참 많다. 그러나 우리는 우리가 아프고 힘든 것은 난리를 치면서 표현을 하지만, 하나님이 아프신 것은 별로 깨닫지를 못한다.

이 코로나 사태가 무슨 의미를 주는지 나는 잘 모른다. 그러나 세상의 모든 일은 하나님의 분명한 뜻 안에서 이루어진다는 것을 믿을 때, 이런 상황에서 무조건 우리에게 필요한 것들만 무턱대고 구하고 그 기도를 빨리 안 들어주신다고 초조해하거나 불평할 것이 아니라, 이 사태를 바라보시는 하나님 아버지의 마음을 알 수 있도록 그리고 이 일을 통해 하나님이 이루기를 원하시는 그분의 뜻이 이루어지길 기도해야 할 것 같다. 왜냐하면 무지개 언약을 주신 이야기에서 알 수 있듯이, 하나님은 우리가 처한 상황을 우리보다 더 마음 아파하시고 우리를 불쌍히 여기시기 때문이다.

신앙이 성숙해지는 것은 다름이 아니다. 하나님의 마음을 알고 하나님의 뜻이 이루어지길 기도하며, 그 뜻이 이루어질 때까지 묵묵히 할 일을 하면서 기다리는 것이다. 이런 사태를 통해 나에게, 좀 더 나아가 우리 가정과 교회와 나라와 민족과 세계 속에 하나님이 이루기를 원하시는 뜻이 무엇인지 살피고, 믿음으로 인내하며 소망 가운데 기도하는 것이다.

일부러 져 주시는 하나님

창세기 32:24-32

27 그가 이르되 네 이름이 무엇이냐 그가 이르되 야곱이니이다
28 그가 이르되 네 이름을 다시는 야곱이라 부를 것이 아니요
이스라엘이라 부를 것이니 이는 네가 하나님과 및 사람들과
겨루어 이겼음이니라

하나님께서 왜 야곱의 이름을 바꾸어 주셨을까? 야곱은 태어날
때 쌍둥이 형 에서의 발꿈치를 잡아서 이름이 '붙잡는 자'란 뜻을 가
졌다. 자기 힘으로 원하는 것을 얻으려다 보니, 형을 속이고 아버지
를 속이면서 그 이름의 뜻이 '속이는 자'로까지 발전했다. 그것을 하
나님께서 이스라엘 즉 '하나님과 겨루어 이긴 자'라는 이름으로 바꾸
어 주셨다. 그냥 듣기엔 변화가 없는 것 같이 들린다. 붙잡고 속이고
해서 사람을 이긴 사람이 결국 하나님과 싸워서도 이기고야 마는,
야곱의 끈질긴 고집이나 집념을 말해 주는 것처럼 들린다. 이야기가
거기서 끝나면 실로 그것이 다일 것이다. 그러나 결코 그것이 다가
아니다. 정말 그랬다면 이 이야기가 성경에 기록되지 않았을 것이

다. 그보다 이 이야기는 하나님이 어떤 분이신지, 자신이 택한 백성에게 어떻게 행하시는 분이신지를 아주 잘 보여 준다.

야곱은 형을 속이고 아버지를 속여서 장자권을 빼앗고 장자의 축복을 받긴 했지만, 형의 복수를 피하여 멀리 외삼촌의 집에 와서 이십 년 넘게 머슴처럼 일하며 살았다. 외삼촌의 딸 라헬을 깊이 사랑해서 그녀를 얻기 위해 시작한 품꾼살이가 외삼촌의 간교한 술책으로 이십 년을 훌쩍 넘었다. 다행히 하나님께서 간섭하셔서 억울하게 당하지만 않고 자기 몫을 챙겨서 다시 부모님이 사시는 가나안 땅으로 돌아오게 되었다. 그러나 아직 해결해야 할 문제가 있었다. 바로 형 에서였다. 이십 년이 지났지만, 형 에서는 여전히 동생에게 원한을 품고 있었다. 야곱은 이 문제를 어떻게 해결해야 할지 심각한 고민에 빠졌다. 그래서 하나님께 형 에서의 손에서 구해 주시길 간절히 기도했다.

그렇게 기도한 다음 형을 위해 어마어마한 선물을 준비했다. 그 선물 행렬을 앞서 보낸 다음 가족들을 먼저 압복 강을 건너게 했다. 그러나 무슨 일인지 자신은 건너지 않고 혼자 남았다. 아무래도 가나안 입성을 앞두고 마음이 착잡해서 생각을 좀 하려고 남았을 수 있다. 그때 어떤 사람이 시비를 걸어 왔다. 그래서 그 사람과 밤새도록 씨름을 했다. 누군지도 모르지만, 일단 어찌 되었든 씨름이 시작되었다면 야곱은 성격상 질 수가 없었다. 필사적으로 싸웠다. 야곱이 결코 질 것 같지 않자, 그 사람은 야곱의 허벅지 관절을 쳐서 어긋나게 하였다. 순간 야곱이 깨달았다. '아 이 사람이 보통 사람이 아니구나.' 야곱은 그 사람을 붙들었다. 야곱의 주특기가 붙잡는 것이지 않은가? 그 사람이 날도 새고 해서 가려고 하니까, 야곱이 말했다. "당신이 내게 축복하지 아니하면 가게 하지 아니하겠나이다." 그때 그 사람이 "네 이름이 무엇이냐?"고 물었다. "야곱입니다" 그가 말했다. "네 이름을 다시는 야곱이라 부를 것이 아니요 이스라엘이라 부를 것이니 이는 네가 하나님과 및 사람들과 겨루어 이겼음이니라." 그 사람은 다름 아닌 하나님이셨고, 이제 가나안 입성을 앞두고 근심 걱정에 빠져 있는 야곱에게 찾아오셔서 그의 이름을 바꾸어 주신 것이다. '붙잡는 자, 속이는 자'에서 '하나님과 겨루어 이긴 자'로.

하나님은 찾아오신다. 그 하나님과 씨름을 하다 보면 결국 하나님을 만나게 된다. "하나님과 씨름해도 되나요?" 물론이다. 잘 모르고 믿을 수는 없는 일이다. 우리가 가진 지식과 모든 정보를 동원하여 하나님과 씨름해도 좋다. 또는 우리가 가진 여러 가지 문제들을 놓고 하나님과 끝까지 씨름할 필요가 있다. 하나님은 무관심보다 씨름하는 것을 백배 좋아하신다. 그 결국에서 마침내 하나님을 깨닫고 제대로 만나게 될 것이기 때문이다. 야곱은 가나안 땅에 들어가 사는 것이 심히 걱정되었을 것이다. 무엇보다 형 에서가 아직도 원한을 품고 자기를 찾아올 것을 생각하면 오금이 저렸을 수 있다. 그래서 필사적으로 씨름하던 그 사람에게 자기에게 복을 주고 가라고 부탁했다. 그런 필사적 부르짖음에서 야곱은 결국 하나님을 만나게 되었다.

하나님은 우리를 만나시고, 우리 영혼이 그를 향하여 야곱과 같은 집념으로 그의 복과 은혜를 구할 때, 우리 이름을 바꾸어 주신다, '하나님과 겨루어 이긴 자로.' 이 의미가 무엇일까? 야곱의 마음은 에서에 대한 두려움과 근심으로 가득 차 있었다. 그런 그에게 하나님이 말씀하신 것이다. "야곱아 넌 나와도 싸워서 이겼다. 너는 강하다! 에서에 대해 염려하지 말아라. 너는 에서를 이기고도 남는다. 나만 믿고 믿음으로 살아라."

이것을 자녀를 키우는 부모 입장에서 생각해 보면 이해가 아주 쉬워진다. 아이가 밖에 나가서 싸우고 왔다. 상대가 힘이 셌든 어쨌든, 그다음은 아이가 밖에 나가는 것을 겁낸다. 그럼 지혜로운 아빠는 아이에게 밖에 나가 당당히 살 수 있는 용기를 주기 위해, 그 아이 자신이 힘이 세다는 것을 가르쳐 줄 것이다. 그 한 가지 방법은 아빠와 씨름하는 것이다. 그런데 아이가 필사적으로 씨름을 하면 어느 틈에 아빠가 슬쩍 힘을 빼고 져 주면서 말한다. "이야! 우리 아들 힘세네, 아빠도 이기네. 아빠가 졌어. 이제 누구와 싸워도 우리 아들 지지 않겠다!" 아빠가 아이를 위해 일부러 져 줌으로 아이에게 자신감을 주고, 그런 다음 아빠는 알게 모르게 아이 뒤를 보살펴 줄 것이다. 밖에서 용기 있게 살 수 있도록 아이를 지켜 줄 것이다.

하나님도 야곱에게 마찬가지셨을 것으로 나는 생각한다. 우리 하나님 아버지는 자녀들에게 능히 그렇게 하실 분이다. 그분의 자녀들이 세상을 겁내지 말고, 세상에 주눅 들지 말고, 당당하게 하나님의 자녀로 살아갈 수 있도록 용기를 주시는 분이다. 그렇다고 실제로 우리가 세상을 이길 힘이 있는 것은 물론 아니다. 하나님께서 뒤를 든든히 받쳐 주실 것이니까 용기를 내라는 것이다.

하나님이 야곱에게 "네 이름을 다시는 야곱이라 하지 말고 이스라엘이라 하라"고 하신 것이 또 나오는 곳은 창세기 35장이다. 야곱이 딸 디나 사건으로 인해 다시 절체절명의 위기에 처하였을 때 하나님이 말씀하셨다. "걱정하지 마라, 야곱. 너는 이제 야곱이 아니라 이스라엘이다. 나와 싸워서도 이기지 않았니? 아무도 너를 해치지 못해!" 하나님께서 야곱과 함께하실 것이기 때문이다.

야곱의 이야기는 허물 많고 죄 많은 성도가 하나님의 사람으로 변화되어 가는 과정을 보여 준다. 무엇보다 그런 자녀를 하나님이 어떻게 대하시는지를 잘 보여 준다. 하나님은 주권적으로 야곱을 하나님의 자녀로 택하신 후에, 야곱의 어떠함에 상관없이 그와 함께하시며, 그를 도우시며, 인도하셨다. 하나님은 우리 역시, 우리의 허물이 아무리 커도 그리스도 예수 안에서 하나님의 자녀로 택함 받았을 때, 야곱을 사랑하심같이 우리를 사랑하신다. 어느 만큼? 일부러 져 주시기까지 하시며 우리에게 세상을 이길 힘이 있다는 것을 알게 하실 만큼. 그 이유는, 하나님께서 지켜 주실 것이므로 우리가 세상을 두려워하지 말고 하나님을 믿는 믿음으로 살게 하기 위함이다.

우회하는 것으로 보일 때

출애굽기 13:17-22

17 바로가 백성을 보낸 후에 블레셋 사람의 땅의 길은 가까울
지라도 하나님이 그들을 그 길로 인도하지 아니하셨으니 이는
하나님이 말씀하시기를 이 백성이 전쟁을 하게 되면 마음을
돌이켜 애굽으로 돌아갈까 하셨음이라

18 그러므로 하나님이 홍해의 광야 길로 돌려 백성을 인도하
시매 이스라엘 자손이 애굽 땅에서 대열을 지어 나올 때에

19 모세가 요셉의 유골을 가졌으니 이는 요셉이 이스라엘 자
손으로 단단히 맹세하게 하여 이르기를 하나님이 반드시 너희
를 찾아오시리니 너희는 내 유골을 여기서 가지고 나가라 하
였음이더라

20 그들이 숙곳을 떠나서 광야 끝 에담에 장막을 치니

21 여호와께서 그들 앞에서 가시며 낮에는 구름 기둥으로 그
들의 길을 인도하시고 밤에는 불기둥을 그들에게 비추사 낮이
나 밤이나 진행하게 하시니

22 낮에는 구름 기둥, 밤에는 불기둥이 백성 앞에서 떠나지 아
니하니라

하나님이 내리신 마지막 재앙에 결국 바로가 굴복하고 이스라엘 민족을 내보냈다. 하나님은 낮에는 구름 기둥, 밤에는 불기둥으로 그렇게 애굽을 나온 이스라엘 백성과 함께하셨다. 이 구름 기둥과 불기둥의 의미는 하나님의 보호와 인도하심이다.

이스라엘 백성은 훌륭한 신앙의 롤모델이 될 만한 선조를 여럿 가지고 있다. 아브라함과 이삭과 야곱에 이어 요셉도 그중 한 사람이다. 요셉의 훌륭한 점은 하나둘이 아니다. 노예로 팔려 간 절망스러운 상황에서도 소망을 잃지 않고 책임과 성실을 다하여 살았고, 보디발 아내의 성적인 유혹에도 하나님이 보고 계신다며 그 유혹을 물리쳤다. 그리고 자기에게 일어난 모든 일을 하나님의 섭리로 여기며 자기를 팔았던 형제들까지 너그러이 용서했다.

그러나 이 모든 것보다 더 빛나는 것이 있다. 그것은 바로 그가 애굽에서 최고의 명성과 지위와 부를 누리고 살았음에도 불구하고, 하나님의 나라와 그 약속을 잊지 않고 오히려 그것을 사모했다는 사실이다. 요셉은 하나님이 이스라엘 자손에게 약속의 땅 가나안을 주시리란 것을 굳게 믿었다. 그래서 하나님이 그들을 인도하여 내실 때 자기의 유골을 꼭 가져가라고 유언하였다. 그는 애굽의 영광이 아무리 찬란해도 그것을 하나님 백성의 영광과 바꾸고 싶어 하지 않았다.

요셉이 처음부터 이런 숭고한 믿음을 가진 것은 아니었다. 삶 속에서 하나님의 보호와 인도하심을 이렇게 저렇게 경험하면서 하나님을 점점 더 깊이 알게 되었고, 그 결과 세상의 그 어떤 것도 하나님이 함께 하시는 그분 백성의 영광에 못 미친다는 것을 깨달은 것이다. 우리 역시 하나님의 인도와 보호를 경험할 때 신앙이 성장할 수 있다.

우리 삶에서 그와 같은 하나님의 인도와 보호는 어떤 모양으로 나타날까?

하나님은 이스라엘 백성을 블레셋 사람 땅의 길이 가까울지라도 그 길로 인도하지 않으시고 홍해 광야 길로 인도하셨다. 그것은 종살이만 하고 칼이나 화살 같은 무기는 잡아 보지 못했을 이스라엘 백성이, 온 가족에 가축까지 포함하여 이삿짐을 싸 들고 애굽에서 나오자마자 전쟁부터 하게 되면, 겁에 질려 도망할까 봐서였다.

하나님의 인도와 보호 원리 1. 하나님은 우리의 형편과 처지를 속속들이 아시고 우리에게 가장 적절한 길로 인도하신다. 물론 전쟁이 일어나도 하나님이 대신 싸우시고 이스라엘 백성은 누구도 다치지 않게 하실 것이었다. 그럴지라도 그들은 수백 년을 노예로 살아온 데다 아이들과 가축까지 다 모여 있었다. 그들은 전쟁이라는 말 자체를 감당하지 못했을 것이다. 그래서 하나님은 그들을 다른 길로 인도하셨다. 문제는 그 길이 돌아가는 길이란 것이었다. 직진이 아니라 우회였다.

가끔 우리는 믿음으로 살려고 하는데 일이 잘 안되고 지체되는 듯이 보일 수 있다. 그럴 때 우리는 의심하게 된다. '하나님이 내 기도를 듣고 계시는 것이 맞는가?' 그러나 걱정하지 마시길 바란다. 하나님은 누구보다 우리를 잘 아시고, 우리 앞서가시며 우리에게 가장 적절한 길로 인도하신다. 우리 생각에는 블레셋 사람의 땅의 길로 가면 바로 목적지에 이를 수 있다고 생각하고 조급할 수 있지만, 그 길로 직진했을 때 누구보다 혼비백산하여 믿음을 포기하거나 아니면 그 상황으로 힘들어할 사람이 바로 우리란 것을 아시기 때문에 그 길로 인도하지 않으신다. 오히려 하나님이 대신 일하시는 것을 더 잘 보고 체험할 수 있는 길로 인도하신다.

우리 영아부 선생님 중 한 분의 아들이 올해 유치원에 갔다. 그런데 작년 연말부터 집에서 가깝고 학부모들에게 인기 있는 일명 좋다고 하는 국공립 유치원에 보내려고 많이 애쓰며 이곳저곳 원서를 넣었으나 한 곳도 붙지 않았다. 그래서 우리가 하나님의 인도를 구하며 한마음으로 같이 기도했는데, 뜻밖의 곳에서 연락이 와 그곳에 다니게 되었다. 그러다가 그분이 초등학교 교사로 복직을 하면서 아이들을 맡겨야 했다. 그전에 보내고 싶었던 국공립 유치원은 코로나 때문에 모두 문을 닫았으나, 다행히 이곳은 사립이라 계속 열어서 아이를 마음 놓고 맡길 수 있었다. 국공립 가지 않은 것이 오히려 잘된 일이 되었다.

지난 연말 같이 기도할 때만 해도 어느 길로 가야 할지 전혀 보이지 않아 염려하고 근심하며, 그래도 '하나님의 인도하심을 믿자' 하며 기다렸는데 이렇게 좋은 간증을 듣게 되어서 무척 감사했다. 이런 작은 간증들이 쌓이면 나중에 우리도 요셉 같은 믿음의 사람이 될 것이다.

주님이 인도하시는 우회의 길엔 분명 유익이 있다.

〈우회가 준 유익〉

둘째 아이는 초등학교 6학년으로 들어와서 큰아이보다 한국 학교에 적응하고 입시를 준비하기에 시간상으로 좀 더 여유가 있었다. 아이의 성격도 원만하여 어딜 가나 친구도 많이 사귀었다. 이것이 같은 입시 생활이라도 아이를 덜 힘들고 지치게 한 것 같다.

아이는 그런대로 순탄하게 고3을 보냈다. 그러나 이과생이면서 수학을 미리 준비해 둔 것이 없었기 때문에 수학에 언제나 치이는 느낌이었다. 공부해야 할 양도 많았고, 수능 문제가 점점 더 사고력보다 계산력을 요구하는 쪽으로 바뀌고 있었다. 아이는 미국에서 자란 터라 계산이 느렸다. 그곳에서 계산은 계산기가 했다.

내신이나 모의고사 점수는 그런대로 나왔지만, 아무래도 수학이 부족한 것이 분명했다. 남편과 나는 학원이나 과외 도움이라도 받으면 좋을까 싶어 아이에게 의견을 말해 보았지만, 아이는 한사코 혼자 한다는 주장이었다.

결국 아이는 수능을 잘 보지 못했다. 처음으로 등급제를 도입한 해였는데, 등급제의 피해를 고스란히 보았다. 한 문제만 틀려도 등급이 바뀔 만큼 문제가 쉬웠던 것도 원인이었다. 총점은 나쁜 것은 아니었지만 등급으로는 최악이었고, 사실 그동안 본 모든 모의고사를 통틀어서도 가장 저조한 성적에 해당했다.

입시 결과는 낙방이었다. 수시도 정시도 모두 실패했다. 기대를 낮추어 다소 낮은 대학을 지원하였음에도 어이없는 낙방이었다. 아이는 어느 정도 예상한 듯했으나 나는 정말 예상 밖이었다. 혼란이 생겼다. 어떻게 하나님이 이렇게 하실 수 있을까? 사실 아이 시험 성적보다 내가 더 믿은 것은 하나님께 드린 나의 기도였다. 어차피 수학이 부족한 것을 처음부터 알고 있었기에, 하나님께서 도와주시길 구하고 또 구하였기 때문이었다. 그렇게 도와주시길 구하였건만, 어떻게 이렇게 무참하게 기대를 꺾으실 수 있을까? 아이가 떨어진 것보다 하나님이 나의 기도를 묵살하신 것이 더 혼란스러웠다.

처음 며칠간은 중심을 잡지 못하고 헤매다가 다시 기도하는 중에, 이런 상황에서도 하나님을 신뢰하고 찬송하는 것을 배우려면 이런 상황을 겪지 않고서는 불가능하다는 생각이 들었다. 하나님은 그 어떤 상황에서도 내가 그분을 신뢰하고 찬송하기를 원하시고 나를 그런 사람으로 훈련하시기 원하시는데, 바로 이 상황이 그런 훈련을 받는 때란 생각이 들었다. 하나님을 찬송하기 시작했다. 믿음으로 설 수 있기를 간구했다. 성숙한 신앙으로 성장하기를 소원했다.

아이는 다시 한번 고된 입시의 길을 걸어가야 했다. 처음에 아이는 크게 실망하고 우울한 듯했으나, 학원에서 다른 아이들과 사귀면서 나름대로 재수생의 삶에서도 즐거움을 찾았다. 곧 좋은 친구도 많이 사귀었다. 인생의 쓴맛을 보면서 마음도 많이 낮아지고 생각도 많아졌다. 무엇보다 학원에서 운행하는 버스를 타다 보니 다른 아이들보다 학원에 일찍 도착했다. 수업 전까지 빈 시간이 생기자 아이는 짧게라도 성경을 읽고 기도하기 시작했다. 나는 우리 집 두 아들이 신앙의 홀로서기를 할 수 있기를 기도해 왔는데 생각지도 않은 엉뚱한 곳에서 그 기도가 응답 되고 있었다.

아이는 재수하면서 학원 친구들과 분위기에 영향을 받아 의대에도 관심을 갖게 되었다. 이번에는 자신이 원했던 대학의 건축학과뿐 아니라 의대에도 몇 곳 수시 원서를 제출하였다.

그렇게 재수를 하며 다시 한번 입시의 모든 일정이 끝났을 때, 아이는 아파트 건축 현장의 일일 노동자로 돈벌이에 나섰다. 돈이 꼭 필요했거나 집에서 아르바이트를 하라고 한 것은 아니었으나, 친구가 그 일을 하고 있고 또 하는 일 없이 발표 날을 기다리기가 힘들었는지 아이는 건설 현장에 노동자로 뛰어들었다. 훗날 이것은 아이의 고3 때 담임 선생님이 가는 곳마다, 생각과 행동이 건실하고 본받을 만한 모범생으로 아이를 칭찬하게 한 사건이 되었다. 그렇게 번 돈과 그동안 명절 때 받아 모아 둔 돈 더하기 엄마 후원금을 합하여, 아이는 마음 맞는 친구 한 명과 이듬해 2월에 3주간 유럽 여행을 다녀오기도 했다.

재수 결과, 아이는 다른 곳은 다 떨어지고 오직 한 곳 건축학과에만 합격하였다. 이 정도면 될 곳으로 여긴 곳에서조차 낙방하였다. 후에 CCC 수련회에서 자신이 다른 대학은 다 떨어지고 건축학과만 붙은 것을 두고, 아이는 하나님께서 자신을 건축학도로 부르심을 확신하게 되었다고 간증하였다. 재수가 아이에게 자신의 소명을 확인하는 기회가 되기도 했다.

우회에는 반드시 유익이 따른다. 어떤 상황에서도 하나님을 찬송
해야 하는 이유를 나는 그렇게 부모가 되어 몸으로 터득해 갔다.

사방이 막혔을 때 노래하라

출애굽기 14:21-31

21 모세가 바다 위로 손을 내밀매 여호와께서 큰 동풍이 밤새
도록 바닷물을 물러가게 하시니 물이 갈라져 바다가 마른 땅
이 된 지라

22 이스라엘 자손이 바다 가운데를 육지로 걸어가고 물은 그
들의 좌우에 벽이 되니

23 애굽 사람들과 바로의 말들, 병거들과 그 마병들이 다 그들
의 뒤를 추격하여 바다 가운데로 들어오는지라

24 새벽에 여호와께서 불과 구름 기둥 가운데서 애굽 군대를
보시고 애굽 군대를 어지럽게 하시며

25 그들의 병거 바퀴를 벗겨서 달리기가 어렵게 하시니 애굽
사람들이 이르되 이스라엘 앞에서 우리가 도망하자 여호와가
그들을 위하여 싸워 애굽 사람들을 치는도다

하나님께서 홍해 광야 길로 우회시키셔서 이스라엘 백성이 열심
히 갔으나 큰일이 일어났다. 바로 애굽 군대가 추격해 온 것이다. 앞

에는 바다, 뒤에는 애굽 군대, 이제 이스라엘 백성은 오도 가도 못하는 상황이 되었다. 바다에 수장되거나 애굽 군대에 의해 다시 종으로 끌려갈 수밖에 없었다. 적어도 그 당시 이스라엘 사람들 눈에는 그렇게 보였다. 그들은 한편으론 두려워하여 여호와께 부르짖고, 다른 한편으로는 모세에게 원망을 퍼부었다. "애굽에 매장지가 없어서 우리를 여기 끌고 나와 죽게 하느냐," "우리가 애굽 사람 섬기고 산다고 했을 때 그냥 두지, 여기서 죽기보다 애굽 사람 섬기고 사는 것이 낫다."라고 별의별 말을 다 했다.

모세가 그들을 진정시키며 말했다, "너희는 두려워하지 말고 가만히 서서 여호와께서 오늘 너희를 위하여 행하시는 구원을 보라 너희가 오늘 본 애굽 사람을 영원히 다시 보지 아니하리라 여호와께서 너희를 위하여 싸우시리니 너희는 가만히 있을지니라"(출애굽기 14:13-14).

하나님은 이스라엘 진 앞에 가던 구름 기둥을 진 뒤로 옮겨 애굽 진과 이스라엘 진 사이에 서게 하셨다. 애굽 진에는 구름과 흑암이 있게 하셨고 이스라엘 진은 밤이라도 밝게 하셔서, 밤새도록 저쪽이 이쪽으로 다가오지 못 하게 하셨다. 여기서 이전에는 다 아는 얘기라 생각하고 별생각 없이 읽었다가 이번에 다시 자세히 읽었더니 새로운 것이 보였다. 그것은 원래 구름 기둥은 낮에 불기둥은 밤에 나타났었지만, 백성이 위급한 상황이 되자 밤이라도 구름 기둥이 사라지지 않고 오히려 백성들 뒤로 옮겨서 애굽 군대와 이스라엘 백성 사이를 가로막아 이스라엘 백성을 보호해 주신 것이다.

하나님의 인도와 보호 원리 2. 하나님은 우리가 위급할 때 더 충만하심으로 우리와 함께하신다. 이스라엘 백성이 위급한 상황에 부닥쳤을 때, 하나님은 앞으로는 홍해 바닷길을 여시며 뒤에서는 구름과 흑암으로 애굽 군대를 막아 이스라엘 백성에게 다가오지 못하게 하셨다. 이스라엘 백성은 두려움에 질려 소리 지르며 앞으로 나가기만 했고 싸우는 일은 하나님이 다 하셨다.

우리 삶에도 이런 일이 많다. 다만 우리 눈에 보이지 않을 뿐이다. "모래 위의 발자국"이란 시를 들어 보았을 것이다. 내용은 대강 이러하다. 어느 날 해변에서 주님과 내가 걷고 있었는데 우리 뒤에 두 쌍의 발자국이 나 있는 것을 보았다. 하나는 주님의 발자국, 하나는 나의 발자국. 그런데 내 인생에서 가장 힘들었던 순간엔 발자국이 한 쌍밖에 보이지 않았다. 그래서 주님께 질문한다. "주여, 제가 가장 힘들 때 주님은 왜 저를 떠나셨습니까?" 이때 주님께서 말씀하신다, "얘야 저것은 네 발자국이 아니라 내 발자국이다. 네가 힘들고 어려울 때 내가 너를 안고 갔단다."

우리가 주님을 의지한다면, 우리 역시 힘들고 어려울 때 주님은 우리를 안고 가실 것이다. 혼자 싸우고 있다고 생각할 때, 사실 하나님은 앞으로 길을 열어 주시고 뒤로는 적으로부터 우리를 보호하고 계신다. 의심하고 두려워할 필요가 없다.

마침내 모세가 지팡이를 들고 손을 바다 위로 뻗자 큰 동풍이 밤새도록 불면서 바다를 갈라지게 했다. 이스라엘 백성은 마른 땅을 걸어 바다를 건넜다.

하나님의 인도와 보호 원리 3. 사방이 막혀 소망이 없어 보일 때 하나님의 역사를 기대하라. 그때는 하나님께서 일하심을 경험하는 때다. 사람들은 자기 힘으로 조금이라도 할 수 있으면 하나님을 의지하려 하지 않는다. 대개 하다 하다 안되면 하나님께 나아간다. 홍해 바다 앞에 선 이스라엘 백성처럼 아무것도 못 할 상황이 되면, 하나님께 부르짖게 되고 그의 크신 능력을 경험하게 된다. 나 역시 지금까지 살면서 여러 차례 이런 상황을 경험했다. 사람의 힘으로 할 수 있는 것이 아무것도 없었을 때, 주님밖에 의지할 데가 없었을 때, 주님 앞에 엎드리고 있으면 내가 한 것은 아무것도 없는데 결국은 일이 해결되었고 상황은 이전보다 더 나아졌다.

애굽 군대 이야기도 빠뜨릴 수 없다. 애굽 군대는 구름 기둥과 흑암 때문에 꼼짝 못 하고 있다가 새벽이 되자 다시 추격을 시작했다. 이스라엘 백성이 있었던 곳에 와보니, 백성은 없고 바다가 갈라져 있고 길이 나 있었다. 앞뒤 생각할 겨를도 없이 바로 추격했다. 그러나 새벽에 이스라엘 백성이 다 건넜을 때, 바다가 하나로 합쳐져서 애굽 군대는 몰살하고 말았다. 이 애굽 군대 선봉에는 애굽 왕 바로 자신이 있었다. 사실 여기서 애굽 군대가 멸망하지 않았더라면 계속해서 이스라엘 백성을 따라왔을 것이고, 계속해서 이스라엘은 괴롭힘을 받았을 것이다. 어쩌면 시내 산 광야까지 따라왔을 수 있다. 그러나 홍해 바다에 수장됨으로 인해 애굽은 더는 이스라엘을 괴롭힐 수 없었다. 이것은 하나님께서 이스라엘 백성을 홍해 광야 길로 인도하신 또 다른 이유였을 것이다.

하나님의 인도와 보호 원리 4. 하나님은 우리의 적을 멸하신다.
마지막 장자가 죽는 재앙도 엄청나게 무서운 심판이었다. 그렇지만 아직 바로에게는 이스라엘 백성을 추격할 말과 병거가 남아 있었다. 이 사건으로 이제 그것까지 완전히 제거되었다. 우리가 역경을 지날 때 우리는 죽는다고 소리 지르지만, 사실 하나님은 우리의 믿음을 견고하게 하실 뿐 아니라 우리가 생각지 못한 적들까지 멸하고 계신다. 우리도 모르는 사이 우리를 붙들고 노예로 삼으려 하는 것들에서 우리를 자유롭게 하신다. 그것이 무엇이든, 게으름이든 고집이든 낭비벽이든 이기심이든, 역경을 지나면서 우리를 그 굴레에서 벗어나게 하신다.

사방이 막혔을 때 노래하라! 사방이 막혔을 때 기뻐하라! 그 시간은 특별하게 하나님이 일하시는 것을 보는 시간이다.

삼인칭에서 이인칭으로

출애굽기 20:1-2
1 하나님이 이 모든 말씀으로 말씀하여 이르시되
2 나는 너를 애굽 땅, 종 되었던 집에서 인도하여 낸 네 하나님
여호와니라

하나님은 아브라함을 하란에서 불러내셔서 가나안 땅을 주신다
고 약속하셨다. 아브라함과 이삭과 야곱까지 삼대가 그곳에서 산 다
음, 그들을 애굽으로 가게 하셨다. 가나안에 기근이 심하게 들었을
때 요셉이 애굽의 총리가 되어서 그들을 불러 내렸다. 그런데 그들
이 그곳에서 약 430년을 살았을 때, 하나님은 엄청난 재앙을 내려 애
굽을 심판하시고 이스라엘 백성을 다시 그곳에서 나오게 하셨다.

창세기와 출애굽기의 이 이야기는 하나님이 왜 일을 이렇게 복잡
하게 하시나 생각하게 만든다. '가나안 땅을 주신다고 하셨으면 그
냥 주시면 되지, 굳이 애굽에 가게 하시고, 노예 생활로 혹독한 시련
을 겪게 하신 다음 다시 거기서 탈출하게 하셨을까?' 물론 그전에 하
나님이 주신 답은, 가나안 사람의 죄가 아직 충분히 차지 않아서 하

나님이 기다리신다고 하셨다(창세기 15:16). 한편으로 가나안 사람의 죄가 차서 심판을 받아야 할 때까지 기다리시면서, 다른 한편으로는 이스라엘 백성이 수가 많아져서 가나안 땅을 차지할 만큼 세력이 커지길 기다리신 것이다. 그러나 그것만으로는 답이 충분하다고 느껴지지 않을 수 있는데, 오늘 본문 말씀이 궁금증을 풀어 준다. 그것은 하나님께서 이스라엘 백성과 새로운 관계 맺기를 원하셨다는 것이다.

이스라엘 백성은 하나님을 직접 경험한 적이 없었다. 자기들의 조상 아브라함과 이삭과 야곱에게 나타나신 하나님으로 기억할 뿐이었다. 그러나 전해 들은 이야기만 가지고 있는 사람들을 데리고 하나님께서 자신이 직접 통치하시는 신정국가를 건설하실 수는 없었다. 하나님이 원하시는 하나님의 백성을 만들기 위해서는 그들이 스스로 하나님이 어떤 분이신지를 경험해야 했다.

그것을 경험시키기 위해서 하나님은 이스라엘 백성을 애굽으로 가게 하신 것 같다. 이스라엘 백성은 그곳에서 처음에는 잘 살았으나, 시간이 지나면서 혹독한 압제와 시련을 당하였다. 이 시련은 그들을 깨어나게 했다. 시련이 없으면 누구나 현재 삶에 안주하게 된다. 만약 애굽에서 압제가 없었더라면, 이스라엘 백성은 누구도 그곳에서 나오려 하지 않았을 것이다. 지금 사는 곳이 좋은데 누가 옮기고 싶어 하겠는가? 그들이 젖과 꿀이 흐르는 가나안 땅을 사모하고 그리워하게 된 것은 애굽에서 삶이 너무 고되고 힘들었기 때문이다. 그들은 하나님께 부르짖지 않을 수 없었고, 하나님은 아브라함과 이삭과 야곱에게 약속하신 대로 그들을 인도하여 내셨다.

그 엄청난 열 가지 재앙과 홍해가 갈라져 바다를 육지처럼 건넌 경험을 통해서 이스라엘 백성은 마침내 하나님을 자신들의 하나님으로 경험했다. 본문 2절이 바로 그것을 말해 준다. "나는 너를 애굽 땅, 종 되었던 집에서 인도하여 낸 **네 하나님** 여호와니라." 이제 하나님은 아브라함과 이삭과 야곱의 하나님으로 말해지는 것이 아니라 '**네 하나님**'이 되셨다. 하나님과 그들의 관계가 삼인칭에서 이인칭 관계로 바뀌었다.

이것은 이스라엘 백성 편에서도 마찬가지였다. 홍해를 건너고 애굽 군대가 몰살당하는 것을 목격한 이스라엘 백성은 하나님을 찬양하는데 이렇게 고백한다. "여호와는 **나의** 힘이요 노래시며 **나의** 구원이시로다. 그는 **나의** 하나님이시니 내가 그를 찬송할 것이요 내 아버지의 하나님이시니 내가 그를 높이리로다"(출애굽기 15:2). 지금까지 이스라엘 백성은 하나님을 이렇게 고백한 적이 없었다.

하나님은 자기 백성과 직접적이고 개인적인 관계를 맺기 원하신다. 하나님은 우리와도 이런 관계를 맺고 싶어 하신다. "나는 너의 하나님이다"라고 말하기 원하시고, 우리가 "주님은 나의 하나님"으로 고백하길 원하신다. 물론 우리는 그리스도 예수의 십자가 구원을 통해 죄와 사망의 법에서 해방되고 하나님의 자녀가 되는 큰 특권을 받았다. 그런데 문제는 많은 사람이 여전히 하나님과의 직접적인 경험이 없으므로 나의 하나님으로 고백하지 못하거나 아니면 고백한다고 해도 영 자신 없이 고백하는 것이다.

여기서 한 가지 유념해야 할 점이 있다. 다소 이해하기 어려울 수도 있지만 이미 경험하신 분들은 다 알고 있는 사실이기도 하다. 말인즉슨, 이스라엘 백성이 애굽 땅에서 고난과 역경을 당하며 하나님의 크신 구원을 경험하고 비로소 하나님과 직접적인 관계를 맺게 된 것처럼, 하나님이 사랑하고 깊은 인격적 관계를 맺기 원하는 사람에게는 많은 경우 시련이 있다는 것이다. 그 시련은 사람의 잘못이나 부족으로 올 수도 있고, 혹은 하나님이 그동안 쳐 놓았던 보호의 울타리를 살짝 걷어내서 올 수도 있다. 그런데 바로 그 시련을 통해서 하나님을 경험하게 된다. 그것은 우리를 세상에 안주하지 않게 하고 하나님의 나라를 사모하게 한다. 또 하나님께 도와주시길 간절히 기도함으로 하나님의 살아 역사하심을 생생하게 경험하게 한다. 어려운 일이 없이 잘 믿으면 좋겠지만, 인간은 타고난 죄성이 있어서 아무도 그렇게 하지 못한다. 그러나 두려워할 필요는 없다. 하나님께서 이스라엘 백성을 독수리 날개로 업어서 인도하여 내신 것처럼, 우리를 보호하시고 우리를 업어서 안전하게 인도하실 것이다(출애굽기 19:4).

우리 모두 삶 속에 크고 작은 어려움이 있다. 그것들은 하나님의 살아 계심을 경험하고 하나님과 이인칭 관계를 형성하는 기회가 될 수 있다. 주님이 그런 일을 허락하신 이유가 바로 그것 때문일 수 있다. 역경 속에서 주님과의 관계가 새롭게 된다.

삶 속에 어려움이 없다면 실로 감사한 일이다. 그러나 주의해야 한다. 자신도 모르는 사이 현재의 삶에 안주하면서 하나님 나라의 약속을 잊어버리고 살 수 있다. 하나님과 맺어진 개인적인 관계가 있는지, 그리고 그 관계 안에서 하나님의 자녀로 깨어 사는지 언제나 돌아보며 살아야 한다.

주님과 나는 몇 인칭 관계일까?

하나님을 더 깊이 알 수 있는 길

출애굽기 20:3-17

3 너는 나 외에는 다른 신들을 네게 두지 말라

4 너를 위하여 새긴 우상을 만들지 말고

…

12 네 부모를 공경하라 그리하면 네 하나님 여호와가 네게 준 땅에서 네 생명이 길리라

13 살인하지 말라

14 간음하지 말라

15 도둑질하지 말라

출애굽의 엄청난 구원 역사를 통해 하나님과 이스라엘 백성 사이에 **나와 너의 특별한** 관계가 형성되었다. '나는 너의 하나님'이 되셨고 '여호와는 나의 하나님'이 되셨다. 하나님은 오늘 우리와도 이런 이인칭의 관계를 맺기 원하신다. "나는 너의 하나님"이라고 우리에게 말하기 원하시고, 우리가 "하나님은 나의 하나님"이라고 고백하는 말 듣기를 원하신다.

이 관계의 시작과 주도권은 모두 하나님께 있다. 하나님이 택하시고, 부르시고, 구원하셨다. 사실 이스라엘 백성이 애굽에서 나왔을 때 그들이 한 일은 거의 없었다. 하나님이 전적으로 애굽을 심판하시고 이스라엘 백성을 구원하셨다. 오늘 우리도 마찬가지이다. 예수 그리스도 십자가 사건을 통해 우리 죄를 사하시고 우리를 사망에서 구원하셨다. 하나님은 일방적인 주권적 역사로 이스라엘을 구원하셨고 또 오늘 우리를 구원하셨다. 똑같이 일방적인 은혜로 우리를 그분의 백성으로 삼아 주셨다.

하나님께서 그분의 주권적 역사로 이스라엘 백성을 구원하시고 그들을 자신의 백성으로 삼으셨을 때, 그들에게 원하시는 것이 있었다. 이제 그들은 하나님의 백성이 되었기 때문에 하나님 나라의 법을 따라 살아야 하는 것이었다. 그래서 주신 것이 십계명이다. 이스라엘 백성으로 말하면, 이제 그들은 더는 애굽에서 종살이하는 사람들이 아니라 하나님께 구원받은, 하나님을 왕으로 모시는 백성이 되었다. 더는 애굽의 법을 지킬 필요가 없고 하나님의 법을 지켜야 했다.

예수님은 이 십계명의 요지를 간단히 줄이셨다. "네 마음을 다하고 목숨을 다하고 뜻을 다하여 주 너의 하나님을 사랑하라 하셨으니 이것이 크고 첫째 되는 계명이요 둘째도 그와 같으니 네 이웃을 네 자신 같이 사랑하라 하셨으니 이 두 계명이 온 율법과 선지자의 강령이니라"(마태복음 22:37-40). 더욱 압축하면, '하나님을 최고로 사랑하라,' '이웃을 네 몸처럼 사랑하라'가 된다. 예수님 안에서 구원받은 우리도 이제 이 법을 따라 살아야 한다.

이렇게 법, 법 하다 보면 우리가 하나님의 법을 지키는 것이 무척 의무적인 것으로 들릴 수 있다. 하나님이 엄청나게 큰 대가를 치르시고 우리를 구원하셨으니까, 우리는 마땅히 그 은혜에 감사해서 그가 주신 계명을 지켜야 한다는 것처럼 들린다. 물론 맞는 말이다. 당연히 그래야 한다. 그 법은 사실 하나님의 백성으로 바르게 사는 길을 가르쳐 주는 것이니 잘 배우고 지키고 사는 것이 마땅하다. 그러나 그것이 다가 아니다. 우리가 하나님의 계명을 지켜야 하는 더 크고 중요한 이유가 있다. 예수님이 말씀하셨다, "나의 계명을 가지고 지키는 자라야 나를 사랑하는 자니 나를 사랑하는 자는 내 아버지께 사랑을 받을 것이요 나도 그를 사랑하여 그에게 나를 나타내리라"(요한복음 14:21).

우리가 하나님의 계명을 지켜야 하는 이유는 그분의 백성으로서 의무뿐이 아니라, 그것이 하나님을 더 깊이 알 수 있는 길이기 때문이다. 하나님이 그의 계명을 지키는 자에게 그 자신을 나타내 보여 주시기 때문이다.

나는 아직 신앙이 어렸을 때 하나님이 살아 계신 것을 체험해 보고 싶었다. 기적 같은 것을 경험하면 신앙이 확 자랄 것 같아서 막 간구하기도 했다. "하나님 저도 체험 좀 하게 해 주세요." 하나님은 크고 작은 기도들을 응답해 주셨지만, 내가 구했던 어떤 기적 같은 것은 보여 주지 않으셨다. 대신에 날마다 말씀을 묵상하는 쪽으로 인도하셨다. 큐티(Quiet Time) 혹은 경건의 시간인데, 아침에 시간을 내서 말씀을 묵상하고 말씀에서 주시는 교훈을 삶에 적용하며 지켜보려고 애썼다. 그렇게 해서 30년이 지난 지금 더는 기적이나 체험을 간구하지 않는다. 그것을 구하지 않아도 하나님이 너무나 많이 자신을 나타내 보여 주시기 때문이다.

하나님을 깊이 만나고 싶은 분이 있을 것이다. 그리스도 안에서 구원은 받았지만 뭔가 아직 2% 부족한 것 같은 느낌이 드는 분도 있을 것이다. 세상에 어떤 풍파가 몰려와도 요동하지 않는 내적인 평안과 고요를 얻고 싶으신 분도 있을 것이다. 방법은 아주 간단하다. 바로 하나님 말씀을 묵상하고 그가 주시는 교훈을 혹은 명령을 지키고 순종하는 것이다. 좀 잘못해도 괜찮다. 우리가 지키려고 하는 마음만 보여도 하나님은 다 이해하시고 오히려 못 지켜서 죄송해하면 괜찮다고 위로해 주신다.

하나님의 말씀을 지키고 순종할 때 하나님과 깊은 교제의 길이 열린다. 하나님이 우리에게 하나님의 법을 주신 이유는 바로 여기에 있다. 하나님이 기뻐하심으로 우리에게 찾아오셔서 그분을 나타내시고 보여 주신다. 많은 사람이 구원받은 것으로 끝인 삶을 살 뿐 하나님이 약속하신 풍성한 삶을 누리지 못하는 것은 바로 이 교제의 길로 나아가지 못하기 때문이다. 많은 사람이 바쁘게 산다. 그러나 말씀 묵상과 기도는 바쁘고 안 바쁘고를 떠나서 삶의 우선순위의 문제이다.

또한 부모가 자녀에게 줄 수 있는 최고 선물은 하나님을 알게 하는 것이다. 말씀을 묵상하고 지켜 행함으로 하나님을 먼저 깊이 경험하고 그것을 믿음의 유산으로 자녀들에게 물려줄 수 있는 부모는 실로 복된 부모이다. 이런 부모 밑에서 자란 아이들은 절대 잘못되지 않는다. 하나님께서 그 부모를 사랑하시는데, 그 부모가 사랑하는 자녀를 잘못되도록 버려두실 리가 없다.

다윗, 너마저!

사무엘하 12:1-13
13 다윗이 나단에게 이르되 내가 여호와께 죄를 범하였노라
하매 나단이 다윗에게 말하되 여호와께서도 당신의 죄를 사하
셨나니 당신이 죽지 아니하려니와

다윗 하면 자연이 골리앗이 떠오른다. 소년 다윗이 엄청난 거인 장수 골리앗을 물맷돌 한 방으로 무너뜨린 사건은 잊을 수가 없다. 다윗은 또 시인이며 음악가로 시편의 가슴을 울리는 많은 신앙고백이 다윗의 입을 통해 드려졌다. 그는 사울을 피해 굴에 숨어 있으면서도 "내가 만민 중에서 주께 감사하오며 뭇 나라 중에서 주를 찬송하리이다 무릇 주의 인자는 커서 하늘에 미치고 주의 진리는 궁창에 이르나이다 하나님이여 주는 하늘 위에 높이 들리시며 주의 영광이 온 세계 위에 높아지기를 원하나이다"라고 노래했다(시편 57:9-11). 그의 기개와 포부와 신앙이 놀랍기 그지없다.

다윗은 원수 집안의 자손이지만 친구 요나단의 우정을 기억하여 그의 남은 아들 므비보셋을 찾아 친아들처럼 보살폈다. 하나님은 그

런 다윗을 처음 보셨을 때부터 하나님의 마음에 합한 자라고 평하시기도 했다. 다윗은 신앙으로 인격으로 타의 추종을 불허할 만큼 훌륭하고 멋진 믿음의 사람이었다. 그런데 그것이 전부였을까?

성경은 놀랍게도 우리가 상상할 수도 없었던, 그 밑바닥에 감추어져 있던 다윗의 추악한 면을 들추기도 한다. 바로 밧세바 사건이다. 다윗이 이스라엘 전체 지파의 왕이 되고 약 십 년 정도 지났을 때, 다윗의 군대는 전쟁터에 나가 있었으나 그는 예루살렘에 남아 있었다. 어느 날 다윗은 저녁 침상에서 일어나 아마도 시원한 바람을 찾아서 왕궁 옥상을 걷다가 목욕하고 있는 여인의 모습이 심히 아름다운 것을 보았다. 그는 여인이 누군지 알아보라 시켰고, 그녀가 자신의 충성스러운 부하 우리야의 아내 밧세바인 것을 알게 되었지만, 그녀를 데리고 오게 하여 동침하였다. 그 결과 밧세바는 임신하였다.

다윗은 그 사실을 은폐하려고 전쟁터에 나가 있던 우리야를 불러들여 집에서 자게 했다. 하지만 충직한 우리야는 "나의 상관과 전우들이 야영하며 전쟁 중인데 내가 어떻게 집에 가서 잘 수 있겠느냐?"며 집으로 가지 않고 부하들과 왕궁 문에서 잤다. 그 꾀가 통하지 않자 다윗은 요압 장군에게 편지를 써서 우리야를 죽게 했다. 편지에 우리야를 선봉에 세워 맞아 죽게 하라고 어떻게 죽게 할지 구체적으로 지시까지 했다. 그리고 철면피같이 그 편지를 우리야의 손에 들려서 요압에게 전하게 했다. 요압은 다윗의 지시대로 가장 전쟁이 치열한 곳에 우리야를 배치하여 결국 우리야는 죽었다. 우리야의 장례를 마친 후 다윗은 밧세바를 자기 아내로 삼았다. 모든 일이 순조롭게 마무리가 된 것 같았다.

그러나 처음부터 끝까지 보고 계신 분이 있었다. 하나님이셨다. 하나님은 나단 선지자를 보내서 다윗의 죄를 지적하셨다. 나단 선지자가 말했다, "어떤 부자가 자기는 양이 많으면서 손님이 왔을 때, 양이 한 마리밖에 없어 애지중지하며 키우고 있던 가난한 사람의 양을 빼앗아 그것으로 손님을 대접하였나이다." 그 말을 들은 다윗이 노하여서 "여호와의 살아 계심을 두고 맹세하노니 이 일을 행한 그 사람은 마땅히 죽을 자라!" 했다. 그러자 나단이 "당신이 바로 그 사람이요!" 하며 다윗의 죄를 지적했다. "내가 너를 왕으로 삼아 모든 것을 주었고, 부족하면 더 주었을 것인데, 어찌하여 네가 나의 말을 어기고 나 보기에 악을 행하였느냐?" 하나님은 나단 선지자의 입을 통해 다윗의 죄를 여지없이 폭로하셨다.

다윗은 어떤 사람이었는가? 용감한 장수, 위대한 정치가, 탁월한 시인과 같이 그를 지칭하는 모든 찬사 옆에 덧붙여야 하는 말이 있다. **말할 수 없이 부패하고 타락한 죄인.** 그는 자기 부하의 아내인 줄 알면서 밧세바와 동침하였고, 그 사실을 숨기려고 착하고 충성스러운 부하를 죽이도록 지시했다. 그것도 그의 손에 그 편지를 들려서 보낼 만큼 양심이 마비되어 있었다. 그 훌륭했던 다윗도 막상 꺼풀을 벗고 그 깊은 내면을 보니, 사실 교만하고 악하고 파렴치했다. 그는 도둑질, 살인, 간음, 이웃의 소유를 탐한 죄, 십계명의 네 계명을 동시에 범한 천하의 악인이었다. 칼빈의 교리로 말하면, 인간의 전적 부패와 타락을 보여 주는 탁월한 본보기였다. 그러나 여기서 그치면 다윗이 오늘의 다윗이 될 수 없다.

다윗은 즉시 자신의 죄를 인정하고 고백했다. "내가 여호와께 범죄하였노라." 다윗은 원래 영적으로 예민한 사람이었다. 성경에 나오지는 않지만, 다윗처럼 섬세한 사람이라면 아마 나단에게 지적받기 훨씬 전부터 양심이 고통으로 신음하고 있었을 것이다. 이때 다윗이 회개하면서 쓴 시편이 바로 시편 51편이다. 이 시편을 보면 다윗이 얼마나 마음을 찢으며 애통하며 회개했는지 알 수 있다. "내가 죄악 중에 출생하였음이여 어머니가 죄 중에서 나를 잉태하였나이다"(시편 51:5). 다시 말하면, "저는 어머니 태중에 생길 때부터 죄악 덩어리였습니다." "우슬초로 나를 정결케 하소서 내가 정하리이다 나의 죄를 씻어 주소서 내가 눈보다 희리이다"(7절). "하나님 제발 저의 죄 좀 씻어 주세요. 저 깨끗해지고 싶어요." "하나님이여 내 속에 정한 마음을 창조하시고 내 안에 정직한 영을 새롭게 하소서"(10절). "하나님 죄를 짓지 않고 사는 것이 제힘으론 불가능합니다. 하나님이 제 마음을 새로 만드시고 제 영을 새롭게 해 주셔야 합니다." 다윗은 금식하며 기도했고, 눈물로 침상을 적시며 밤을 지새웠다. 그는 밑바닥에서부터 처절히 자기가 어떤 존재인지를 깨달았다, 자신이 스스로는 구제 불능의 죄인이란 것을.

하나님은 그런 다윗의 회개 기도를 받으셨고 그의 죄를 용서하셨다. 자신의 죄로 인해 그는 죽어야 마땅했지만, 하나님은 그를 용서하셔서 죽지 않게 하셨다. 그러나 죄의 결과가 가져온 엄청난 대가는 다윗이 살면서 치러야 했다. 큰아들 암논이 이복 여동생 다말을 강간한 것부터 시작해서 압살롬의 반역에 이르기까지 다윗의 집에서 칼이 영원히 떠나지 않게 되었다.

여기서 한 가지 생각해 볼 것이 있다. 하나님은 늘 다윗과 함께하셨는데, 왜 이때는 다윗이 그토록 악한 죄를 짓기까지 방조하셨을까? 그 이유는 다윗이 자신이 누구인지를 깨달아야만 했기 때문이다. 만약 이 죄가 없었더라면, 다윗은 자신을 꽤 괜찮은 사람으로 평생 오해하며 살았을 수 있다. 그렇다고 하나님이 죄를 짓도록 조장하신다는 것은 절대 아니다. 하나님께서 붙들어 주시지 않으면 누구나 이렇게 될 수 있음을 보여 주는 것이다. 다윗의 모습은 우리 인간이 어떤 존재인지를 적나라하게 보여 준다. 성경에 기록된 모든 사건은 오늘 우리와 무관한 것이 하나도 없다. 모두가 우리의 교훈을 위하여 기록된 것이다. 다윗의 사건을 통해서 우리는 인간이 얼마나 철저하게 부패하고 타락한 죄인인지를 깨닫게 된다. 오늘 우리도 얼마든지 다윗처럼 될 수 있다.

그러나 다행히 다윗에게는 없었던 은혜가 우리에게 있다. 바로 예수님과 성령님이 계신 것이다. 다윗이 "내 안에 정한 마음을 창조해 주십사" 갈구했던 그 간구가 예수님을 믿는 오늘 우리에겐 이루어졌다. 예수님을 믿고 죄를 용서받은 우리 마음에 성령님이 오셔서 우리 마음을 정하게 하시고 정직한 영을 새롭게 하시는 것이다. 그래서 우리에겐 다윗처럼 범죄하지 않고 죄를 피할 길이 열렸다. "내가 이르노니 너희는 성령을 따라 행하라 그리하면 육체의 욕심을 이루지 아니하리라"(갈라디아서 5:16). 그 길은 바로 내 안에 계신 성령을 따라 행하는 것이다.

　인간은 누구나 죄인이다. 다윗 같은 훌륭한 신앙인도 파렴치한 죄인이었다. 우리도 마찬가지이다. 우리도 언제든 그와 같은 죄를 범할 수 있다. 그러나 하나님은 우리가 죄를 용서받고 더는 죄를 짓지 않고 살 수 있는 길을 열어 주셨다. 십자가상에서 그리스도 예수의 대속의 죽으심을 믿는 자마다 모든 죄를 용서받게 하시고, 또 그에게 성령님을 주셔서 그를 따라 살 때 더는 죄를 짓지 않고 살 수 있게 하셨다. 죄인이지만 죄를 이길 수 있게 하셨다. 믿는 자에게 복이 있다.

하늘의 스토커Stalker

시편 23:1-6

1 여호와는 나의 목자시니 내게 부족함이 없으리로다

2 그가 나를 푸른 풀밭에 누이시며 쉴 만한 물가로 인도하시는도다

3 내 영혼을 소생시키시고 자기 이름을 위하여 의의 길로 인도하시는도다

4 내가 사망의 음침한 골짜기로 다닐지라도 해를 두려워하지 않을 것은 주께서 나와 함께 하심이라 주의 지팡이와 막대기가 나를 안위하시나이다

5 주께서 내 원수의 목전에서 내게 상을 차려 주시고 기름을 내 머리에 부으셨으니 내 잔이 넘치나이다

6 내 평생에 선하심과 인자하심이 반드시 나를 따르리니 내가 여호와의 집에 영원히 살리로다

이 목가적인 아름다운 시편은 그 서정성으로 우리의 심금을 울릴 뿐 아니라, 선한 목자 되시는 하나님의 사랑의 집요함과 영원성으로

또 우리 가슴을 먹먹하게 한다. 언젠가 남편 목사님이 교회 수요 예배에서 이 시편을 설교했다. 이 시편이 담고 있는 심오한 은혜를 가감 없이 전해 주는 것 같아 양해를 구하고 여기에 일부 인용했다.

본문을 살피면, 1절은 23편 전체의 핵심 주제를 말해 주고, 2절부터는 1절의 내용을 자세히 풀어 설명하는 구조로 되어 있다. 먼저 1절이다. "여호와는 나의 목자시니 내게 부족함이 없으리로다." 주님은 나의 목자, 나는 그분의 양이란 고백이다. 양의 특성은 약함과 어리석음이다. 우리는 정말 약하고 어리석으나 주님이 채워 주시기 때문에 부족함이 없다는 고백이다. 당장 당장은 잘 못 느낄 수 있다. 그러나 시간이 지나고 되돌아보면 언제나 모든 것을 넉넉히 부족함이 없이 채워 주신 것을 알 수 있다.

2절부터는 1절을 자세히 풀어 설명한다. 2절과 3절은 평상시 사는 데 부족함이 없음을 말해 준다. "그가 나를 푸른 풀밭에 누이시고 쉴만한 물가로 인도하시는도다." 먹을 것 마실 것을 주시고, "내 영혼을 소생시키시고 자기 이름을 위하여 의의 길로 인도하시는도다." 휴식과 치유와 회복을 주신다.

4절은 위기 시에 부족함이 없음을 말한다. "내가 사망의 음침한 골짜기로 다닐지라도 해를 두려워하지 않을 것은 주께서 나와 함께 하심이라." 생에서 가장 어려운 시간, 사망의 음침한 골짜기를 지날 때, 그때 하나님이 함께 하신다. 이렇게 가장 위험한 순간에 함께 하시니 소소한 곤경이나 불평거리는 당연히 문제가 될 것이 없다. 그런데 "주께서 나와 함께 하심이라"가 평상시 아무런 위험이나 문제가 없을 때 나오는 것이 아니라, 사망의 음침한 골짜기를 지나는 위기의 시간에 나오는 것을 주목할 필요가 있다. 우리가 지나는 위기와 위험의 시간은 바로 어느 때보다 더 분명하게 하나님의 임재를 경험할 수 있는 시간이란 뜻이다. 위기와 위험의 시간, 가장 큰 곤경에 빠져 내 힘으로는 아무것도 할 수 없는 그때, 하나님만 바라고 구하지 않을 수 없는 그때, 우린 하나님이 우리와 함께하시는 것을 가장 실감 나게 경험할 수 있다. 내가 0일 때 하나님이 100이신 것을 경험하는 것이다. 살다 보면 누구나 어렵고 힘든 시간을 지난다. 그러나 그 시간은 우리가 바로 하나님의 임재를 학습하는 시간이다.

5절은 부족하지 않음을 넘어 왕같이 차고 넘치게 하시는 것을 말해 준다. "주께서 내 원수의 목전에서 내게 상을 차려 주시고 기름을 내 머리에 부으셨으니 내 잔이 넘치나이다." 원수가 보는 앞에서 상을 차려 주시고 내 잔이 넘치도록 은혜와 복을 부어 주신다. 여기서 주목할 것은 '원수의 목전'이란 말이다. 원수가 없는 데서가 아니라 원수가 보는 앞에서다. 다시 말하면, 이 땅에 사는 동안 우리는 늘 원수와 더불어 산다. 위기와 곤경이 놀랄 일이 아니라 우리가 더불어 살아야 한다. 사망의 골짜기, 원수의 목전, 다 힘들고 어려운 존재들이지만 참고 가야 한다. 크고 놀라운 사실은 그 가운데서 하나님이 그분의 은총과 복을 넘치도록 부어 주신다는 것이다.

우리의 삶은 한편으로는 하나님의 은총과 복을 넘치도록 받는 인생이지만, 한편으로는 적과 동거하는 인생이다. 그 원수는 어디에나 있다. 그러나 그 고난을 통해 하나님은 우리를 겸손하게 하시고 성숙하게 하신다. 고난이 없으면 좋겠지만, 고난은 우리를 영적으로 깨어 있게 하고 하나님을 바라고 의지하게 함으로 내 잔이 넘치도록 하나님의 은혜를 경험하게 한다.

마지막 6절은 포괄적 결론이다. "내 평생에 선하심과 인자하심이 반드시 나를 따르리니 내가 여호와의 집에 영원히 살리로다." 여기서 동사 따르리니는 히브리어로 '라다프'인데 사냥개가 사냥감을 추격할 때처럼 맹렬히 추격한다는 의미이다. 성경에서 사용된 모든 경우 적군이나 원수 같은 나쁜 존재가 쫓아올 때 사용되었다. 그런 단어를 여기서 사용해서 선하심과 인자하심이 반드시 나를 따르리니라고 한 말의 의미는 무엇일까? 우리가 살 때 곤경이 우리를 쫓아오는 것처럼 느끼지만, 사실 쫓아오는 실체는 바로 하나님의 은혜와 축복이라는 것이다. 고난이 우리를 쫓아오는 것 같지만, 사실은 하나님의 선하심과 인자하심이 맹렬하게 우리를 쫓아오고 있다. 이 단어 때문에 시인 프랜시스 탐슨Francis Thompson은 시편 23편의 하나님을 "하늘의 스토커Stalker"라고 불렀다. 사냥개가 먹잇감을 놓치지 않고 쫓아가듯이 하나님의 은혜가 우리를 쫓아온다는 뜻이다. 고난이 우리를 압도하는 것 같지만 그 은혜가 고난을 삼키고 진짜로 압도하는 것은 바로 하나님의 은총과 축복이다.

이 말씀을 들으면서 친정어머니가 생각났다. 어머니는 전쟁 통에 장티푸스를 앓으시며 제대로 치료를 받지 못하셨다는데, 결혼하실 때까지 괜찮다가 아이들을 낳으시면서 점점 하반신이 마비되었다. 어머니 나이 마흔 즈음에 부산대학병원에서 진찰을 받으니, 의사가 원인을 알 수 없고 앞으로 육 년을 더 사실 수 있을 것이라 했다. 하반신부터 마비가 올라와 장기가 마비되면 이제 못 사신다는 것이다. 어머니는 안동김씨 문중의 딸로 콧대가 높아 교회는 상것들이 나가는 곳이라며 나가시지 않다가, 올망졸망한 아이를 다섯이나 두고 몇 년 못 사신다는 청천벽력 같은 선고를 받으시자 교회를 나가시기 시작했다. 그런데 정말 기적같이 하반신만 마비가 되고 더는 진전이 되지 않았다.

당시 우리 집은 살기가 매우 어려웠다. 70년대 시골에서 건강해도 살기 어려운 가난한 시절 몸까지 성하지 않으시니 어머니 고생이 말이 아니었다. 그런데 어머니가 한 가지 하신 것이 있다. 타고난 손재주로 뜨개질을 하시면서 자녀들을 위해 기도하신 것이다. 육 년밖에 못 사신다고 했으나 그로부터 서른일곱 해를 더 사시면서 자녀들을 위해 기도하셨다, 하반신은 마비가 되신 채로.

그때는 우리 모두 살기가 힘들었다. 그래서 하나님의 은혜를 잘 느끼지 못했다. 그러나 우리 형제들이 다 커서 돌아보니, 우리가 어머니를 통해 너무 큰 은혜를 받은 것을 알았다. 다섯 형제 중 세 가정이 목사, 한 명이 전도사, 다른 한 명도 전도사 못지않게 신실하게 살고 있다. 걷지도 못하는 할머니에게서 난 손자들은 미국 일본 독일 등 세계에 나가서 공부하고 일하고 있다. 어머니 살아생전엔 고생만 하신 것 같았지만, 하나님의 선하심과 인자하심이 그 자녀와 손자들에게까지 반드시 따라오는 것을 보았다.

6절 하반절 "내가 여호와의 집에 영원히 거하리로다." 집은 세상에서 가장 따뜻한 곳, 인격적 교제와 사랑이 넘치는 곳이다. 평상시의 삶에서나 위기의 순간에서나 원수 앞에서나 그분의 선하심과 인자하심이 은혜의 쌍두마차가 되어 반드시 나를 따라오는 것을 경험한 시인은 이제 깨달았다. 모든 것이 하나님의 은혜와 복이란 것을! 사망의 음침한 골짜기를 지나는 것도, 원수의 목전에서 살아가는 것도 전연 문제가 되지 않는다. 왜냐하면 하나님의 선하심과 인자하심이 결코 나를 포기하지 않고 맹렬히 따라오기 때문이다. 그래서 이제 시인은 그 모든 것에 대한 염려를 다 내려놓고 주님과 따뜻하고 사랑이 넘치는 인격적 교제를 나누며 영원히 살기만을 염원한다.

시편 23편에는 나와 주 표현이 계속 등장한다. "나의 목자," 나를 푸른 풀밭에 누이시고," "내 영혼을," "주께서," "주의 지팡이와 막대기가," "주께서." 나·나·나· 주·주·주가 계속 나온다. 이것은 '나'라는 개인의 인격이 하나님과 친밀한 교제를 나누는 것의 중요성을 말해 준다. 우주의 왕 창조주 하나님이 나의 개인적인 목자가 되셔서, 평상시나 위기 시나 원수 앞에서도 언제나 그 선하심과 인자하심으로 함께 하시니 아무 걱정하지 말고 주님과 인격적 교제로 나아가라고 권면한다.

하늘의 스토커의 사랑은 지금도 나를 추격해 온다.

〈이사하시는 날〉

    비록 하반신은 마비가 되어 일급 장애인이 되었을지라도, 어머니의 영혼은 어린아이처럼 순수하고 해맑았다. 세상에 의지할 것 하나 없이 오직 하나님만 바라고 산 사람이 있다면 그가 바로 우리 어머니셨다. 마비로 인해 바깥 활동을 못 하는 답답함과 이런저런 생활의 불편함과 짐짓 저려 오는 다리의 통증에도 불구하고, 어머니는 항상 기뻐하셨고 모든 일에 감사하셨다. 믿음 생활이 깊어지신 이후로 어머니는 더는 자신을 불행한 자로 여기지 않으셨다. 당신은 고통 중에 있을지라도 하나님이 자녀들을 축복하심을 보고, "여기서 더 욕심내면 안 된다!"라고 하실 정도로 어머니가 처한 현실을 기꺼이 받아들이셨다. 하나님의 주권 안에서 즐겁게 십자가를 지셨다. 어머니의 마비로 우리가 모두 하나님을 알게 되었기 때문이었다. 어머니는 평소의 소원대로 나이 일흔일곱에 덥지도 춥지도 않은 날 조용히 하늘나라로 가셨다.

    자신의 십자가를 이토록 달게 지고 가시는 어머니를 보면서, 나는 마지막 날 어머니가 이 땅을 떠나시는 날, 주께서 친히 하늘 문을 여시고 천군 천사 나팔 소리 울려 퍼질 때 황금 마차를 타고 천국에 들어가게 해 주시도록 기도하였다. 평생 짊어지셨던 고난의 짐을 마침내 벗어 놓고, 세상의 누구보다 영광스럽게 주님 앞에 나아가시길 소원하였다. 그 정도 상급은 어머니가 받으셔야 한다고 생각했다.

　어머니가 소천하시던 날 특별한 아무 일도 일어나지 않았다. 그러나 나는 주님이 나의 기도를 들어 주신 것을 알았다. 오빠가 시무하던 교회 한 집사님께서 어머니의 소천을 기리며 시를 보내 주셨을 때, 눈에 보이도록 하늘 문이 열리고 황금 마차가 내려 온 것은 아니었지만 보이지 않는 영적인 세계에서 놀랍도록 은혜롭게 그 일이 일어난 것을 직감했다.

이사하시는 날

牛步 고 정 현

당신이 이사하시는 오늘은
들녘이 풍성함으로 가득한 계절이며
곳간을 채우는 가을입니다
이 계절에
당신은 풍성한 열매를 품에 안고
부르심을 따라 이사를 하십니다

쇠하는 것과 썩는 것을 버리며
세상의 헛된 것들에 대한 손을 펴고
쇠하지 않는 것과
썩지 않는 상급을 받으며
아름답고 영광스러운 것을 받기 위하여
황금 보석 길 따라
천사들의 영접을 받으며 이사를 하십니다

남은 우리들에게
서운함은 있으나 서러움이 없으며

슬픔은 있으나 고통스러움이 없는 것은

우리들이 바라는 소망과

재회의 아름다운 즐거움과

영생의 큰 축복이

당신께서 가신 길에 있기 때문입니다

이삿짐은 없으나

예비된 면류관이 있으니

편안한 휴식을 얻으시며

영생의 복락을 누리소서

예수 그리스도 우리 주님과

천군 천사들의 찬양 속에서

감사함이 넘치는 이삿날이 되소서

- 07. 09. 10. 김복년 집사님의 소천을 대하면서 -

하나님의 찐 사랑

호세아 1:2; 2:19-23

2:23 내가 나를 위하여 그를 이 땅에 심고 긍휼히 여김을 받지 못하였던 자를 긍휼히 여기며 내 백성이 아니었던 자에게 향하여 이르기를 너는 내 백성이라 하리니 그들은 이르기를 주는 내 하나님이시라 하리라 하시니라

호세아 선지자는 북이스라엘 여로보암 2세 때의 선지자로, 하나님의 명령을 따라 음란한 여자 고멜을 아내로 맞이했다. 고멜은 호세아와 결혼 생활을 하며 자녀도 낳았지만, 얼마 지나지 않아 남편 아닌 다른 남자와 외도하며 집을 떠났다. 그러나 하나님은 호세아에게 그런 고멜을 다시 데려와 용서하고 사랑하라고 하시고, 호세아는 그대로 순종했다.

호세아와 고멜의 이야기는 하나님과 이스라엘 백성의 관계를 비유적으로 보여 준다. 이스라엘 백성은 출애굽 이후 하나님과 언약 관계를 맺어 서로 그 언약에 신실해야 하는 점에서 그 둘의 관계는 혼인 관계에 비유할 수 있기 때문이다. 하나님께서는 언약의 한 주

체이자 신랑이며, 이스라엘 백성은 언약의 의무를 충실히 행해야 하는 신부였다. 하지만 신부 이스라엘은 신랑인 하나님에 대한 언약의 의무를 저버리고 우상을 섬겼다. 사람 같으면 부정을 저지른 배우자와 갈라서는 것이 당연하다. 그러나 하나님께서는 그 백성을 버리지 않으시고 다시 찾아와 결혼하겠다고 하셨다.

하나님은 어떻게 그렇게 용서받기 어려운 죄를 저지른 백성일지라도 용서하시고 다시 관계를 회복하시게 될까? 바로 하나님의 인자하신 사랑 때문이다. '인자'는 히브리어로 '헤세드'라고 한다. '약속을 끝까지 지키는 신실하고 자비로운 사랑'을 의미한다. 이것은 신부가 된 이스라엘이 죄를 짓고 신랑 되신 하나님을 떠났더라도, 그들이 완전히 변화되어 하나님의 신부다운 멋진 존재로 서기까지 포기하지 않고 끝까지 그의 사랑을 지키는 하나님의 신실하심을 말해 준다. 이상이 호세아서에 대한 일반적인 해석이다. 나는 여기서 조금 더 깊이 들어가 보고 싶다.

하나님과 우리의 관계는 부부관계처럼 찐하다. 아가서가 성경에 들어 있는 이유를 생각해 보았는가? 표면적 내용은 솔로몬과 술람미 여인의 사랑과 결혼식 이야기로 성적인 표현도 진하게 나온다. 그런 아가서가 왜 군이 거룩하신 하나님을 말해 주는 성경에 들어 있을까? 하나님의 계시 말씀에 아가서가 잘못 끼어있을 리는 만무할 터인데 왜 들어 있을까?

성경을 읽으면서 질문하기를 두려워하지 마시길 바란다. 우리가 아무리 애를 써도 하나님을 다 알 수 없다. 그런데 이해가 안 되는 부분을 알려고 노력도 하지 않는다면 어떻게 하나님을 더 깊이 알아갈수가 있을까? 다만 질문하고 답을 얻지 못하더라도 그것 때문에 성경을 부인하거나 하나님을 부인하지는 마시길 바란다. 하나님의 깊은 것을 사람이 쉽게 다 알 수는 없기 때문이다. 그러므로 아가서 같은 책을 읽을 땐 마땅히 질문해야 한다. '왜 이런 책이 여기 있을까?'

아가서 같이 남녀 간의 찐한 사랑 이야기가 성경에 나온 이유는 하나님도 그런 사랑을 하시고 또 하시기 원하시는 분이시기 때문이다. 남녀 간의 찐한 사랑만큼 하나님은 우리와 찐한 사랑을 나누기 원하신다. 물론 그 사랑은 완전히 거룩하고 순수한 사랑이다. 그러나 그 사랑은 남녀 간의 깊은 사랑에서만 경험하는 감정, 그 하나 됨과 친밀함과 기쁨과 즐거움을 포함하는 것이다. 그리고 역으로 그 사랑이 깨어졌을 때 경험하는 마음의 아픔과 분노와 질투와 고통도 포함하는 것이다. 하나님은 그런 차원의 사랑까지 우리와 나누기 원하시기 때문에 아가서를 성경에 두셨다. 나는 그렇게 생각한다.

헬라어에서 사랑은 흔히 네 종류로 말해진다. 무조건적 사랑 아가페, 친구 간의 우정 필레오, 남녀 간의 사랑 에로스, 나라와 민족 같은 공동체에 대한 사랑 스톨게. 하나님의 사랑은 완전한 사랑이니 당연히 이 모두를 포함하는 사랑이다. 성경에 가장 자주 쓰인 것이 아가페 사랑이다. 부모 자녀 간의 사랑. 아낌없이 주는 무조건적 사랑. 우리가 하나님을 아버지라고 부를 때 우리는 이 사랑을 누린다. 예수님은 우리를 친구라고 하셨다. 친한 친구 사이에 경험하는 깊은 우정의 사랑을 필레오라고 한다. 예수님이 베드로에게 "네가 나를 사랑하느냐?" 하셨을 때 이 단어를 사용하셨다. 우리가 주님께 헌신하고 충성할 때 주님과 이 깊은 우정의 사랑을 나눌 수 있다.

우리가 거룩하신 하나님을 말할 때 우린 이 사랑들, 아가페와 필레오 혹은 스톨게에서 멈출 수 있다. 거룩하신 하나님과 에로스적인 사랑은 어울리지 않는다고 생각하기 때문이다. 그러나 하나님은 거기서 멈추고 싶어 하지 않으신다. 그래서 하나님의 사랑이 어떤 사랑인지 그 전반적인 범위full scale를 알려 주기 위해서 아가서를 성경에 두신 것이다. 왜냐하면 부모 자녀 간의 사랑과 친구 사이의 우정과 남녀 간의 사랑이 다 사랑이지만 성격이 다른데, 하나님의 사랑은 그 모두를 포함하기 때문이다. 이것을 이해하면 왜 하나님을 질투하시는 하나님이라고 한지도 이해할 수 있다.

또 이것을 이해하면, 호세아와 고멜 이야기에서 하나님이 베푸시는 용서와 회복이 얼마나 큰 마음의 아픔과 고통을 안고 하시는 것인지 알게 된다. 서두에 언급한 것처럼, 우린 자주 초점을 죄를 저질렀지만 용서하고 회복해 주시는 하나님의 신실하신 사랑에 맞추고 감사한 다음 끝난다. 맞긴 하지만 이렇게만 하면 하나님의 깨어지고 상한 마음은 조금도 이해하지 못한다. 하나님은 원래 사랑이시니까, 하나님은 원래 자비하시고 마음이 하해와 같으시니까, 무덤덤하게 넓은 마음으로 용서해 주시는 것으로 생각한다. 사랑하는 배우자에게 배반당했을 때 겪는 그 고통과 아픔을 하나님도 경험하시는 것에 대해선 느낌이 없다. 하나님의 용서는 이 마음의 아픔과 고통을 안고 하시는 것이다. 그 이유는 우리에 대한 사랑이 그 고통보다 크기 때문이다.

이 하나님의 절절한 사랑을 잘 표현한 노래가 있다. "내 백성이 나를 떠나 돌아섰지만 내 사랑이 내 백성을 포기 못 하니 내 모든 것 내어 주고 나 그들을 얻으리라." 호세아서를 요약한 가사이다. 내 백성이 나를 떠나 돌아섰으니 내 마음이 아프고 고통스럽지만, 내가 그들을 너무 사랑해서 포기하지 못하고 내 모든 것 내어 주고, 내 목숨까지라도 내어 주고 내가 그들을 다시 얻으리란 것은 하나님이 그분의 지·정·의를 총동원해서 전인격적인 사랑으로 우리를 사랑하신다는 것을 말한다.

하나님이 나에게 잘해 주시는 것을 아는 것만으로는 하나님과 친밀한 관계가 형성되지 않는다. 하나님이 나 때문에 상처 입고 마음 아플지라도 나를 참아 주고 기다려 주고 용서해 주시는 것을 알 때, 우리 마음에서부터 하나님에 대한 사랑이 자란다.

주님께 대한 나의 사랑은 얼마나 찐 일까?

끝나지 않은 족보

마태복음 1:1-25

1 아브라함과 다윗의 자손 예수 그리스도의 계보라

...

18 예수 그리스도의 나심은 이러하니라 그의 어머니 마리아가 요셉과 약혼하고 동거하기 전에 성령으로 잉태된 것이 나타났더니

신약성경을 여는 마태복음 1장은 아브라함에서부터 다윗까지, 다윗에서부터 예수 그리스도까지 긴 족보를 소개하고 있다. "아브라함은 이삭을 낳고 이삭은 야곱을 낳고 야곱은 유다와 그의 형제들을 낳고" 여기까진 그래도 괜찮다, 아는 이름들이니까. 중간에 가면, "스룹바벨은 아비훗을 낳고 아비훗은 엘리아김을 낳고 엘리아김은 아소르를 낳고." 한 사람도 모르겠다. 구약성경 내용을 알면 이 족보 읽기가 재미있겠지만, 모르면 따분하기 그지없다. 역사 기록이나 소설을 읽을 때와 같다. 내용을 좀 알면 읽으면서 '이게 진짜일까? 아 그렇구나!' 식으로 반응을 하며 읽지만, 모르면 읽는 것이 매우 힘들

어진다. 하지만 마태복음 1장의 이 긴 족보는 우리에게 한 가지 중요한 교훈을 주고 있다.

　그것은 하나님은 자기 백성을 아신다는 것이다. 먼저 그 이름을 다 알고 계신다. 아브라함과 다윗만 얘기해도 되는데 사이에 그 긴 족보를 다 기록함은 여기 속한 한 명 한 명이 다 하나님께 소중하기 때문이다. 아마 쓰실 수만 있다면 더 쓰고 싶지만, 그렇게 썼다간 책 부피를 우리가 감당할 수 없을 터이니 줄이고 줄여서 기록한 것이다. 다른 성경 구절은 이렇게 말한다. "여인이 어찌 그 젖 먹는 자식을 잊겠으며 자기 태에서 난 아들을 긍휼히 여기지 않겠느냐? 그들은 혹시 잊을지라도 나는 너를 잊지 아니할 것이라 내가 너를 내 손바닥에 새겼고…"(이사야 49:15-16).

　하나님은 우리 이름을 아실 뿐 아니라 손바닥에 새겨 놓고 계신다. 요즘은 스마트 폰에 기록을 많이 하지만 예전에 우리는 중요한 것을 안 잊어버리려고 손바닥에 써 놓았다. 하나님은 써 놓는 정도가 아니라 새겨 둔다고 하셨다. 절대로 잊어버리지 않으신다는 뜻이다.

　하나님은 우리의 억울함과 충정도 아신다. 여기 족보에 여성이 네 명 나온다. 라합과 룻과 다말과 밧세바이다. 그중 라합과 룻은 훌륭한 믿음의 여성들이고, 다말도 훌륭한 정도는 아니어도 믿음의 여성이다. 그런데 밧세바는 이름이 나오지 않고 "우리야의 아내"로 언급된다. 하나님은 밧세바보다 우리야를 기억하기 원하셨다. 다윗 왕에게 아내를 빼앗긴 것도 모른 채 끝까지 그에게 충성하다가 목숨까지 잃은 우리야의 억울함과 그가 지킨 충정을 하나님이 잊지 않고 기억해 주셨다.

　그렇게 하심으로써 동시에 하나님은 인간의 연약함도 알고 계심을 보여 준다. 자신이 얼마나 큰 죄를 저질렀는지 깨달았을 때, 다윗은 하나님 앞에 처절한 몸부림으로 회개했다. 그리고 그렇게 회개하는 다윗을 하나님은 용서하시고 다시 받아 주셨다. 그 이유를 성경은 이렇게 말한다. "이는 우리의 체질을 아시며 우리가 단지 먼지뿐임을 기억하심이로다"(시편 103:14). 이전 개역 한글은 우리가 **진토**임을 아신다고 되어 있다. 나는 그 번역이 더 좋다. 우리가 진흙덩이처럼 연약하고 보잘것없다는 것을 아시기 때문에 불쌍히 여기신다는 것이다. 하나님은 우리의 연약함을 아시고 우리가 그 앞에 나갈 때 아버지 마음으로 우리를 용서하시고 불쌍히 여기신다.

　족보 이야기 다음에 마리아와 요셉의 이야기가 나온다. 마리아는 시집도 가기 전에 처녀로 아이를 잉태하게 되었다. 자칫하면 돌팔매를 맞아 죽을 수도 있었다. 그러나 하나님은 마리아의 형편과 처지를 아셨다. 하나님은 마리아가 하나님의 아들을 낳기도 전에 돌팔매를 맞아 죽거나, 아니면 낳고 나서도 도덕적으로 타락한 불륜 여자로 지탄받고 사는 것을 절대 원하지 않으셨다. 처녀 몸으로 아이를 낳아야 하지만 하나님의 아들의 어머니로서 인정받고 존경받으시길 원하셨다. 그래서 그 전에 요셉처럼 신실하고 의로운 남성과 먼저 약혼하게 해 두셨다. 물론 약혼녀가 혼전에 임신한 사실에 충격받은 요셉에게도 천사를 보내어 설명해 주고 이해를 시키셨다.

　이와 같으신 하나님은 그분이 아시는 자들에게 특별한 사명을 주신다. 족보에 나온 모든 인물은 예수 그리스도를 이 땅에 오시게 하는 데 중요한 통로로서 역할을 했다. 아브라함을 통해 이스라엘 민족을 이루시고 다윗을 통해 메시아가 오실 계보를 마련하셨다. 마리아와 요셉은 드디어 그리스도를 출산하고 키우는 사명을 감당하였다. 이제 죽으시고 부활하신 그 예수님을 전하여 많은 사람을 주님께로 돌아오게 하는 일은 먼저 믿었던 우리 선배들에게 그리고 지금 우리에게 맡겨져 있다.

하나님은 성경에 나온 이들을 아심과 같이 우리의 형편과 처지도 아신다. 지금 우리가 어떤 환경과 처지에 놓여 있는지 낱낱이 알고 계신다. 우리가 느끼지 못할 수 있어도, 우리의 환경 속에 분명히 간섭하고 계신다. 그리고 우리가 겪는 그 일들 속에서 하나님의 사명을 감당할 수 있도록 우리를 인도하고 계신다. 세상에는 두 나라가 있다. 죄악과 이기심과 탐욕과 경쟁으로 얼룩진 세상 나라와 하나님께서 의와 평강으로 다스리시는 하나님 나라가 있다. 그 하나님의 나라는 아직 완성되지 않았다. 그러나 그 나라는 분명히 세상 나라를 이기고 온 우주에 충만할 것이다. 그 일을 위해 주님은 지금도 우리를 부르고 계신다.

마태복음의 족보는 아직 완성되지 않았다. 주님이 이 땅에 재림하실 때 비로소 완성될 것이다. 요한 계시록에 보면 생명책에 우리 이름이 기록된 것이 나온다. 나는 그것이 마태복음 족보의 연장일 것으로 생각한다. 우리가 하나님의 백성으로 주신 사명을 잘 감당하며 산다면, 나중에 하나님 나라의 완성된 족보에 우리 이름이 올라갈 것이다.

영원한 나라의 족보에 그 이름이 올린 자는 얼마나 영광스러울 것
인가!

2장

신뢰와 기다림

평소의 삶이 중요하다. 오늘을 잘 살아야 한다. 큰일을 두려워하지 않고 도전하는 믿음도 또 그 일을 성취할 수 있는 능력도 하나님께 기도한다고 갑자기 생기지 않는다. 지금 삶에서 하나님을 의지하고 주어진 내 삶에서 최선을 다할 때, 나도 모르게 그 믿음과 능력이 내 안에서 자란다. 그렇게 최선을 다하고 있으면, 다윗이 골리앗을 마주한 때처럼 반드시 그 믿음과 실력을 드러낼 기회가 온다.

꿈 때문에 울고 꿈 때문에 웃고

창세기 37:5-11

5 요셉이 꿈을 꾸고 자기 형들에게 말하매 그들이 그를 더욱
미워하였더라

...

9 요셉이 다시 꿈을 꾸고 그의 형들에게 말하여 이르되 내가
또 꿈을 꾼즉 해와 달과 열한 별이 내게 절하더이다 하니라
10 그가 그의 꿈을 아버지와 형들에게 말하매 아버지가 그를
꾸짖고 그에게 이르되 네가 꾼 꿈이 무엇이냐 나와 네 어머니
와 네 형들이 참으로 가서 땅에 엎드려 네게 절하겠느냐
11 그의 형들은 시기하되 그의 아버지는 그 말을 간직해 두었
더라

요셉 이야기는 많은 사람이 익히 알고 있는 이야기로, '이 이야기
를 또 들어?' 할 수 있다. 그러나 우리가 매우 잘 알고 있는 이야기이
어도 상황에 따라서 하나님이 주시는 특별한 메시지가 있다. 왜냐하
면 하나님이 살아 계시기 때문이다.

내가 신대원 다닐 때 설교학 교수님으로 박희천 교수님이라고 계셨다. 그분은 하루에 네 시간씩 성경을 사십 년을 읽으셨다고 한다. 그런데 이제 태산 한 모퉁이를 깔짝깔짝해 본 느낌이라고 말씀하셨다. 성경은 똑같은 책이지만 읽어도 읽어도 끝이 없고 무궁무진 보화를 캐낼 수 있는 책이다. 내용은 같은 내용이지만 그것을 통해서 말씀하시는 분은 살아 계신 하나님이시기 때문이다.

축구공을 가지고 축구코치가 축구를 설명할 때도 상대방이 누군가에 따라 다양하게 설명을 할 수 있다. 상대가 아이들인지 성인들인지, 그리고 목적이 오락인지 프로경기인지에 따라 설명하는 말이 달라지고 적용이 달라질 것이다. 기계는 그렇지 않다. 매번 똑같은 내용 똑같은 설명을 되풀이한다.

성경을 읽을 때 언제나 똑같은 본문이지만 말씀하시는 분이 살아 계신 하나님이신 것을 기억해야 한다. 그 하나님은 오늘 나에게 필요한 말씀을 내 수준에 맞추어 들려주실 것이다. 그래서 겸손하게 '주님 말씀하시고 깨우쳐 주세요, 듣겠습니다' 하는 자세가 필요하다. 그러면 같은 말씀이지만 볼 때마다 기대하는 마음을 가지게 된다, '오늘은 또 어떤 말씀을 해 주실까!'

요셉이 꿈을 꾸었고 그 꿈을 형들에게 자랑하였다. 꿈의 내용인즉, 형들이 요셉에게 절하는 것이었다. 형들은 그렇지 않아도 아버지 야곱이 요셉을 편애해서 요셉만 채색옷을 지어 입히고 또 요셉이 자기들의 잘못을 아버지에게 고자질하던 터라 요셉을 미워하던 참이었다. 그 꿈 얘기를 들으니 더 기분이 나빠져서 결국 요셉을 미디안 장사꾼에게 팔아 버렸다. 요셉은 애굽으로 팔려 가 죽을 만큼 고생하고 억울하게 옥살이까지 하다가, 서른 살에 생각하지도 못했던 애굽의 국무총리가 되었다. 그리고 정말 요셉이 꾼 꿈대로 형들이 찾아와 요셉 앞에 무릎을 꿇었다.

요셉이 애굽으로 팔려 가 죽을 만큼 고생하고 억울한 옥살이까지 할 때 그 모든 시련을 이겨 낼 수 있었던 힘이 어디에서 나왔을까? 나는 그것이 요셉이 꾸었던 꿈에서 나왔을 것으로 생각한다. 하나님이 먼저 요셉에게 꿈을 주셨다. 그가 어떤 시련이 와도 굴하지 않고 꿋꿋하게 이겨 나갈 수 있도록, 아무리 힘들어도 포기하지 않고 그 꿈을 기억하고 다시 일어설 수 있도록, 하나님이 먼저 준비시켜 주셨다.

하나님이 함께 하는 사람이 누리는 축복 중 하나는 이렇게 하나님께서 미리 준비시켜 주시는 것이다. 물론 그 당시는 모른다. 오히려 요셉에게서처럼 그것이 재앙을 초래하는 원인이 될 수도 있다. 요셉이 그 꿈을 꾸지 않고 자랑하지 않았더라면 애굽에 팔려 갈 일도 없었을 것이기 때문이다. 그러나 만약 그렇게 되었다면, 기근이 왔을 때 가나안에서 온 식구가 굶어 죽었을 것이고 하나님의 구속사도 중단되었을 것이다.

하나님은 그분의 크신 계획 속에서 요셉에게 꿈을 주셨다. 요셉은 비록 그 꿈 때문에 갖은 수모를 당하고 고난을 겪었지만, 또 그 꿈 때문에 모든 시련을 이겨 낼 수 있었고, 결국 애굽의 총리가 되어 가족을 기근에서 구해낼 수 있었다. 장차 하나님의 뜻을 이룰 하나님의 백성을 보호할 수 있었다. 사실 이 꿈뿐 아니라 요셉의 삶은 그 자체로 하나님께서 하나님의 사람을 어떻게 미리 준비시키시고 훈련하셔서 사용하시는지 본보기가 된다. 애굽에 가서 바로의 친위대장 보디발의 집에서 청지기로 산 것이나 옥살이를 한 것이나 모두 나중에 총리가 되었을 때 국가 경제를 관리하고 가난한 사람들을 돕는 일에 매우 유용한 경험이 된다.

하나님과 함께 하는 사람은 하나님께서 그분의 일을 위해 미리 준비시켜 주신다. 그러나 대개는 요셉처럼 그것이 그런지 모르고 살다가 나중에 되어서야 '아 그랬구나!' 깨닫는다. 그럼 어떻게 해야 할까? 우리가 하나님을 신뢰하고 하나님께 우리 삶을 맡겼다면, 우리 삶에 일어나는 모든 일은 요셉의 꿈과 같이 하나님의 일을 위한 준비과정이 될 수 있음을 믿어야 한다. 그러므로 지금 어떤 상황 어떤 처지에 있든지 불평하거나 실망하거나 좌절하지 마시길 바란다. 최소한 우리가 하나님께 나와 우리 가족의 삶을 인도해 주시길 기도하고 있다면, 우리 삶에 일어나는 그 어떤 일도 하나님의 간섭과 인도 속에 일어나는 일이고, 우리 장래를 위해 하나님이 미리 준비시키시는 일이 되기 때문이다. 그 일이 지금 당장 힘들고 괴로운 일이라고 해도, 그 일을 통해서 하나님은 우리를 준비시키고 계신다.

남편이 미국에서 유학하였을 때 나는 생활비를 벌려고 번역을 했다. 번역하는 일도 쉽지는 않다. 조금 어려운 책을 만나면 기진맥진하게 된다. 온종일 컴퓨터 앞에서 집중하다가 눈도 나빠지고 심장도 나빠졌다. 그 일을 십 년이나 했다. 그러다가 나중에 나는 공부가 너무 하고 싶어서 대학을 졸업한 지 이십여 년 만에 대학원에 진학했는데 공부가 조금도 힘들지 않았다. 나도 모르게 번역으로 실력이 다져져서 원서 읽기도 어려움이 없었고 글쓰기에도 어려움이 없었다. 그 일을 할 때는 불평이 많았다. 몸도 힘들긴 했지만, 무엇보다 미국에서 하고 싶은 다른 일도 많았는데 번역하느라 늘 시간이 없었던 것이 아쉬웠다. 그러나 지나고 보니 그것 때문에 그다음에 내가 진짜 하고 싶은 일을 수월히 할 수 있었다.

내가 아는 선교사님 한 분은 대학 다닐 때 무척 가난했다. 그래서 닥치는 대로 아르바이트를 했다. 방학 때 시간이 많을 때는 공사판에도 나가 일하면서, 미장일도 배우고 배관 일도 배우고 여러 가지 기술을 배우면서 일을 했다. 당시는 엄청 힘들고 고달팠지만, 후에 선교사로 선교지에 나갔을 때 그때 배웠던 여러 가지 기술들이 선교 현지 원주민들의 생활 환경을 개선하는 일에 매우 요긴하게 사용되었다고 한다.

지금 내가 힘들게 하고 있는 일이 후에 분명 나에게 큰 유익을 가져다줄 것이다.

겁 많아도 괜찮아

열왕기하 2:1-11

1 여호와께서 회오리바람으로 엘리야를 하늘로 올리고자 하실
때에 엘리야가 엘리사와 더불어 길갈에서 나가더니

…

11 두 사람이 길을 가며 말하더니 불수레와 불말들이 두 사람
을 갈라놓고 엘리야가 회오리 바람으로 하늘로 올라가더라

성경에서 죽음을 맛보지 않고 하늘에 올라간 사람이 두 명 있다.
바로 에녹과 엘리야이다. 에녹은 하나님과 동행하다가 하나님이 데
려가시므로 세상에 다시 있지 않았다고 나온다(창세기 5:24). 엘리
야는 회오리바람을 타고 하늘로 올라갔다. 두 장면 다 상상으로 그
려 보면 정말 멋지다.

에녹 이야기는 다소 낭만적이다. 에녹은 하나님과 함께 나란히
산책하는 것처럼 걷다가 어느 날 하나님께서 '인제 그만 우리 영원한
집으로 가자' 하시며 데려가신 것 같다.

이에 비해 엘리야 이야기는 매우 역동적이다. 홀연히 불수레와

불말이 나타나 엘리야와 엘리사 사이를 갈라놓고, 엘리야는 회오리 바람을 타고 하늘로 올라갔다. 엘리야는 실로 대단한 사람이었다. 엘리야가 승천했을 때, 옆에 있었던 제자 엘리사가 그 광경을 보고 "내 아버지여 내 아버지여 이스라엘의 병거와 그 마병이여"라고 소리 질렀다(열왕기하 2:12). 엘리야의 존재가 이스라엘의 군대의 존재 가치에 맞먹는다는 의미였다.

이 불말과 불병거는 하나님의 군대를 의미한다. 성경에서 불은 하나님의 임재를 상징하기 때문이다. 모세가 하나님을 만났을 때 불붙은 가시 떨기나무가 있었고, 출애굽한 이스라엘을 인도하셨을 때 낮에는 구름 기둥 밤에는 불기둥으로 함께 하셨다. 바알 선지자들과의 대결에서 하나님은 하늘에서 불을 내리셨고, 오늘 성경에서는 불말과 불병거가 나타나 엘리야와 엘리사를 갈라놓았다. 다시 말하면, 하나님은 엘리야와 함께하셨을 때 불말과 불병거 즉 하나님의 군대로 함께 하셨다. 이런 사람 한 명은 사실 이스라엘 군대 모든 병력을 합친 것보다 더 강력한 힘과 영향력을 발휘할 수 있었다.

그런데 반전이 있다. 실제로 엘리야는 심성이 어떤 사람이었는가 하는 것이다. 엘리야는 겁이 많은 사람이었다. 오늘 본문 바로 전에 나오는 이야기를 보면, 아합의 아들 아하시아 왕이 병이 들었을 때 그는 바알에게 이 병이 낫겠나 물어보라고 사자를 보냈다(열왕기하 1장). 그러자 하나님께서 엘리야에게 그 사자를 만나 아하시아가 반드시 죽을 것이라고 전하라고 하셨다. 엘리야가 그렇게 말하자, 아하시아가 군대를 보내서 엘리야를 잡아 오게 했다.

처음에 오십 명을 보냈을 때 오십 부장이 "하나님의 사람이여 왕의 말씀이 내려오라 하셨나이다"라고 말하자, 엘리야가 "내가 만일 하나님의 사람이면 불이 하늘에서 내려와 너와 너의 오십 명을 사를 지니라" 말하고, 정말 불이 하늘에서 내려와 그 장수와 군인 오십 명을 다 불살랐다. 아하시야는 두 번째 군대를 보냈고, 두 번째도 동일하게 불살라졌다.

그러자 세 번째 오십 부장은 와서 엎드려서 "제발 우리 좀 살려 주세요," 부탁부터 먼저 했다. 그때 "여호와의 사자가 엘리야에게 이르되 너는 그를 **두려워하지 말고** 함께 내려가라" 하셨다(열왕기상 1:15). 이 말씀에서 우리는 엘리야가 산에서 내려가기를 두려워했다는 것을 알 수 있다.

사실 엘리야는 겁이 많은 사람이었다. 자기가 잡혀서 죽을 것을 두려워한다기보다 그냥 심성이 겁이 많은 사람이었던 것 같다. 자기가 말하면 하늘에서 불이 내려와 사람들이 죽는 것을 눈앞에 보면서도 아하시야 왕을 만나는 것을 두려워했기 때문이다.

엘리야가 두려워했다는 말이 또 나오는 곳은 열왕기상 19장 3절이다. 엘리야가 바알과 대결해서 엄청난 승리를 거둔 후 바알 선지자들을 다 죽였을 때 그 소식을 들은 이세벨이 엘리야를 잡아 죽이려 하자, 그는 "이 형편을 보고 일어나 자기의 생명을 위해 도망하였다." 우리 말 성경에는 '두려워하여'란 말이 나오지 않지만, 칠십인경 및 몇몇 영어 번역은 이 의미를 살려서 번역하고 있다(예: "Elijah was afraid and ran for his life." *NIV*). 이것은 단순한 두려움이 아니라 엄청난 승리 뒤에도 전혀 변하지 않은 상황을 맞닥뜨리면서 겪은 극심한 영적 좌절을 의미할 수도 있다. 그러나 아하시아 사건과 연결 지어 생각했을 때, 엘리야는 심성 자체가 겁이 많은 사람이었던 것도 생각해 볼 수 있다. 그는 죽음을 두려워했다기보다 그냥 겁이 많은 사람이었을 수 있다.

엘리야 이야기는 그렇게 겁이 많은 사람이라도 하나님을 의지하고 순종함으로 하나님의 손에 붙들릴 때 한 나라의 군대보다 더 강력하게 쓰임을 받을 수 있는 것을 보여 준다. 혹시 타고난 어떤 결점이 있는가? 아니면 자녀들에게 어떤 타고난 약점 같은 것이 보이는가? 걱정하지 마시길 바란다. 하나님께서는 그것이 전혀 문제가 되지 않기 때문이다. 주변을 둘러볼 때, 목사님들 중에도 겁이 많으신 분들이 보인다. 그런데 그런 분들은 신중하다. 또 겁이 많은 만큼 하나님을 많이 의지한다. 그래서 유심히 보면 뭘 그렇게 탁월하게 잘하는 것 같지는 않으나 그냥 목회를 잘하신다. 하나님이 많이 도와주시는 것을 보게 된다. 반대로 겁 없이 막 나가다가 낭패를 겪는 분들도 여럿 보았다.

그렇다고 겁이 많은 것이 좋다는 것은 아니다. 엘리야의 뒤를 이은 엘리사 선지자는 엘리야처럼 겁이 많지 않았다. 거의 같은 시대적 상황에서 사역했지만 엘리사가 두려워했다는 말은 성경에서 보지 못했다. 그러나 그도 역시 하나님에 대한 열정으로 불탔고 철저하게 하나님을 의지하고 순종했다. 중요한 것은 타고난 약점이 있든 없든 하나님을 신뢰하고 그를 의지하는 믿음이다. 하나님만 의지한다면 약점이 있다 하더라고 그것이 전혀 문제가 되지 않는다.

무엇보다 내가 가진 약점이 어떤 것이라도 하나님 손에서는 그것이 전혀 문제가 되지 않는다는 것을 자녀들에게 일찍부터 분명하게 가르치고 하나님을 신뢰하는 믿음을 키워 주는 것이 필요하다. 갈수록 경쟁이 치열한 사회가 되고 있다. 경쟁에서 이기려면 모든 것이 잘 갖추어져 있고 완벽하길 바랄 수 있다. 그렇지 못한 약점이 있다면 비관할 수 있다. 그러나 우리가 가진 약점이 무엇이든지 문제가 되지 않는다는 것을 아이들에게 가르치는 것은 아이들에게 마음껏 날 수 있는 날개를 달아 주는 것과 같다. 약점이 없는 아이로 키우려고 애쓰지 마시라! 사실 그것은 불가능하다. 오히려 어떤 약점이 있더라도 하나님을 신뢰하는 믿음을 가르쳐서 아이들에게 더 큰 날개를 달아 주는 부모가 지혜로운 부모이다.

겁, 많아도 괜찮다!

오늘을 잘 살자

사무엘상 17:43-51

45 다윗이 블레셋 사람에게 이르되 너는 칼과 창과 단창으로 내게 나아 오거니와 나는 만군의 여호와의 이름 곧 네가 모욕하는 이스라엘 군대의 하나님의 이름으로 네게 나아가노라

46 오늘 여호와께서 너를 내 손에 넘기시리니 내가 너를 쳐서 네 목을 베고 블레셋 군대의 시체를 오늘 공중의 새와 땅의 들짐승에게 주어 온 땅으로 이스라엘에 하나님이 계신 줄 알게 하겠고

47 또 여호와의 구원하심이 칼과 창에 있지 아니함을 이 무리에게 알게 하리라 전쟁은 여호와께 속한 것인즉 그가 너희를 우리 손에 넘기시리라

다윗과 골리앗 장수 이야기는 너무 유명해서 교회를 다니지 않더라도 누구나 한 번쯤은 들어 보았을 것이다. 다윗이 사무엘에게 이스라엘의 다음 왕으로 기름 부음을 받고 얼마간 시간이 지난 후, 블레셋 군대가 이스라엘을 쳐들어왔다. 이스라엘과 블레셋이 서로 양

쪽에 진을 쳤고 블레셋 쪽에서 한 장수가 나왔다. 바로 골리앗으로 키가 2m 90이나 되는 엄청난 거구였다. 그가 이스라엘 군대를 향해 외쳤다. "너희 중 한 사람을 내보내서 나와 싸워 나를 죽이면 우리가 너희 종이 되고, 내가 그를 죽이면 너희가 우리 종이 될 것이다." 그러면서 이스라엘 군대를 욕하였다. 골리앗의 위압적인 모습과 말 앞에서 사울을 비롯한 이스라엘 군대는 두려움으로 떨었다. 이스라엘 중에 저런 사람과 싸워 이길 사람이 아무도 없다고 생각한 것이다.

그런데 이 말을 다윗이 들었다. 다윗은 아직 어려서 군사로 징집되지는 않았다. 아버지 이새가 전쟁터에 나가 있는 세 형의 안부를 묻고 오라고 심부름을 시켜서 형들이 있는 곳에 왔다가 골리앗이 소리치는 것을 들었다. 골리앗만 등장하면 이스라엘 사람들이 심히 두려워했고 도망치려 했다. 그러나 다윗은 달랐다. 골리앗이 이스라엘 군대를 욕하는 소리를 듣자마자 의분이 끓어올랐다, "이 할례받지 않은 블레셋 사람이 누구이기에 감히 살아 계시는 하나님의 군대를 모욕하는가?"

다윗은 자신이 나가서 싸우기로 자원했다. 사울이 놀라서 "너 같은 소년이 어떻게 저런 장수와 맞서 싸우겠느냐?"고 물었다. 그때 다윗이 이렇게 말했다. "주의 종이 아버지의 양을 지킬 때 사자나 곰이 와서 양 떼에서 새끼를 물어 가면 내가 따라가서 그것을 치고 그 입에서 새끼를 건져내었고, 그것이 일어나 나를 해하고자 하면 내가 그 수염을 잡고 그것을 쳐 죽였나이다. 주의 종이 사자와 곰도 쳤은즉 살아 계시는 하나님의 군대를 모욕한 이 할례 받지 않은 블레셋 사람이리까 그가 그 짐승의 하나와 같이 되리이다. 여호와께서 나를 사자의 발톱과 곰의 발톱에서 건져내셨은즉 나를 이 블레셋 사람의 손에서도 건져내시리이다"(사무엘상 17:34-37). 사울이 다윗에게 말했다, "가라 여호와께서 너와 함께 계시기를 원하노라."

사울이 노심초사하여 자기 갑옷을 다윗에게 입혔지만, 그것은 그에게 너무 크고 거추장스러웠다. 다윗은 그것도 벗고 맨몸으로 나갔다. 무기도 칼과 창이 아니라 막대기와 매끄러운 돌 다섯 개와 물매만 가지고 나갔다. 당연히 골리앗은 다윗을 보고 코웃음을 쳤다. "이런 애송이가 나오다니." 아마 무척 기분 나빴을 것이다. 젖비린내 나는 어린 소년을 자기 같은 장수를 상대하도록 내보내다니. 그는 다윗에게 "야, 내가 개냐? 막대기를 들고 나오게!" 하면서 욕과 저주를 퍼부었다.

그때 다윗이 말했다. "너는 칼과 창과 단창으로 내게 나아오거니와 나는 만군의 여호와의 이름 곧 네가 모욕하는 이스라엘 군대의 하나님의 이름으로 네게 나아가노라." 나머지 이야기는 잘 알려진 대로, 다윗은 물매 돌로 한방에 골리앗의 이마를 맞추고 전쟁을 승리로 이끌었다.

다윗의 용기와 지략이 어디에서 나왔다고 생각하는가? 그의 용기와 지략은 그가 평상시 하나님과 함께 한 삶의 경험에서 나왔다. 다윗은 평소에 양 떼를 돌볼 때 사자나 곰이 와서 양을 물어 가면 그것을 따라가서 치고 양을 구했다. 그런 과정에서 그는 언제나 여호와 하나님을 의지했고, 하나님이 그를 지키시고 구해 주시는 것을 경험하였다. 그런 경험이 쌓여서, 그의 마음속에 아무리 두려운 일도 하나님을 의지하면 이겨 낼 수 있다는 믿음이 든든하게 자랐다.

평상시 삶이 중요하다! 믿음은 한 번에 확확 자라지 않는다. 만약 그렇게 자란 믿음이 있다면 꺾이는 것도 단숨에 꺾여 버릴 수 있다. 믿음은 오랜 시간, 평소의 삶에서 하나님을 만나고 경험하면서 자란다. 그런 믿음은 뿌리가 견고해서 어떤 시련이 와도 쉽게 흔들리지 않는다. 오히려 골리앗을 대적해야 하는 것과 같은 위기 상황에서 더 빛을 발한다.

다윗은 평소에 들판에서 양 떼를 치면서 하나님과 교제하고 교통했다. 일상의 삶에서, 아이들을 양육하며 가사 일 혹은 직장 일을 하면서 언제나 하나님을 의지하고 하나님과 교제하고 교통하는 것이 필요하다. 그런 가운데 믿음이 소리 없이 그러나 무럭무럭 자랄 것이다.

다윗이 사용한 무기에 대해서도 생각해 보자. 다윗은 골리앗과 싸우러 나갈 때 칼과 창이 아니라 막대기와 돌과 물매를 들고 나갔다. 자기가 평상시에 양 떼를 치며 익숙하게 사용하던 것들이다. 사실 칼과 창이 있다 해도 그것을 사용하는 법을 모르고 익숙하지 않으면 소용이 없다. 자신에게 가장 좋은 무기는 자기에게 가장 익숙한 어떤 것이다.

대개 우리는 모두 무언가 큰일을 하고 싶어 한다. 이렇게 인생 살다가 끝내기엔 너무 허무하게 느껴져, 뭔가 의미 있고 보람 있는 일을 하고 싶은데 길이 잘 보이지 않는다. 젊었을 때는 더 보이지 않는다. 게다가 육아 하랴, 집안일 하랴, 다른 것 무엇을 할 시간도 없어 보인다. 그러나 육아가 평생 계속되는 것 아니고 집안일도 하다 보면 요령이 생긴다. 아이들이 자라 유치원이나 학교에 가면 분명 무언가 다른 일을 할 수 있는 여유가 생긴다.

그런데 그때 내가 무슨 일을 하게 될지는 지금 내가 무엇을 하고 있는지가 결정할 것이다. "나는 지금 아기 키우느라고 아무것도 못 해요." 이렇게 말할 분 계신가? 다윗이라면 이렇게 말했을 것이다. "나는 지금 양 떼를 치느라고 아무것도 못 해요." 다윗도 아무것도 못 했다. 양 떼만 쳤다. 그러나 그 양 떼를 치면서 자기도 모르게 갈고닦은 실력이 있었다. 바로 물매 던지는 실력이었고, 자기보다 몸집이 큰 적(곰이나 사자)과 싸울 때 이기는 방법은 이마 정중앙 급소를 맞추는 것이란 통찰력이었다.

다윗이 여호와의 이름으로 나갔을지라도 하나님께서 갑자기 특별한 능력을 주시지는 않았다. 다만 평소에 다윗이 갈고 닦은 그 실력을 유감없이 발휘할 수 있게 하셨다. 우리네 삶이 바쁘다고 해도 우리가 평소에 갈고 닦을 수 있는 실력이 있을 것이다. 그것이 무엇일까? 칼과 창 앞에 다윗의 물매 돌처럼, 그것은 아무도 알아주지 않는 보잘것없고 초라한 것일 수 있다. 하지만 그것이 하나님의 때를 만나면 천하의 골리앗도 한 방에 날리는 강력한 무기가 될 수 있다. 그러므로 평소에 내가 무엇을 잘 할 수 있는지 살피고 그것을 실력으로 잘 다져 놓는 것이 중요하다. 어떤 분은 신앙으로 아이를 잘 키운 다음 그 경험을 책으로 써서 베스트셀러가 되었고, 어떤 아주머니는 마늘 까서 보관하는 법을 유튜브에 올렸는데 조회 수가 백만이 넘은 것을 보았다. 육아를 해도 그렇게 하고, 마늘을 까도 그렇게 까는 것이 실력이다.

평소의 삶이 중요하다. 오늘을 잘 살아야 한다. 큰일을 두려워하지 않고 도전하는 믿음도 또 그 일을 성취할 수 있는 능력도 하나님께 기도한다고 갑자기 생기지 않는다. 지금 삶에서 하나님을 의지하고 주어진 내 삶에서 최선을 다할 때, 나도 모르게 그 믿음과 능력이 내 안에서 자란다. 그렇게 최선을 다하고 있으면, 다윗이 골리앗을 마주한 때처럼 반드시 그 믿음과 실력을 드러낼 기회가 온다. 그때를 기다리며 오늘을 잘 살자!

믿음은 기다림

사무엘상 26:7-24
23 여호와께서 사람에게 그의 공의와 신실을 따라 갚으시리니 이는 여호와께서 오늘 왕을 내 손에 넘기셨으되 나는 손을 들어 여호와의 기름 부음을 받은 자 치기를 원하지 아니하였음 이니이다

골리앗을 죽인 후 다윗이 가는 곳마다 전쟁을 승리로 이끌자 백성들 사이에 인기가 치솟았고, 사울은 다윗을 경계하기 시작했다. 다윗을 자기 사람으로 만들려고 자기 딸과 결혼시켜 사위까지 삼았지만, 결국 질투심과 의심으로 이성이 마비되면서 다윗을 죽이려고 했다. 다윗은 수년 동안 사울을 피해 이곳저곳 유랑생활을 해야 했다.

다윗은 사울의 손에 잡혀서 죽을 뻔한 위기를 수없이 겪었다. 시편에 나오는 다윗의 탄식시의 상당 부분이 이 시절에 쓰인 것을 보면 다윗이 겪은 고난이 어떠했는지 짐작할 수 있다. 실로 자신은 사울을 해칠 마음이 전혀 없고, 비록 하나님께 기름 부음을 받긴 했지만 억지로 그 왕위를 강탈할 생각은 눈곱만치도 없는데, 그렇게 오

해받고 쫓기는 삶을 사는 것이 억울하고 원통했을 것이다. 다윗은 그런 마음을 하나님께 쏟아 놓았다.

"여호와 내 하나님이여 내가 주께 피하오니 나를 쫓아오는 모든 자들에게서 나를 구원하여 내소서. 건져낼 자가 없으면 그들이 사자 같이 나를 찢고 뜯을까 하나이다"(시편 7:1-2). "여호와여 내 생명을 찾는 자들이 부끄러워 수치를 당하게 하시며 나를 상해하려 하는 자들이 물러가 낭패를 당하게 하소서"(시편 35:4). 이 사람들은 다윗을 시기하고 모함해서, 사울 왕을 부추겨 그를 죽이려고 하는 악한 신하들이었다. 이런 시들에서 볼 때, 다윗이 얼마나 절박했고 얼마나 억울함을 느꼈는지 알 수 있다.

그런 다윗에게 마침내 기회가 왔다. 사울 왕을 한칼에 죽일 수 있는 기회였다. 그것도 한 번이 아니라 두 번이나 왔다. 한 번은 다윗 일행이 숨어 있던 굴속에 사울이 혼자 들어와 뒤를 볼 때였고, 한 번은 사울의 군대가 다윗을 잡으려고 나왔다가 야영하면서 모두 다 깊이 잠이 든 때였다. 두 번 모두 사울을 처치하여 원수를 갚을 뿐 아니라 더는 고생스럽게 쫓겨 다니지 않고 왕이 될 수 있는 절호의 기회였다.

하나님은 다윗을 시험하셨다. 사울을 죽일 수 있는 기회를 두 번이나 주셨다. 다행히 다윗은 통과했다. 첫 번째 사울을 죽일 수 있는 기회가 왔을 때 그를 죽이지 않고 그의 옷자락만 살짝 베었지만, 그것도 마음에 찔렸다. 그리고 사울을 결코 죽여서는 안 된다는 것을 금방 깨달았다. "그리 한 후에 사울의 옷자락 벰으로 말미암아 다윗의 마음이 찔려 자기 사람들에게 이르되 내가 손을 들어 여호와의 기름 부음을 받은 내 주를 치는 것은 여호와께서 금하시는 것이니 그는 여호와의 기름 부음을 받은 자가 됨이니라 하고 다윗이 이 말로 자기 사람들을 금하여 사울을 해하지 못 하게 하니라"(사무엘상 24:5-7상).

하나님은 한 번 더 다윗을 시험하셨다. 그것이 어떻게 하나님의 시험인지 알 수 있을까? 이는 여호와께서 그들을 깊이 잠들게 하셨으므로 그들이 다 잠들어 있었기 때문이었다(사무엘상 26:12). 하나님께서 일부러 사울의 군대를 푹 잠들게 해 놓으시고 다윗이 어떻게 하는지 보신 것이다. 하지만 다윗의 마음은 흔들리지 않았다. 같이 갔던 부하 장수 아비새가 자신이 사울 왕을 처치하겠다고 나서자 다윗은 그를 죽이지 말라고 엄히 말했다.

다윗은 하나님의 시험에 통과했다. 그 비결이 하나님의 살아 계심과 그분의 주권에 대한 확고한 믿음에 있었다. "다윗이 또 이르되 여호와께서 살아 계심을 두고 맹세하노니 여호와께서 그를 치시리니 혹은 죽을 날이 이르거나 또는 전장에 나가서 망하리라 내가 손을 들어 여호와의 기름 부음 받은 자를 치는 것을 여호와께서 금하시나니"(10절). 그것은 하나님은 살아 계시며, 하나님이 자기를 왕으로 삼으실 것이면 자기가 사울을 죽여서 그 일을 이루는 것이 아니라 하나님이 그분의 방법으로 이루어 주실 것을 믿고 기다리는 자세였다.

우리가 다윗에게서 배우는 교훈은 하나님의 살아 계심과 그의 주권적 일하심에 대한 신뢰와 기다림이다. 거의 모든 우리의 불순종과 불신앙은 바로 이 신뢰와 기다림이 부족한 데서 나온다. 하나님이 정말 계신지에 대한 믿음이 불투명하고, 계신다고 해도 가장 선하고 완전하신 공의로 내 일을 돌아보시고 이루어 주실지에 대한 확신이 없으므로, 기다리지 못하고 내 생각에 선하고 좋은 대로 하기 십상인 것이다. 그러나 이 기다림을 잘하는 것이야말로 하나님께 우리 믿음을 보여드리는 것이다.

믿음은 기다림이다. 믿음과 가장 잘 어울려 사용되는 말은 바로 믿고 기다림이다. 이 기다리는 힘이 없다면 믿음이라 할 수 없다. 이 기다리는 힘이 없어 불순종하거나 실수한 일들도 성경에 많이 나온다. 사라도 이 기다리는 힘이 없어 아브라함에게 자기 여종을 첩으로 주었다가 이스마엘을 낳게 하고, 그 결과로 수천 년이 지난 지금까지 그 자손들이 서로 앙숙이 되어 대적하며 살고 있다. 리브가도 이 기다리는 힘이 없어서 자기가 앞장서서 야곱으로 하여금 이삭에게 장자의 축복을 받게 했다가 남은 생을 그 사랑하던 아들과 생이별하고 살아야 했다.

지금 당장 억울하고 고통스러운 일이 있으나 하나님께서 일하시기를 기다려야 하는 상황에 있는가? 다윗의 이야기가 교훈이 되길 바란다. 스스로 해결하려 하지 말고 하나님의 때를 기다릴 수 있어야 한다. 하나님은 분명히 살아 계시며 우리의 모든 기도를 들으시고 응답하신다. 다만 그때가 우리가 기대하는 시간이 아닐 수 있어서 하나님의 때가 될 때까지 기다려야 하는 것이다.

사실 대부분 우리에게는 억울한 일보다 그냥 기다려야 하는 일들이 더 많다. 특히 자녀를 양육하는 부모로서 우리에겐 정말 인내로 기다림을 감당해야 할 때가 한두 번이 아니다. 보통 3개월이면 신생아들은 목을 가눈다. 그런데 우리 큰애가 5개월이 되었어도 목을 제대로 가누지 못하고 항상 갸우뚱해 있었다. 병원에 갔더니 별일 없어 보이니 그냥 아기 목에 힘이 생길 때까지 기다리라고 했다. 다행히 몇 주 더 지나 목을 바로 세우긴 했지만, 그 두어 달간의 기다림이 나에겐 얼마나 긴 시간이었는지 모른다.

　그러나 그것은 맛보기에 불과했다. 큰아이는 대학을 십 년이나 다니면서 방황이란 방황은 다 해 보는 것 같았다. 군대 갔다 온 햇수를 제한다고 해도 남들보다 두 배는 더 긴 시간 대학을 다녔다. 공부가 잘되지 않아 휴학하고, 공부가 하기 싫어서 휴학하고, 걸핏하면 휴학을 했다. 처음 몇 년은 그런대로 지나갔으나 나머지 몇 년은 정말 힘들었다. 자기도 힘들었지만, 부모도 기도하며 마음을 다스리지 않으면 참고 기다리기 힘들었다. 자꾸만 채근하고 싶었기 때문이다. "너 뭐 하니? 너 왜 이래?" 아이의 장래를 하나님께 맡기고 기도하지 않았더라면 그 말이 수없이 입에서 튀어나왔을 것이다. 마침내 때가 되자 그 긴 방황 끝에 하나님의 부르심을 확신했고 아이는 신학대학원을 갔다. 지금 청소년부 맡아서 사역을 잘하고 있다. 자기가 겪었던 과거의 경험들이 청소년들 목양하는 데 아주 잘 사용되는 것으로 보인다.

　부모는 자녀를 양육하면서 기다릴 각오를 단단히 해야 한다. 그냥 쑥쑥 잘 커 주는 아이들은 거의 없다. 모두 다 하나님을 대신해서 부모의 인내와 믿음을 테스트한다. 그것을 감당하는 방법은 기도하며 기다리는 것밖에 없다. 하나님께 맡기며, 하나님께서 아이의 삶에 일하시길 기다리는 것이다. 그러면 이 기다림 속에서 무엇보다 부모의 인격과 신앙이 다듬어지고, 또 아이들 역시 하나님이 원하시는 모습으로 빚어지게 된다. 믿음은 기다림이다.

〈아들의 방황〉

큰아이에게 입시는 그야말로 지옥이었다. 다행히 원하던 대학에 합격은 했지만, 그 지옥을 지나며 받은 상처는 아이 속에 남아 있었다. 실망과 좌절과 분노와 억울함의 덩어리가 아이의 마음을 좀먹고 있었다. 대학에 입학한 기쁨과 새로운 세계에 대한 설렘으로 잠시 잊혔으나 첫 학기가 지나고 새로움이 익숙함으로 바뀔 즈음에, 그것이 도지기 시작했다.

큰아이는 아빠의 유학으로 두 살 반에 미국에 가서 열세 살까지 십 년 팔 개월을 미국에서 살았다. 사고방식이나 생활방식이 습관으로 만들어지는 시기에 미국에서 자랐다. 겉은 한국인이었어도 속은 미국인이나 다름없었다. 그런 아이에게 한국 사회는 이해할 수가 없었다.

가장 힘든 것은 어른이나 상급자들의 권위주의적인 태도와 말 같았다. 입학하고 나서 신앙생활을 잘해 보겠다고 들어간 기독교 동아리 역시 조직 내의 분위기가 아이가 생각하기에 지나치게 권위주의적이었다. 사생활까지 규제하는 듯이 보이는 관행들을 아이는 이해하기 어려웠다.

한국인의 겸양으로, 사람들이 처음에는 속내를 다 말하지 않다가 나중에 가서 다른 소리를 하는 것도 아이를 힘들게 했다. 사람들의 말의 진의를 이해하기가 어렵다고 했다. 한 마디로, 아이는 한국 사회도 한국 사람도 이해할 수 없었다. 여기에 입시 지옥인 줄 번연히 알면서 자기를 데려와 그 지옥을 지나게 한 부모에 대한 원망까지 겹쳐 아이는 걷잡을 수 없이 엇나가기 시작했다.

그래서 선택한 것이 해병대를 가는 것이었다. 먼저 해병대를 다녀온 외사촌 형이 한국 사회를 알려면 제일 밑바닥을 가 봐야 한다면서 해병대를 가도록 권유한 것이 주효했다. 당시는 2007년 가을. 다른 군대보다 더 거칠기로 소문난 해병대를 자원해서 가다니! 남편과 나는 이 말 저 말로 설득을 시도했지만 소용이 없었다. 엄마 아빠에게 화가 잔뜩 나 있는 상태이니 말린다고 들을 일이 아니었다. 하나 남은 희망은 선발 시험에서 떨어지는 것이었다. 그러나 아들은 떡하니 그것도 한 번에 합격해 버렸다. 하나님께서 보내라고 하시는 것 같았다.

아들은 신병 훈련 후 연평도로 배치되었다. 주 임무는 보초 서는 것이라고 하였다. 나는 이왕 이렇게 된 것, 연평도에서 보초 서며 아이의 마음속 복잡한 생각들이 바닷바람에 날려 가길 기도하였다. 그러나 해병대에서 보낸 2년의 시간도 아들이 마음을 잡는 데 도움이 되지 않았다. 일방적이고 경직된 군대 문화가 아이에게 도움이 될 리 없었다.

어느새 아들은 마음속 어둠과 싸우고 있었다. 조금씩 쌓이던 분노가 똬리를 틀어 마음 한 켠에 자리 잡은 것 같았다. 매사가 비관적이고 비판적이었다. 맘에 들지 않으면 화부터 냈다. 점점 말을 하지 않았다. 의욕도 상실했다. 하고 싶은 일이 전연 없었다. 간혹 죽고 싶은 유혹까지 느꼈다. 제대 후 복학을 했지만, 상황은 더 나빠졌다. 공부는 아예 재미가 없었다. 어떻게 하다가 다시 예전에 몸담았던 동아리에 가게 되었는데 그곳도 예전 그대로였다. 그러나 숨 막히는 듯한 분위기가 싫어서 박차고 나오려고 하면, 아이 말인즉, 주님이 막으시는 바람에 나올 수도 없었다.

아이는 사방이 벽으로 막힌 채 출구 없는 감옥에 갇혀 있었다. 착하고 명랑하고 장난기로 눈이 반짝였던 어린 시절 모습은 온데간데없이 사라졌다. 눈을 씻고 찾아도 흔적조차 보이지 않았다. 이 모든 날 동안 나는 주님께만 매달렸다. 할 수 있는 일이 아무것도 없었기 때문이었다. 날마다 절절히 내 상한 마음을 주님 앞에 쏟아 놓았다.

나는 아이들이 아주 어렸을 때부터 그들이 잘 커서 주님 앞에 귀하게 쓰임 받기를 원하며 기도하였었다. 그중 큰아이는 목회자의 길을 가기를 바랐는데, 20대 한창나이에 그토록 힘들게 어둠과 싸우고 있는 아들을 보면서 "목회자의 길을 가게 하려고 아이에게 이런 시련을 겪게 하시는 것이라면 누가 목회자의 길을 가겠느냐, 어느 부모가 아들을 목회자의 길로 보내겠느냐?"고 주님께 따지기도 하였다. 그럴지라도 나아지는 것은 없었다.

학교는 다니고 있었지만, 아이의 괴로움은 극에 달했다. 원룸을 구해 서울에 살던 아이가 어느 날 느닷없이 집에 왔다. 표정이 아주 어두웠다. 아이는 말도 없이 방으로 들어가 침대에 누웠다. 뭔가 심상치 않았다. 조금 시간이 지났을 때 나는 아이 방에 들어갔다. 아이는 벽을 향해 자는 듯 누워 있었다. 나는 아이가 등을 쓰다듬어 주는 것을 좋아하는 것을 알기 때문에 가만히 아이 등을 쓰다듬었다. 아이는 자지 않고 있었다. 문득 생각지도 않은 말이 내 입에서 나왔다, "아들, 네가 실패하면 하나님이 실패하시는 거란다." 내가 하고서도 스스로 놀랐다. '아니 어떻게, 이런 말을 할 수 있지?' 그러나 다시 생각해 보니 틀린 말이 아니었다. 나는 이 아이가 태중에 생기기 전부터 기도하였는데, 하나님이 계신다면 결코 이 아이를 실패하도록 두지 않으실 것이었다. 하나님이 살아 계신다면 그 일은 절대 일어날 수 없었다. 하나님께서 아이를 지켜 주시리란 확신이 들었다.

무슨 생각이었는지 아이는 다시 일어나 서울로 갔다. 나중에 들었는데, 그날 아이는 사는 것이 너무 괴롭고 힘들어서 죽고 싶은 마음으로 집을 찾아왔다. 엄마 아빠가 자기를 위해 무언가를 해 주기를 바라는 마음으로 왔다. 하지만 엄마가 하는 말에서 볼 때 엄마 아빠에게는 기대할 것이 없다는 것을 알았다. 사실 아이는 이전부터 알고 있었다. 살길은 하나님께 밖에 없다는 것을.

드디어 아들은 하나님께 마음을 쏟아 놓기 시작했다. 어둠이 몰려올 때마다 원룸 근처 교회를 찾아 바닥에 엎드렸다. 그렇게 하길 수년. 아이는 영적인 싸움을 하는 방법을 터득 해 갔고, 주님과 동행하는 법을 배워 갔다. 그리고 주님과 아이만 아는 내밀한 이야기들도 쌓여 갔다.

고난에는 뜻이 있다

욥기 42:1-9

5 내가 주께 대하여 귀로 듣기만 하였사오나 이제는 눈으로 주를 뵈옵나이다

성경 중에 이해하기 어려운 책이 몇 권 있다. 욥기, 전도서, 아가서 그리고 아마도 계시록일 것이다. 계시록은 많은 상징을 통해 앞으로 일어날 일을 계시하기 때문에 당연히 이해하기 어려울 수 있지만, 욥기와 전도서와 아가서는 처음 읽을 때 '아 성경에 어떻게 이런 책들이 들어 있을까?' 생각하도록 만들 정도로 내용이 뜻밖이어서 이해하기 어렵게 느껴진다.

그러나 반전이 있다. 이 책들이 말하는 바를 알게 되면, 그들이 성경에 들어 있으므로 인해 성경의 폭이 얼마나 깊고 넓어지는지 알게 되고, 따라서 하나님을 믿는 우리의 신앙과 인격도 그만큼 깊고 넓어져야 한다는 것을 깨닫게 된다. 이 책들이 있으므로 해서 우리는 믿는 사람은 이래야 한다는 식의 어떤 정해진 좁은 사고의 틀에서 벗어나 하나님을 더 깊이, 더 크게 묵상하고 섬길 수 있게 된다.

욥은 바르고 정직하며 하나님을 사랑하고 죄를 멀리하는 사람이었다. 이런 욥에게 하나님은 많은 복을 주셨고, 동방 사람 중에 가장 훌륭하며 지혜로운 자라는 칭찬도 받게 하셨다. 그러나 사탄은 욥이 하나님이 주신 복 때문에 하나님을 사랑하고 죄를 멀리하는 것이지 이유 없이 그렇게 하는 것이 아니라고 하나님께 말한다. 하나님은 사탄에게 욥을 시험하도록 허락하신다. 그 이후 욥에게는 상상조차 할 수 없는 매우 심한 고난이 찾아온다. 하루아침에 모든 재산을 날릴 뿐 아니라 심지어 자녀들까지 다 잃었다.

그러나 이 모든 일에 욥은 범죄 하지 않고 하나님을 향하여 원망하지 않았다. 오히려 "주신 이도 여호와시오, 거두신 이도 여호와시오니 여호와의 이름이 찬송을 받으실지니이다" 고백한다(욥기 1:21). 그러자 사탄은 또 하나님께 허락을 얻어 욥의 몸 전체에 종기가 나게 한다. 욥은 재 가운데 앉아 질그릇 조각으로 자기 가려운 몸을 긁는데, 보다 못한 욥의 아내는 욥에게 "하나님을 욕하고 죽으라!"라고 소리친다. 그러나 이때에도 욥은 "우리가 하나님께 복을 받았은즉 화도 받지 아니하겠느냐"하고 입술로 하나님께 범죄 하지 않았다(2:10).

여기까지 읽으면 우리는 욥의 신앙의 대단함에 감탄하고, 우리도 이런 욥과 같은 신앙을 가져야 할 것으로 생각하게 된다. 그러나 이 점도 중요하긴 하지만 욥기의 핵심은 여기에 있지 않다. 여기까지는 욥이 얼마나 의로운 사람이었는지를 보여 주는 것으로, 욥기는 의로운 사람이 왜 고난을 당하는가에 대한 이스라엘 사람들의 깊은 고민

을 다루는 책이다. 그래서 그것에 대한 답을 찾아가는 그다음 부분
이 더 중요하다.

　욥의 이야기를 들은 친구 세 명이 멀리서 욥을 위로하려고 왔다.
하지만 욥이 자기는 하나님께 범죄 하지도 않았는데 이런 고통을
당하는 것에 대해 한탄하자, 세 명이 하나같이 그게 아니라 욥이 하
나님께 무언가 죄를 지었기 때문이라고 말하며 회개하도록 종용한
다. 하나님은 결코 불의한 분이 아니며 죄 없는 사람을 심판하지 않
으시기 때문에, 그가 지금 기억하지 못해도 모르게 지은 죄가 있을
수 있으니 어쨌든 회개하라고 조언을 한다. 그 말을 들은 욥은 더 화
가 난다. 힘을 다해 정직하고 의롭게 살려고 애쓰며 지금까지 살았
고, 주변의 가족과 이웃들이 모두 의롭고 경건한 사람이라고 인정
해 주며 모든 복을 누리며 살았는데, 인제 와서 죄 때문에 천벌을 받
는 것이라니 억장이 무너지는 것이다. 참으로 그런 충고는 위로가
아니라 오히려 마음에 더 큰 상처를 주는 것밖에 되지 않는다. 그런
친구들에게 욥이 한 말이 있다. "너희는 다 재난을 주는 위로자들이
다"(16:2). 친구들의 말은 위로가 아니라 고통을 더 할 뿐이었다.

　중간 이야기를 생략하면, 욥은 하나님을 만나 따지고 싶었다. '왜
나에게, 천하 미물에 불과한 나에게 시비를 거시고 고통을 주시는
지, 왜 나는 잘못한 일이 없는데 이렇게 나를 억울하게 하시는지 하
나님 한번 말 좀 해 보세요.' 이런 심정이었다. 그때 엘리후란 사람이
등장하여 인간의 이해를 넘어서는 하나님의 주권에 대해 한 차례 열
변을 토한다.

그리고 드디어 하나님이 등장을 하시는데, 첫 마디가 "무지한 말로 생각을 어둡게 하는 자가 누구냐?"이다(38:2). 잘 알지도 못하면서 자기는 억울하고 하나님은 무엇하고 계시는지 도무지 모르겠다고 하소연하며 떠드는 자가 누구냐란 말이다. 그리고 "내가 땅의 기초를 놓을 때 네가 어디 있었느냐?"부터 시작하여 오직 하나님만 알고 계시는 창조 세계의 비밀들을 숨 가쁘게 나열하시면서 계속하여 "이런 것을 네가 아느냐?," "네가 할 수 있느냐?"고 질문하신다. 하나님이 말씀하시려는 바는 인간은 하나님을 결코 다 알 수 없으며, 하나님이 하시는 모든 일에는 그분의 뜻과 질서가 들어 있다는 것이다. 다시 말해, 우리가 이해하지 못할지라도 하나님께서 우주 만물과 우리 모든 인생의 주인이시며, 욥이 자기가 알 수 없는 고난을 받는다고 울부짖었으나 거기에도 하나님의 선하신 뜻이 작용하고 있다는 것이다.

하나님께서 말씀하시자 비로소 욥이 깨달았다. 그리고 고백했다, "내가 주께 대하여 귀로 듣기만 하였사오나 이제는 눈으로 주를 뵈옵나이다." 이전에는 하나님에 대한 소문만 듣고 신앙생활을 했지만, 이제는 고난을 통해서 하나님을 눈으로 본 듯 직접적인 체험을 통해 알게 되었다는 뜻이다. 고난의 가장 큰 의미가 여기에 있다. 고난은 우리로 하나님을 깊이 인격적으로 만나게 해 준다. 하나님의 주권을 배우게 하고, 하나님이 우리 인생의 주인이신 것을 고백하게 만든다. 그리고 그 과정에서 우리를 거룩하고 정결하게 하여 정금같이 순수하고 고귀한 신앙의 사람으로, 실로 하나님 한 분만으로 만족하는 사람이 되게 한다.

고난 없이도 하나님을 알 수 있다면 굳이 고난을 주시지 않을 텐데 이 길밖에 없어서 고난을 주시는 것이다. 그러나 그렇게 하나님을 알게 된 자에게는 놀라운 하나님의 은혜가 부어진다. 하나님은 욥에게 모든 것을 이전 소유의 두 배로 갚아 주셨다. 자녀들은 두 배가 아니라 여전히 예전처럼 아들 일곱과 딸 셋을 주셨다고 했는데, 이전의 자녀들은 사라진 것이 아니라 천국에 살아 있다. 결국 자녀들도 두 배로 주신 것이다.

나아가 욥 이야기는 고난의 의미뿐 아니라 고난받는 자에 대한 우리의 태도에 대해서도 가르침을 준다. 이 이야기에 등장하는 인물들은 우리가 가진 태도들을 제각각 보여 준다. 먼저는 욥의 아내로 전형적인 불신자의 태도이다. "하나님은 없어. 하나님이 있으시면 이런 고난이 있을 수가 없지. 하나님 믿지 마, 거짓말이야." 우리가 고난을 당하면, 우리 속에 있는 불신의 마음과 또는 우리 옆의 불신자들은 이렇게 말한다. 당연히 이런 말에 휘둘리지 말아야 한다.

다음 욥의 친구들의 태도이다. 이것은 많은 신앙인이 가지는 태도로, 고통을 당하는 것은 죄를 범했기 때문에 벌을 받는 것이란 생각에 기반한다. 그 생각이 완전히 틀린 것은 아니다. 어떤 고통은 죄로 인해 오는 것이 맞다. 문제는 모든 고통이 죄로 인한 것은 아닌데 그것을 일반화해서 고통당하는 사람들을 무조건 죄인으로 정죄해 버리는 것이다. 이런 태도는 고통당하는 자의 고통을 가중할 뿐 아니라, 고통을 당하지 않는 자신은 반대로 의롭다는 생각을 가지게 함으로 사람을 교만하게 만든다. 만약에 욥기가 성경에 없다면 우리는 모두 이런 생각을 가지고 살지 모른다. 하나님께서 창조 세계의 질서를 위해 주신 권선징악 원리 속에 우리가 갇혀서 살게 되는 것이다. 조금만 나쁜 일이 있어도 우리는 자신이나 남을 정죄하기 바쁠 것이다.

욥기는 이런 정죄에서 우리를 벗어나게 한다. 욥기가 말하는 것은 고난은 하나님의 주권적 역사 가운데 특히 사람이 무슨 잘못을 저지르지 않았어도 하나님이 주실 수 있으며, 그 고난을 통해 우리가 결국 하나님을 깊이 경험하고 하나님이 어떤 분인지를 알게 된다는 것이다. 그러므로 이런 하나님의 뜻을 안다면, 우리는 고난 당하는 이들을 함부로 정죄하거나 그들에게 이렇게 저렇게 하라고 함부로 조언하지 않을 것이다. 오히려 그 고난을 통해서 그들이 하나님을 더 깊이 알아 가기를 기도하며 격려하며 사랑으로 세워 주고자 힘쓸 것이다.

고난에는 뜻이 있다.

3장

순종

순종은 하나님께서 우리 삶에 우선순위를 분명히 정하신 다음 우리가 원하는 것을 주시는 방법이다. 내가 가지고 싶은 것을 빼앗으시는 것이 아니라, '하나님 먼저'를 배운 다음에 그것을 갖게 하시는 것이다.

하나님의 안전보장

창세기 2:8-17

16 여호와 하나님이 그 사람에게 명하여 이르시되 동산 각종 나무의 열매는 네가 임의로 먹되

17 선악을 알게 하는 나무의 열매는 먹지 말라 네가 먹는 날에는 반드시 죽으리라 하시니라

하나님께서는 그분의 형상을 따라 아담과 하와를 지으시고 생육하고 번성하고 땅을 정복하고 모든 생물을 다스리라는 사명을 주셨다. 그런데 창조 이전에는 아무것도 없었으니 질서나 무질서를 말할 것이 없지만 창조 세계는 하나님의 질서를 따라 만들어졌다. 자연 세계가 제각각인 것 같아도 가만히 들여다보면 자연 세계만큼 질서를 따라 운행되는 곳이 없다. 자연계에 관한 과학적 탐구가 가능한 것이 바로 그 증거다. 천체의 자전과 공전만 봐도 얼마나 질서 있게 움직이는가? 끝없이 광대한 우주이고 끊임없이 별들이 생성되고 소멸되지만, 그 가운데서 모든 것이 규칙적으로 돌아간다. 우주 안에 예측 불가능한 불규칙이 상존한다면 우주는 벌써 파멸되었을 것이

다. 생각하면 놀랍기 그지없다.

우주가 매크로 세계라면 줄여서 마이크로 세계를 들여다봐도 마찬가지다. 꽃이나 풀들의 아름다움은 모두 황금비율에서 나온다. 우리 눈으로 봐서 이 비율이 어긋나면 그렇게 이뻐 보이지 않는다. 자연이 피우는 모든 꽃은 이 황금비율을 가지고 있다. 그래서 모든 꽃이 다 아름답다. 놀랍지 않은가? 하나님이 창조하신 창조 세계는 절대적인 질서 안에서 모든 것이 서로 조화를 이루며 살게 되어 있다. 그리고 그 질서와 조화에서 평화와 아름다움이 나온다.

인체도 마찬가지다. 인체만 놓고 보아도 하나님이 어떤 분이신지 알 수 있을 정도로 인간의 창조는 기가 막힌다. 조각가들이 너도나도 인체를 조각하는 것은 그것이 그토록 보기에 아름답기 때문이다. 그뿐 아니라 각 장기의 기능은 어떤가? 눈, 코, 입, 오장육부가 서로 조화를 이루며 기능하는 것을 생각해 보라. 하나님의 무한한 지혜와 오묘하심과 질서정연하심은 인간을 창조하신 데서 최상으로 표현되었다고 볼 수도 있다.

한 마디로 하나님은 질서의 하나님이시다. 지금 자연 세계가 지구 온난화와 이상 기후로 몸살을 앓고 있는 것은 인간의 탐욕과 타락으로 이 질서가 깨어졌기 때문이다. 자연계에 평안을 회복하는 길은 인간이 탐욕을 버리고 하나님이 원래 지으신 창조 질서를 회복하는 것뿐이다. 하나님의 질서로 돌아가는 길만이 살길이다.

하나님은 아담을 지으시고, 아담과 하나님의 관계에서도 이 질서를 분명히 하셨다. 자연계 안에 두신 것이 자연적 질서라면, 아담은 하나님의 형상을 따라 지음 받은 영적 존재이기 때문에 영적 질서를 두셨다. 그것은 바로 아담이 하나님의 말씀에 순종하며 사는 것이었다. 맨 처음 주어진 순종의 과제는 선악을 알게 하는 나무의 열매를 먹지 말라! 였다.

선악과를 만드신 이유는 아담이 하나님의 형상으로 지음 받았기 때문이다. 하나님의 형상은 하나님의 속성으로, 하나님의 속성에는 선과 악을 구분하고 선택하는 자유도 들어 있다. 이 자유가 없다면 하나님의 형상이라 할 수 없다. 하나님은 아담에게 이 선택의 자유까지 주신 것이다. 그러나 아담은 피조물일 뿐 하나님은 아니었다. 악을 알았을 때 그것을 통제할 능력은 없었다. 하나님은 아담을 보호하시기 위해 선악을 알게 하는 나무의 열매는 따 먹지 말라고 하셨다. 하나님의 말씀을 지키는 것에 바로 아담의 생명과 안전과 평안과 기쁨이 들어 있었다.

초점은 바로 하나님의 말씀에 있다. 우리는 순종이라고 하면 뭔가 부담스럽고 자유를 침해하는 것 같아 기분이 좋지 않을 수 있다. 그러나 하나님의 말씀에 대한 순종은 바로 우리 자신을 보호하는 것이다.

하나님이 지으신 자연 세계는 자연계 질서 안에서 운행하며 하나님의 영광과 아름다우심을 선포하고 나타낸다. "하늘이 하나님의 영광을 선포하고 궁창이 그의 손으로 하신 일을 나타내는도다"(시편 19:1). 그러나 하나님의 형상으로 지음 받아 지·정·의 인격체를 가진 인간에게는 특별히 하나님께서 그의 말씀을 주셨다. 이 말씀을 듣고 지켜 행하는 것이 하나님의 질서 안에 거하는 것이고, 하나님께 영광을 돌리는 것이며, 우리에게 주시기 원하시는 모든 복을 받아 누릴 수 있는 길이다.

말씀에 순종하는 것은 결코 하나님을 위한 일이 아니다. 하나님이 폭군이시라서 자기 맘대로 하려고 아무 명령이나 내리고 지키라고 강요하는 것이 결코 아니다. 그 안에 우리가 영원히 살 수 있는 길이 있고, 그 안에 우리가 영원히 하나님의 사랑을 받아 누릴 길이 있으므로 하나님의 말씀을 지키라고 하신 것이다.

하나님은 완전한 선이시고 완전한 사랑이시다. 하나님의 말씀을 지키는 것은 그 완전한 선 안에, 완전한 사랑 안에 거하는 유일한 길이다. 하나님의 말씀을 불순종함은 하나님을 거역하는 동시에 우리가 누릴 수 있는 완전한 선과 완전한 사랑을 거스르는 것이다. 하나님의 말씀을 지키며 사는 것만이 우리가 영원한 행복을 누리며 살 수 있는 유일한 길이다. 그것은 우리를 위한 하나님의 안전보장이다.

복덩이로 사는 길

창세기 12:1-5

1 여호와께서 아브람에게 이르시되 너는 너의 고향과 친척과
아버지의 집을 떠나 내가 네게 보여 줄 땅으로 가라

2 내가 너로 큰 민족을 이루고 네게 복을 주어 네 이름을 창대
하게 하리니 너는 복이 될지라

3 너를 축복하는 자에게는 내가 복을 내리고 너를 저주하는 자
에게는 내가 저주하리니 땅의 모든 족속이 너로 말미암아 복
을 얻을 것이라 하신지라

아브라함은 75세 나이에 하나님의 부르심을 받아 먼 길을 떠났
다. 하나님이 그냥 부르신 것이 아니고 엄청난 약속을 주셨다. "내가
너로 큰 민족을 이루고 네게 복을 주어 네 이름을 창대하게 하리니
너는 복이 될지라"(창세기 12:2). 여기 '너는 복이 될지라' 말씀은 '너
는 복 자체가 될 것'이란 말이다. 게다가 그는 땅의 모든 족속이 그로
말미암아 복을 얻게 될 복의 통로가 될 것이라는 약속도 하셨다. 이
렇게 복이 되고 복의 통로가 되는 것을 한마디로 하면 바로 복덩이

가 되는 것이다. 말만 들어도 좋다.

하나님은 아브라함을 부르신 것처럼 오늘 우리도 부르신다. 우리도 아브라함처럼 복덩이가 되도록 부르신다. 아브라함을 부르신 것은 장차 예수 그리스도를 보내서서 인류를 구원하시기 위해서였다. 아브라함의 자손을 하나님의 백성으로 삼고 그들에게 율법을 주시고 제사를 주서서 하나님을 알고 섬기게 하심으로 예수님이 이 땅에 오실 길을 마련하신 것이었다. 아브라함이 순종하였을 때, 실제로 그로부터 이천 년 후 하나님의 아들 예수 그리스도가 그의 자손 중에 오시고, 예수님을 통해 온 인류가 구원을 받을 길이 열렸다.

하나님의 일은 아직 다 끝난 것이 아니다. 예수님이 다시 오셔서 하나님의 나라를 완성하실 때까지 그의 백성이 해야 할 일이 매우 많다. 그래서 하나님은 오늘 우리도 복이 되고 복의 통로가 되도록 부르신다. 이 땅에 오신 예수 그리스도를 믿음으로 내가 복이 되고, 그분을 다른 사람들에게 전함으로 복의 통로가 되도록 부르신다.

예수님을 믿는 것이 얼마나 큰 복인지 모른다. 난 우리 민족을 생각할 때마다 예수님을 믿는 것이 얼마나 감사한지 모른다. 6.25 전쟁 후만 해도 우리나라는 세계에서 최빈국에 속했다. 북한보다 못 살았다. 그러나 우리 부모님 세대가 예수님을 열심히 믿고 새벽마다 나라와 민족을 위해 기도하면서 오늘 우리는 이렇게 부강한 나라가 되었다. 혹 젊은 세대 사람들은 지금 우리나라 상황에 불만이 많을 수 있다. 물론 고쳐야 할 것이 있으면 당연히 고쳐야 한다. 그럴지라도 예전과 비교해 지금 우리가 얼마나 잘 사는지 생각하면 하나님이 복을 주신 것을 감사하지 않을 수 없다.

1960년에 태어나 2020년대를 사는 나는 가난과 싸우고 민주화 투쟁하느라 싸운 세월을 몸소 살았기 때문에 그 변화를 피부로 느낄 수 있다. 지금은 교회가 사회 속에서 제 역할과 본을 보여 주지 못해서 욕을 먹고 있으나, 과연 우리가 하나님을 믿지 않았어도 오늘날과 같은 복을 누릴 수 있을까? 천만의 말씀이라고 생각한다. 하나님은 우리 민족을 부르시고, 우리 조부모님·부모님 세대가 그 부르심에 응답했을 때 분에 넘치는 복을 그 자손인 우리에게 주셨다.

나는 이런 생각을 많이 한다. 우리 부모님 세대는 그 기도함으로 이런 부유한 나라를 우리에게 복으로 주시는 통로가 되었는데, 우리는 자녀들에게 어떤 복의 통로가 되어야 할까? 신앙생활 나태하고 게을리하다가 부모님들이 물려주신 복을 다 까먹고 우리 다음 세대에는 하나도 나눠 줄 것이 없는 자들이 되면 안 될 것 같다. 교회가 자꾸 욕먹고 사회 속에 영향력을 잃어 가는 것을 보면 가슴이 아프다. 우리 세대도 다음 세대에게 복의 통로가 되기 위해 좀 더 부름을 받은 자로 정신 차리고 깨어 살아야 할 것이다.

아브라함처럼 복덩이가 되기 위해서는 우리도 떠나야 한다. 아브라함은 자기가 살던 고향과 가까이 지냈던 사람들을 떠나 아는 사람 하나 없는 낯선 땅 낯선 곳 가나안으로 가야 했다. 그것이 필요했던 이유는 바로 하나님께만 집중할 수 있기 위해서였다. 가나안에서 아브라함은 의지할 장소도 의지할 사람도 전혀 없었다. 오직 하나님만 의지해야 했다. 익숙한 곳을 떠나는 일은 힘들고 고달플 수 있다. 그러나 신앙은 바로 그때 자라게 된다.

떠난다는 것이 꼭 어떤 장소를 떠나는 것만 의미하는 것은 아니다. 그보다는 내가 하나님보다 더 의지하고 있는 것은 무엇이나 -돈, 학벌, 가족, 직장 등- 내 마음속에서 내려놓는 것이다. 내가 그것을 붙들고 있는 한, 내 신앙은 하나님을 믿으면서도 하나님을 충분히 의지하지 않는 반쪽짜리 신앙이기 때문이다. 하나님 외에 의지하는 모든 것을 버리고 떠날 때, 비로소 우리도 아브라함처럼 하나님 한 분만 바라보고 의지하게 되고 온전하게 하나님의 사람이 된다. 그런 사람에게 주시는 복이 더 있다.

"이에 성경이 이른바 아브라함이 하나님을 믿으니 이것을 의로 여기셨다는 말씀이 이루어졌고 그는 하나님의 벗이라 칭함을 받았나니"(야고보서 2:23). 하나님은 아브라함을 친구로 여기셨다. 사람에게 주어진 복 중 이보다 더 큰 복이 있을까? 사실 앞서 말한 물질적인 복은 부수적이고 이것이야말로 실로 하나님이 주시기 원하시는 복이다. 아브라함처럼 하나님 한 분만 의지하고 바라보며 부르신 길을 가는 사람만 받는 복이다.

하나님께서 지금 우리도 부르고 계신다. 우리도 아브라함처럼 순종함으로 떠나면 좋겠다. 그래서 우리도 자녀들에게 복의 통로가 되면 좋겠다. 우리 믿음의 부모님들이 새벽마다 나라와 민족을 위해 기도하신 것처럼, 우리도 날마다 자녀를 위해 기도하고, 또 이 아이들이 살아갈 사회와 나라를 위해 기도하면 좋겠다. 그래서 우리가 믿어서 받은 복이 우리 대에서 끝나지 않고 다음 세대로 이어지고,

또 우리 다음 세대는 전 세계 하나님을 믿지 않는 40억이 넘는 사람들에게 복음을 전하여 예수님의 복이 흘러가는 통로가 되면 좋겠다. 상상만 해도 멋지다. 거기에 하나님의 벗으로 불리는 복까지 받는다면, 우린 완전 복덩이가 되는 것이다.

부모님께 안부 전화 드리시길

출애굽기 20:12

12 네 부모를 공경하라 그리하면 네 하나님 여호와가 네게 준 땅에서 네 생명이 길리라

 십계명을 크게 이분하면 하나님에 대한 계명과 사람에 대한 계명으로 나누어진다. 사람에 대한 계명 중 첫 번째가 부모에 대한 것이다. 인간관계에서 부모와 자녀 관계가 가장 가깝고 또 그만큼 중요하기 때문이다. 이 관계에서 문제가 생기면 정서 장애 혹은 인격 장애가 발생해서 평생 불행하게 살 수 있다. 또는 뭔가 풀지 못한 숙제를 안고 사는 것처럼 답답하고 괴로울 수 있다. 하나님은 그것을 아시기 때문에, 하나님과 관련된 계명이 끝나자마자 바로 부모에 대한 계명을 주셨다. "네 부모를 공경하라." 그리고 약속까지 더해 주셨다. "그리하면 네 하나님 여호와가 네게 준 땅에서 네 생명이 길리라." 장수와 형통의 복을 약속하셨다. 이 부모-자녀 관계는 너무 중요해서 그의 백성이 이 관계를 잘 만들어 가기를 바라시는 것이다.
 부모 자녀 관계가 왜 그토록 중요한가? 그것이 이 땅에서 하나님

과 우리 관계를 가장 잘 이해하기 쉽고 피부로 느낄 수 있도록 도와 주기 때문이다. 우선, 부모는 하나님의 무조건적 사랑을 알게 한다. 요즘 그렇지 않은 부모들이 자주 매스컴에 등장하지만, 대부분 부모 는 자녀를 무조건적으로 사랑한다. 부모의 사랑을 통해 우리는 하나 님의 아가페 사랑을 경험한다. 어릴 때 특히 아버지로부터 충분히 사랑을 받지 못하였거나 혹은 이러저러한 문제가 있는 부모 밑에서 자란 사람은 신앙생활을 하더라도 하나님 아버지의 사랑을 선뜻 받 아들이지 못하는 경우가 많다. 왜곡된 아버지상이 하나님께 가까이 나아가는 것을 가로막기 때문이다. 그래서 하나님은 이 관계를 보호 하시기 원하신다. 가정마다 부모가 무조건적인 사랑으로 자녀를 키 움으로, 자녀들이 하나님의 사랑을 몸으로 경험하여 알고 하나님께 가까이 나아올 수 있기를 원하신다.

또 부모는 하나님의 훈육을 대신한다. 『정글북』의 모티브가 된 늑 대 소년 이야기에서 본 대로, 사람은 자라는 환경에 따라 사람이지 만 늑대처럼 될 수도 있다. 보고 듣고 배우는 것이 매우 중요하다. 하나님은 부모가 자녀를 하나님의 말씀을 따라 하나님의 사람으로 양육하길 원하신다. 부모는 가르치고 자녀는 배워서, 지혜와 키가 자라며 하나님과 사람에게 사랑받는 자로 우리 자녀들이 성장하길 원하신다.

하나님의 사람으로 성장하기 위해 이 교육과 훈련의 과정이 너무 나 중요하기 때문에 하나님은 부모 자녀 관계를 가장 귀하게 여기 신다. 이 가정에서의 교육과 훈련은 어떤 기관도 대신해 줄 수 없다.

어느 정도는 해 주겠지만, 깊은 사랑에서 우러나는 따끔한 훈계만큼 아이의 마음과 생각을 동시에 바른길로 인도하는 것은 없다.

자녀는 부모에게 순종함을 통해 하나님께 순종함을 배운다. 사회생활을 함에 있어 대인관계 문제의 대부분은 부모에게 이 순종을 제대로 배우지 못한 데서 비롯된다. 나아가 부모에게 순종함을 배우지 못하면 하나님 말씀에 순종하기도 어렵다. 부모에게 순종함을 배우는 것은 대개 어린 나이에 이루어져야 하는데, 그것을 어릴 때 배우지 못했다는 것은 이미 자기중심적인 사고방식으로 생각이 굳어졌다는 뜻이기 때문이다.

하나님이 우리와 관계하실 때 제일 분노하시는 일은 바로 우리가 고집불통으로 순종하지 않고 우리 맘대로 하는 것이다. 하나님은 이스라엘 백성이 하나님을 격노하게 했을 때마다 그들을 '목이 곧은 백성'이라고 말씀하셨다. 영어로 stiff-necked people 이다. 목이 딱딱하게 굳어서 도무지 굽혀지지 않는 사람들이란 뜻이다. 우리가 아무리 하나님의 백성이 되어서 하나님께 영광을 돌리고 우리도 그 복을 받아 누리며 살고 싶어도, 또 하나님께서 우리에게 복을 주고 싶으셔도, 우리가 순종하지 않고 멋대로 해 버리면 하나님도 방법이 없다. 그 뻣뻣한 목을 꺾어버리는 수밖에 없다. 그러나 그것은 하나님에게도 우리에게도 피차에 너무 고통스러운 일이다. 그래서 하나님은 자녀들이 일찍부터 부모로부터 순종을 배우기를 원하신다.

순종은 어릴 때 배우지 않으면 배우지 못한다. 어린 아기 때 순종을 가르치지 않고 나중에 가르치려면 늦을 수 있다. 대개 열 살 전에 회초리를 들어서라도 부모 말씀에 순종하는 것을 가르쳐야 한다. 할아버지 수염을 잡고 흔들어도 아이가 귀엽다고 "오냐 오냐" 하다 보면, 나중에 커서 사회생활 하는 데도 어려움이 있고 신앙생활 하는 데도 어려움이 크다. 하나님이 부모 자녀 관계를 왜 그토록 중시하시는지 이유이다.

이 중요한 관계를 잘 맺어 가는 방법이 바로 부모를 공경하는 것이다. 이 땅에서 부모님을 하나님 대신으로 생각하고 주님께 대하듯 사랑하고 높이고 섬기는 것이다. "보는 바 그 형제를 사랑하지 아니하는 자는 보지 못하는 바 하나님을 사랑할 수" 없다(요한일서 4:20). '보는 바 부모를 공경하지 아니하는 자는 보지 못하는 바 하나님을 공경할 수 없다'고 할 수 있다. 그런데 왜 공경일까? 이것은 하나님이 부모로서 사명과 역할을 잘 감당하도록 부모에게 주신 권위때문이다. 부모는 무조건적인 사랑을 베풀며 주의 교양과 훈계로 순종을 가르치고 자녀는 그런 부모를 공경할 때, 하나님이 목적하신 모든 뜻을 이룰 수 있기 때문이다.

부모-자녀는 한 대에서 끝나는 것이 아니라 대대로 이어지는 관계다. 오늘 나는 우리 부모의 자녀이면서 우리 자녀의 부모이다. 이 관계가 아름답게 이어지기 위해서는 오늘 중간에 있는 내가 어떻게 하느냐가 매우 중요하다. 나의 자녀가 나를 그대로 보고 배울 것이기 때문이다. 부모가 자신의 부모를 공경하는 것을 보면 자녀들은 자연스럽게 부모를 공경하는 것을 배우고 자란다. 그것은 하나님의 약속의 말씀을 따라 나를 복 받게 하고, 자녀들을 하나님 앞에 복 받는 자들로 살게 할 것이다.

오늘은 부모님께 안부 전화 드리시길.

순종의 역설

사무엘상 15:10-23

22 사무엘이 이르되 여호와께서 번제와 다른 제사를 그의 목소리를 청종하는 것을 좋아하심 같이 좋아하시겠나이까 순종이 제사보다 낫고 듣는 것이 수양의 기름보다 나으니
23 이는 거역하는 것은 점치는 죄와 같고 완고한 것은 사신 우상에게 절하는 죄와 같음이라 왕이 여호와의 말씀을 버렸으므로 여호와께서도 왕을 버려 왕이 되지 못하게 하셨나이다 하니

이스라엘 백성이 주변 다른 민족들처럼 자기들도 왕을 세우고 싶어 하자 하나님께서 그들에게 왕을 주셨다. 그 첫 왕이 사울이었다. 사울은 키도 크고 풍채가 좋았다. 처음에 자신이 왕이 될 것을 알았을 때, 그는 매우 겸손했다. '저는 지파도 미약하고 가문도 미약하고 자신도 없는데요 어찌 나 같은 사람이 왕이 되겠습니까?' 이런 마음이었다.

왕으로 기름 부음을 받은 후 얼마 지나지 않아 암몬 자손이 쳐들어오자, 사울은 하나님의 영에 감동되어 용감하게 떨치고 일어났다.

전국에 전령을 보내 이스라엘 사람들을 규합해서 암몬 자손을 물리치고 큰 승리를 거두었다. 이것이 계기가 되어 그는 이제 이스라엘 모든 백성에게 왕으로서 인정을 받게 되었다. 그리고 나서 2년 후 블레셋이 쳐들어왔다. 어마어마한 병력을 동원하여 이스라엘을 쳐들어왔다. 이스라엘 사람들은 겁에 질려 숨거나 도망가기 급급했다.

하나님께서 하나님의 일을 맡기는 사람에게 하시는 테스트가 있다. 순종 테스트이다. 순종 테스트를 하시는 이유는, 마치 회사에서 직원을 뽑을 때 회사의 방침을 잘 알고 따를 사람을 뽑는 것과 같다. 하나님의 뜻을 잘 알고 그것을 전적으로 따르는 사람이어야 하나님께서 그분의 뜻을 마음껏 이루실 수 있으므로, 하나님의 말씀에 대한 순종의 여부는 하나님의 일군으로 쓰임을 받는 것에 있어 매우 중요한 가늠자이다.

이제 사울에 대한 첫 번째 테스트가 주어졌다. 사울은 길갈에서 백성과 함께 사무엘을 기다렸다. 사무엘이 일주일이면 온다고 해서 일주일을 기다렸으나 사무엘은 오지 않았다. 그러자 백성이 사울을 떠나기 시작했다. 사울은 급한 마음에 자기가 번제를 드렸다. 하지만 얄궂게도 번제 드리기를 마치자마자, 때를 기다렸다는 듯이 사무엘이 나타났다. 사무엘이 물었다, "왕은 지금 무슨 일을 하셨습니까?" 사울이 변명했다, "백성은 내게서 흩어지고 당신은 정한 날 오지 않고 블레셋 사람들은 금방이라도 쳐들어올 것 같은데, 여호와께 은혜를 간구하지 못하였기에 부득이하여 번제를 드렸나이다." 이것이 사울의 첫 번째 불순종 사건으로, 그냥 읽으면 사울 입장이 충분히 이해가 간다. 그 입장이라면 우리도 그렇게 했을 것 같다.

그러나 사울은 하나님의 순종 테스트에 낙방했다. 만약 여러분이 "나도 그랬을 거야." 한다면 여러분도 낙방하신 것이다. 하나님의 율법에 제사는 천지가 개벽하는 일이 있어도 제사장 외에는 아무도 드릴 수 없었다. 아무리 급한 마음이라 해도, 할 수 있는 일이 있고 결코 해서는 안 될 일이 있다. 사울은 절대로 하지 말았어야 할 그 일을 했다. 그것은 충분히 인간적으로 그럴 수 있는 상황이라 해도, 그 마음 깊은 곳에 하나님에 대한 경외가 없고 자기중심적인 생각이 있음을 보여 주었다. 진짜 순종은 순종하기 어려운 상황에서도 순종하는 것이다. 순종하기 쉬운 상황에서 순종하는 것은 테스트라고 할수 없다. 사울이 진짜 하나님을 경외했다면, 번제가 아니라 아무것도 할 수 없는 그 상황에서 하나님의 도우심을 구하는 기도를 드렸을 것이다.

그러나 사울이 순종 테스트에 낙방했음에도 불구하고, 하나님은 사울을 도와주셨고 사울은 블레셋과의 전쟁에서 다시 큰 승리를 거두었다. 하나님은 그의 불순종을 지적하셨으나, 여전히 은혜를 베푸신 것이다. 이후로 사울은 모압·암몬·블레셋 등 사방의 적들과 전쟁을 할 때마다 이겼다. 사울은 왕으로 자신의 입지를 점점 강화했다. 문제는 그가 하나님이 지적하셨던 불순종의 교훈을 잊어버린 것이다.

하나님은 사울을 한 번 더 테스트하신다. 이것은 우리가 학교에서 낙제하면 다시 시험을 봐서 구제받을 기회를 얻는 것과 같다. 하나님은 사울에게 지난번 시험에서 탈락한 것을 만회할 기회를 주셨다. 이번엔 출애굽 당시 이유 없이 이스라엘 백성을 쳤던 아말렉 족속을 치되 사람과 가축 가릴 것 없이 모든 소유를 남김없이 진멸하라는 것이었다. 사울은 곧장 가서 아말렉을 쳤다. 그러나 이번에도 하나님의 명령을 따르지 않았다. "사울과 백성이 아각과 그의 양과 소의 가장 좋은 것 또는 기름진 것과 어린 양과 모든 좋은 것을 남기고 진멸하기를 즐겨 아니하고 가치 없고 하찮은 것은 진멸하니라"(사무엘상 15:9). 사무엘이 이것을 알고 기가 막혀서 왜 이렇게 했냐고 다그쳤을 때, 사울은 "백성이 당신의 하나님 여호와께 제사하려 하여 양들과 소들 중에 가장 좋은 것을 남겼다."라고 변명했다. 사울은 진멸하기 아까운 것을 남겨 두고는 백성을 핑계 대고 제사를 핑계 대었다. 아마 백성 눈치도 보았을 것이다. 그들의 비위를 잘 맞추어야 왕위가 보전될 것으로 생각했을 것이다.

사울의 이 대답에 사무엘은 호통을 치면서 말하였다. 그가 한 말을 좀 더 쉽게 풀면 이렇다. "하나님께 제사 지내려고 좋은 것을 남겼다고요? 하나님이 자신의 말을 듣지도 않는데 그 제사를 받으실까요? 제사 지내려 하지 말고 하나님 말씀을 들으려고 하십시오!" 왜일까? 하나님에 대한 불순종은 다른 우상을 섬기는 죄와 같기 때문이다. 사울의 경우 그 우상은 자기중심적인 생각이었다. 자기 생각이 하나님 명령보다 더 낫다고 생각한 것이다. 사울은 다시 테스트에서 낙방했다. 그 결과 사울에게서 왕위가 다윗에게로 옮겨졌다. 하나님은 깨닫고 돌아설 기회를 주셨지만, 사울은 안타깝게도 그렇게 하지 못했다.

그럼 순종한다는 것은 무엇인가? 사울 이야기에서 볼 때, 그것은 자기 부인이다. 내 생각을 넘어서 하나님 말씀에 올인All in하는 것이다. 내 생각과 하나님 명령을 비교하지 말고, 하나님의 선하심과 온전하심을 믿기 때문에 무조건 하나님 말씀을 따르는 것이다. 왜냐하면 내 생각이 아무리 옳게 보여도 이미 죄로 오염되고 불완전한 것이기 때문이다. 우리가 성령 충만하면 하나님의 생각과 내 생각이 일치된다. 그때는 순종하는 것이 전혀 문제가 되지 않는다. 그러나 하나님의 말씀과 내 생각이 어긋난다면 잘못된 것은 백 퍼센트 내 생각이다. 대개는 이것을 잘 인식하지 못하기 때문에, 내 생각대로 하는 것이 더 낫다고 생각하고 불순종을 한다. 사울의 이야기가 성경에 있는 이유는 우리가 모두 사울과 같아서, 보고 반면교사로 삼으라는 것이다.

그렇다면 순종의 결과는 무엇인가? 당연히 하나님과의 친밀한 교제와 그분 안에 온전히 거하는 것이다. 여기에 한 가지 더 있다. 그것은 마음의 원하는 소원을 이루는 것이다. 순종의 역설이다. 하나님 뜻대로 하면 내 뜻은 못 이룰 것 같으나 순종이야말로 내 소원을 이루는 길이다. 사무엘은 사울이 순종하였더라면 "여호와께서 이스라엘 위에 왕의 나라를 영원히 세우셨거늘"이라고 말했다(사무엘상 13:13). 사울은 자신의 왕위를 지키려고 하나님의 법을 어기면서 번제를 드리고, 백성들의 눈치를 보고 하나님이 진멸하라고 한 것 중에 좋은 것을 남겼지만, 그의 왕위는 오래가지 못했다. 자기 당대로 끝나고 말았다. 그가 순종했더라면 오히려 그 왕위가 영원히 갔을 것이다. 순종이란 말이 부담이나 거북한 요구로 들리지 않으면 좋겠다. 순종은 하나님께서 우선순위를 분명히 정하신 다음 우리가 원하는 것을 주시는 방법이다. 내가 가지고 싶은 것을 빼앗으시는 것이 아니라, '하나님 먼저'를 배운 다음에 그것을 갖게 하시는 것이다.

〈만학의 기쁨〉

나는 공부를 좋아했다. 다른 것은 해도 잘 안 되는데 공부는 들어간 노력만큼 결과물이 나오는 것 같았다. 그래서 남편이 미국에서 유학할 때 살기가 무척 힘들었지만 참고 견디며 한 가지 간절하게 기도한 것이 있었다. 그것은 하나님께서 길을 열어 주셔서 나도 미국에서 공부하고 학위를 따는 것이었다. 그것도 하고 싶은 전공이 선교학이었기 때문에, 하나님이 길을 열어 주실 줄 믿고 기다렸다.

그러나 아니었다. 남편 공부가 거의 끝날 때쯤에 하나님께서 여러 상황을 통해 분명하게 "네 공부를 포기해라!"라고 하셨다. 나는 정말 이해가 되지 않았고 하나님이 너무 원망스러웠다. '내가 얼마나 바라고 기도했는데, 공부할 때만 기다리며 어떻게 참고 살았는데, 나에게 어찌 이렇게 하실 수 있지?' 하지만 길을 열어 주지 않으시니 포기하는 수밖에 없었다.

공부를 포기하고 나서 깨달은 것이 있었다. 그것은 공부가 그동안 나에게 큰 우상이었다는 것이다. 마치 고목이 깊이 뿌리를 내린 것처럼 공부에 대한 열망이 내 마음속에 깊이 뿌리를 내리고 있으면서 사실 모든 것을 좌지우지하고 있었다. 예를 들면, 하나님이 나더러 "너 이것 해라!" 하시면 "네 하나님, 그런데 공부 먼저 한 다음에

요." 이런 식이었다. 나는 공부를 하지 못해서 언제나 불행했고, 공부를 하기만 하면 세상을 다 가진 것처럼 행복할 것 같았다.

우상이 뿌리째 뽑히고 나니 마음이 텅 비고, 내가 하고 싶은 것도 주장할 것도 다 없어졌다. 하나님이 "너 이리 가라!" 하셔도 "네," "너 저리 가라!" 하셔도 "네" 할 수 있을 것 같았다. 토를 달지 않고 바로 순종하는 것이다. 나는 그전까지 스스로 하나님을 잘 믿고 하나님 말씀에 순종하는 줄 생각했다. 그것은 착각이었다. 공부를 포기하고 나서야 비로소 하나님께 온전히 순종하는 것이 무엇인지 알게 되었다.

오 년의 시간이 지났다. 그동안 남편의 유학 생활이 끝나고, 귀국하여 아이들이 한국 생활에 적응하며 입시를 준비하다 보니 정신이 없었다. 그런데 큰애가 대학에 들어가자 하나님께서 나에게 다시 공부하라고 하시는 것 같았다. 갑자기 주변의 지인들이 대학원에 진학하는가 하면, 아침 QT 말씀에서 '네 소원을 이루어 주신다'라고 하시고, 나를 그다지 잘 알지도 못하는 사람조차 나에게 "이제 아이들 컸으니 공부하면 되겠네요."라고 말했다.

처음에 나는 "공부는 포기했는데." 했다. 공부는 미국에서나 할 것으로 생각했었고 한국에서 다시 공부할 것은 생각지도 않고 있었다. 그러나 이런저런 모양으로 자극이 들어오면서, 봄바람에 버들개지 피어나듯 죽었다고 생각했던 꿈이 다시 스멀스멀 살아났다. 언제나 발목을 잡고 있었던 돈 문제도 저녁에 영어 과외를 하면서 해결되었다. 그래도 선뜻 결정하지 못하자, 주님은 이전과 달리 세 차례 똑같은 꿈을 통해서 공부하도록 인도하셨다.

2006년 가을, 나이 마흔다섯에 드디어 총신대 선교대학원 문을 두드렸다. 이십 년 만에 다시 하는 공부였다. 공부는 꿀맛과 같았다. 너무 재미있고 배우는 것이 많았다. 만학의 기쁨은 누려본 자만이 안다.

돌이켜 보면, 하나님께서 나의 공부를 막으신 데는 이유가 있었다. 내 안의 우상을 제거하시고 나의 참 주인이 되길 원하신 것이다. 하나님께서 내게 무슨 억하심정이 있어서 내가 그토록 원하는 것을 못 하도록 막으신 것이 아니다. 내 안에 잘못되어 있는 우선순위를 바로잡으신 후에 내 소원을 들어주신 것이다.

쉰셋에 나는 박사학위까지 받았다.

작은 헌신 큰 역사

에스라 1:1-11

1 바사 왕 고레스 원년에 여호와께서 예레미야의 입을 통하여 하신 말씀을 이루게 하시려고 바사 왕 고레스의 마음을 감동시키시매 그가 온 나라에 공포도 하고 조서도 내려 이르되

2 바사 왕 고레스는 말하노니 하늘의 하나님 여호와께서 세상 모든 나라를 내게 주셨고 나에게 명령하사 유다 예루살렘에 성전을 건축하라 하셨나니

…

5 이에 유다와 베냐민 족장들과 제사장들과 레위 사람들과 그 마음이 하나님께 감동을 받고 올라가서 예루살렘에 여호와의 성전을 건축하고자 하는 자가 다 일어나니

이스라엘 백성은 하나님에 대한 불신앙과 우상숭배로 결국 하나님께 심판을 받아 나라가 멸망 당했다. 많은 사람이 포로로 끌려가서 바벨론 땅에 흩어져 살았다. 예레미야 선지자를 통해 하나님은 나라가 망하고 나서 칠십 년 후에 바벨론을 무너뜨리고 이스라엘을

회복시켜 주실 것을 예언하셨다. 말씀하신 그대로 페르시아 왕 고레스가 바벨론 제국을 무너뜨리고 이스라엘 백성의 본토 귀환을 허락했다.

그래서 사람들이 돌아오기 시작했다. 많은 역경과 난관을 뚫고 무너진 예루살렘 성전을 재건하고자 했다. 이 성전 재건은 하나님의 백성으로서 정체성 회복과 민족 공동체 재건을 위해 필수적인 일이었다. 하지만 그 일은 그들만을 위한 것은 아니었다. 2500년 전 그들의 본토 귀환과 성전 재건이 없었다면 오늘 우리가 이렇게 하나님을 믿고 살 수 없을지도 모른다. 그만큼 그들의 귀환과 회복은 하나님 나라를 위해 중요한 일이었다.

하나님은 말씀하신 것을 지키고 약속하신 것을 이루시는 분이다. 당시 바벨론은 세계 최강국이었다. 황금의 제국이었고 유프라테스 강 위에 지어져서 난공불락의 요새라고 알려져 있었다. 그렇지만 바벨론은 하나님이 민족들의 불의와 사악함을 심판하시고, 무엇보다 하나님의 백성 이스라엘을 징계하시고 거룩하게 만드시기 위해 사용하신 도구에 불과했다.

사실 이스라엘 백성은 나라의 멸망과 포로 됨을 통하여 고질적인 우상숭배 죄악을 비로소 떨쳐 버리게 된다. 고고학 발굴에 따르면, 포로기 이전에는 이스라엘 땅 산당들에서 신상들이 발견되었으나 포로기 이후에는 신상들이 완전히 사라졌다고 한다. 아이러니지만 예루살렘 성전이 파괴되면서 여러 신을 섬겼던 백성이 유일신 신앙을 지키게 된다. 그러므로 예루살렘의 멸망과 심판은 그분의 백성을 거룩하게 만들어 가시려는 하나님의 계획이었으며, 바벨론은 그 뜻을 위해 사용되었을 뿐이다.

하나님은 사람들의 마음을 감동시키심으로 일을 하게 하신다. 그는 고레스 왕의 마음을 감동시키셨고, 포로로 살던 유대인들의 마음을 감동시키셨다. 칠십 년이면 바벨론에 사로잡혀 간 1세대는 대부분 죽었을 것이며, 거기서 태어난 자녀들도 정착해서 자리 잡고 살았을 시간이다. 다시 짐을 싸서 황폐한 고국 땅으로 돌아오기 위해서는 마음에 큰 결단이 필요했을 것이다. 그러나 하나님은 나라와 민족을 사랑하고 무너진 성전을 재건하고자 하는 소원을 사람들의 마음에 주셔서 일어나게 하셨다. 그렇게 귀환한 사람들이 대략 오만여 명이라고 한다. 이들은 바벨론에서 예루살렘까지 1,300km가 넘는 거리를 사 개월 동안 걸어서 돌아왔다.

고난과 역경이 기다리고 있을 것을 알았지만 하나님이 주시는 감동을 안고 자원하여 그 먼 길을 떠나 다시 예루살렘으로 돌아온 사람들이 있어서, 사실 오늘 우리 신앙이 있는 것이다. 그들은 그저 단순한 생각으로 고향에 돌아왔을 수 있지만, 그들로 인해 하나님의 백성으로 이루어진 신앙공동체가 다시 형성되었고, 그로써 예수 그리스도가 오시는 길이 준비되었기 때문이다.

오늘 우리가 하는 작은 헌신도 마찬가지일 수 있다. 하나님이 주시는 감동이 큰 것도 있고 작은 것도 있을 터이지만, 대부분 경우 우리 눈에 보기에 별것 아닌 작은 것일 수 있다. 내가 그것을 하고 하지 않는 게 큰 의미가 없어 보일 수도 있다. 그래서 이런저런 이유가 생기면 그것을 무시해 버릴 수 있다. 그러나 하나님은 우리의 그 작은 헌신들을 사용하셔서 하나님의 큰 뜻을 이루어 가신다.

언젠가 담임 목사님이 주일 설교에서, 사라가 죽었을 때 아브라함이 하나님께서 가나안 땅을 주리라 하신 약속을 믿고 필요 이상의 대가를 지불 하면서까지 막벨라 굴을 샀던 그 작은 행위가 후에 이스라엘 민족이 애굽에서 가나안 땅으로 돌아오게 되는 발판이 되었다고 했다. 나는 그 말씀을 들으며 큰 은혜를 받았다. 그것은 우리 삶의 모든 작은 일들을 의미 있는 일들로 만드는 말씀이었다. 우리는 앞에 일어날 일들을 다 알지 못한다. 그러나 우리 삶의 순간순간에 주시는 하나님의 감동을 따라 우리가 믿음으로 행할 때, 하나님은 그것들을 사용하셔서 하나님의 큰일을 이루어 가신다. "너희 안에서 행하시는 이는 하나님이시니 자기의 기쁘신 뜻을 위하여 너희로 소원을 두고 행하게 하시니"(빌립보서 2:13).

감동을 주시고 자원하는 마음을 주신다는 말씀은 우리가 그것을 무시하거나 거부할 수도 있다는 뜻이다. 우리가 그것을 기쁘게 받아서 순종할 때 하나님은 더욱 기뻐하심으로 우리와 함께하시며, 더 많은 하나님의 뜻을 알려 주시고 그것을 이루도록 우리를 이끄실 것이다. 선교지 가난한 아이들에게 작은 선물 상자 보내는 일 같은 정말 해도 되고 안 해도 되는 일이라도, 만약 하나님께서 마음에 감동을 주시면 기쁘게 참여하는 것이 필요하다. 그 작은 행위가 그 아이들의 삶 속에 하나님의 크신 역사를 이루는 통로가 되게 하실 것이다.

4장

신앙 전수의 중요성

이스라엘 자녀들이 가나안 문명에 혹해서 하나님을 버렸으나 그 결과는 그들이 바란 풍요가 아니라 오히려 침략당하고 노략당한 것뿐이었다. 우리 자녀들도 하나님을 제대로 배우지 못한다면, 앞으로 펼쳐질 현란한 기술 문명 앞에서 신앙을 가볍게 던져 버릴 것이다. 그 결과 우리 아이들 역시 그 영혼이 노략당하고 강탈당할 것이다.

노아는 어떻게 믿음을 지켰을까?

창세기 6:8-9

8-9 그러나 노아는 여호와께 은혜를 입었더라 이것이 노아의
족보니라 노아는 의인이요 당대에 완전한 자라 그는 하나님과
동행하였으며

창세기 연대기를 따르면 노아 홍수는 아담의 창조부터 약 1600(1656)
년이 지난 후에 일어난다. 하나님은 사람의 죄악이 세상에 가득하고,
생각하는 모든 계획이 항상 악할 뿐임을 보시고 사람 지으신 것을
한탄하시면서, 자신이 지으신 모든 것을 지면에서 쓸어버리시기로
작정하셨다. '한탄하다'는 말은 영어 regret(후회하다)으로도 번역된
다. 뼈저리게 후회가 될 정도로, 명치 끝이 아파 어쩔 수 없을 정도
로 사람들이 악한 것이 슬프셨다는 뜻이다. 그래서 참다못해 자신이
지으시고 그토록 기뻐하셨던 모든 창조물을, 인간을 포함해서, 완전
히 쓸어버릴 작정을 하신 것이다. 그런데 "노아는 여호와께 은혜를
입었다"(창세기 6:8).

은혜를 입었다는 것이 무슨 뜻인지는 문맥에서 쉽게 알 수 있다.

노아는 쓸어버리지 않고 살려 주신다는 뜻이다. 왜냐하면 "그는 의인이요 당대에 완전한 자라 그가 하나님과 동행하였기" 때문이다(9절). 성경에서 의인은 하나님을 믿는 사람을 가리킨다. 바로 노아는 하나님을 믿었고 하나님 말씀에 순종하며 하나님과 동행하며 살았다.

그런데 여기서 노아는 어떻게 온 세상이 타락했을 때 같이 타락하지 않고 자기 믿음을 지킬 수 있었을까? 나는 궁금했다. 그리고 성경을 다시 자세히 보면서 그 이유를 알게 되었다. 그것은 노아가 자기 할아버지, 아버지 그리고 분명히 할머니, 어머니에게 신앙을 배우고 물려받았기 때문이었다.

노아의 할아버지는 므두셀라이고 므두셀라의 아버지는 하나님과 동행한 것으로 유명한 에녹이었다. 에녹은 하나님과 동행하면서 벌써 이 땅이 죄로 인해 심판받을 것을 알았다. "아담의 칠대 손 에녹이 이 사람들에 대하여도 예언하여 이르되 보라 주께서 그 수만의 거룩한 자와 함께 임하셨나니 이는 뭇 사람을 심판하사 모든 경건하지 않은 자가 경건하지 않게 행한 모든 경건하지 않은 일과 또 경건하지 않은 죄인들이 주를 거슬러 한 모든 완악한 말로 말미암아 그들을 정죄하려 하심이라 하였느니라"(유다서 1:14-15).

에녹은 아들의 이름을 므두셀라라고 지었다. 그 이름 속에 "이 아이가 죽으면 심판이 있을 것이다"의 의미가 들어 있었다. 므두셀라는 969세로 성경에서 가장 오래 산 사람이다. 므두셀라가 369세일 때 노아가 태어났고, 므두셀라가 죽던 해에 바로 홍수가 일어났다. 므두셀라는 노아가 태어나서 홍수가 있기까지 무려 600년을 함께 살면서 노아에게 신앙을 가르칠 수 있었다. 자기 이름 속에 심판이 있을 것을 예고하는 사람이 어떻게 살았을까? 분명 부지런히 가르쳤을 것이다, 앞으로 심판이 있을 것을. 물론 사람들은 믿지 않았다. 그러나 자기 아들과 손자에게는 더 열심히 가르쳤을 것이고 그들은 믿었다. 어떻게 알 수 있는가? 바로 노아는 의인이었고 하나님과 동행했다는 사실이 그 증거이다. 믿음은 들음에서 난다(로마서 10:17). 노아가 듣지도 않고 믿음을 가질 수는 없었다.

세상이 죄악으로 가득 찬 상황에서 노아가 무슨 수로 자기 혼자 힘으로 하나님을 잘 믿을 수 있었을까? 그것은 불가능했다. 하나님도 이것을 아셨기 때문에 므두셀라 할아버지를 홍수가 나던 해까지 노아 옆에 있게 하셨다. 노아를 죽음에서 구해 준 것은 바로 (조)부모님이 물려 준 신앙이었다. 우리 자녀들 정말 귀하다. 이렇게 귀한 자녀들을 죽음에서 구하는 것은 바로 부모의 신앙이다. 자녀가 저절로 믿음의 사람이 되는 것은 결코 아니다.

한 가지 더 살펴볼 것이 있다. 바로 은혜라는 단어이다. 구약성경에서 은혜라는 단어는 여기서 처음으로 등장한다. "노아는 여호와께 은혜를 입었더라." 노아가 여호와께 은혜를 입은 이유는 오직 한 가지, 그가 죄 없는 완전한 사람이었기 때문이 아니라 하나님과 교제하고 동행하는 사람이었기 때문이었다. 하나님은 은혜의 하나님이시다. 그분은 은혜 주실 사람을 찾고 계신다. 창조한 모든 생물을 지면에서 다 쓸어버리려고 작정하실 만큼 상황은 심각했지만, 하나님은 그 와중에서도 은혜받을 만한 사람을 찾으셨고, 그 사람을 찾았을 때 말로 다 할 수 없이 큰 은혜를 부어 주셨다. 지면의 모든 생물이 멸망하는 데서 그를 구원하셨고, 나아가 그를 통해 새로운 세상을 만드시고자 하셨다.

하나님은 지금도 은혜받을 사람을 찾고 계신다. "보라 지금은 은혜받을 만한 때요 보라 지금은 구원의 날이로다"(고린도후서 6:2하). 노아 때에도 하나님은 사람들에게 기회를 주셨다. 그러나 사람들은 그들이 사는 세상이 영원할 줄 생각하고 전혀 반응하지 않았다. "홍수 전에 노아가 방주에 들어가던 날까지 사람들이 먹고 마시고 장가들고 시집가고 있으면서 홍수가 나서 그들을 다 멸하기까지 깨닫지 못하였다. **인자의 임함도 이와 같으리라**"(마태복음 24:38-39).

'인자의 임함도 이와 같으리라'에 우리가 주목하면 좋겠다. 이 땅의 삶에만 관심을 가지고 거기에만 코를 빠뜨리고 산다면, 예수님이 다시 오실 때 노아 시대 사람들처럼 심판을 피할 수 없을 것이다. 맥스 루케이도Max Lucado 목사님이 언젠가 설교에서 새로운 나라가 오는 것을 아기의 출산 진통에 비유하는 것을 들었다. 출산이 다가올수록 진통의 주기는 짧아지면서 격렬해진다. 예전부터 말세의 징조들이 있었지만, 점점 그 주기가 짧아지고 강도가 거세지고 있다. 코로나가 결코 끝이 아니다. 또 분명 무엇이 올 것이다. 예수님 다시 오실 날이 정말 얼마 남지 않았다는 뜻이다. 그런데 우리가 기억해야 할 것은 예수님은 은혜 입을 자들을 찾고 계신다는 것이다. 우리와 우리 자녀들이 살길은 그 예수님께 은혜 입을 자들로 발견되는 것뿐이다.

노아는 어떻게 믿음을 지켰을까? (조)부모가 믿음을 대물림하였기 때문이다. 우리 자녀들은 어떻게 믿음을 지킬까? 부모에게 답이 있다.

미래 - 그 환상의 시대

사사기 2:8-15
10 그 세대의 사람도 다 그 조상들에게로 돌아갔고 그 후에 일
어난 다른 세대는 여호와를 알지 못하며 여호와께서 이스라엘
을 위하여 행하신 일도 알지 못하였더라.

출애굽 2세대는 믿음의 세대로, 가나안 땅을 정복하여 약속의 땅
을 주시고자 하신 하나님의 뜻을 이루었다. 그러나 신앙을 물려받지
못한 출애굽 3세대 또는 가나안 정착 세대 이야기는 사뭇 판이하다.

가나안을 정복하고 지파마다 땅을 분배하고 드디어 이스라엘 백
성이 가나안 땅에 정착하게 되었다. 처음에는 하나님을 잘 믿었다.
"백성이 여호수아가 사는 날 동안과 여호수아 뒤에 생존한 장로들
곧 여호와께서 이스라엘을 위하여 행하신 모든 큰일을 본 자들이 사
는 날 동안에 여호와를 섬겼더라"(사사기 2:7). 그러나 가는 세월을
막을 수 없어 여호수아도 죽고 장로들도 죽고, 그다음 세대 즉 가나
안 정착 세대가 주역이 되는 시대가 되었다. 문제는 이들이 하나님
도 알지 못하고, 하나님께서 이스라엘을 위하여 행하신 일도 알지

못했다는 것이다. 그들은 곧 하나님을 버리고 가나안 땅의 신들인 바알과 아스다롯을 섬기기 시작했다. 불과 한 세대 만에 말도 안 되는 일들이 일어난 것이다. 어떻게 이런 일이 일어났을까?

출애굽 2세대는 믿음이 탁월한 세대였다. 그들은 여호수아의 지시 아래 아간의 경우를 제외하곤 철저하게 하나님의 말씀에 순종했고, 그럼으로써 그 불가능해 보였던 가나안을 정복하였다. 민족의 숙원이자 일생일대의 꿈을 달성하였다. 홍해 앞에서 출애굽 1세대가 모세를 원망하며 우리를 죽게 하려고 이곳으로 인도하였냐고 한 것과 정반대로, 출애굽 2세대는 도도히 흐르던 요단강물 앞에서도 한마디 불평하지 않았다. 여리고 성이 굳게 닫혀 있었을 때도 하나님 말씀에 순종하여 행함으로 그 큰 성을 한 방에 무너뜨렸다. 기브온 거민을 구하는 전쟁에서 태양과 달이 멈추어 섰을 때 죽기 살기로 싸워서 남방 연합군을 섬멸시켰다. 애굽에서 막 나온 출애굽 1세대는 그들 자신의 믿음보다 하나님이 일방적으로 베풀어 주신 크신 구원의 역사를 경험했다면, 광야에서 자란 출애굽 2세대는 모세가 가르친 말씀을 듣고 자라면서 하나님 말씀에 순종함으로 하나님의 크신 역사를 이루는 데 동참한 사람들이었다. 이 사람들이야말로 믿음의 사람들이었다.

그런데 어떻게 하여 그 바로 다음 세대는 그렇게 180도 다르게 되었을까? 이 지점에서 우리는 자녀를 키우는 부모로서 우리에게 주시는 교훈을 잘 받아야 할 것이다. 그것은 신앙의 전수는 결코 쉬운 일이 아니며 가만히 두어서 그냥 이루어지지 않는다는 것이다. 출애굽 2세대는 본인들의 믿음이 출중하였고 그 믿음으로 큰 역사를 이루었으나, 자녀들을 신앙으로 양육하는 일에는 실패하였다. 아마도 자신들이 믿음이 좋으니까 자녀들도 따라서 믿겠거니 했을 수 있다. 또는 전쟁하랴, 얻은 땅 개간해서 농사 지으랴, 해야 할 일이 너무 많고 중요해서 자녀들을 가르칠 시간이 없었을 수 있다. 어떤 이유에서건 그들은 자녀들에게 하나님과 하나님이 하신 일들을 가르치지 못하였고, 자녀들은 불신앙의 사람들이 되고 말았다. 신앙교육은 애써 하지 않으면 실패하고 만다. 그 이유는 무엇일까?

사사기 이야기에서 유추해 보면, 자녀들이 살게 된 가나안 땅의 문화는 그들에게 너무 매력적이었다. 이스라엘 민족은 광야에서 유랑민으로 떠돌며 살았다. 그들은 척박한 광야에서 하루하루 살아내는 것이 중요하였을 뿐, 문화라는 것을 발전시킬 기회가 없었다. 그에 비해 가나안 족속들은 정착민으로 한곳에 머물며 살면서 일찍부터 농경문화를 발달시켰고, 그것은 유목민이었던 이스라엘 사람들이 보기엔 극히 세련되고 멋져 보였을 것이다. 그들이 입은 옷, 사용하는 그릇, 심지어 그들이 섬기던 신과 신전을 꾸며 놓은 모양까지 멋지고 화려해 보였을 것이다. 물론 여호와와 그가 하신 일들을 경험했던 부모 세대 사람들은 그런 것들에 혹하지 않았다. 그러나 하나님도 그가 하신 일들도 막연히 듣기만 했을 뿐 제대로 알지 못했던 자녀들은 눈앞에 펼쳐지는 현란한 가나안 문화에 현혹되지 않을 수 없었다. 그들이 하나님을 버리고 가나안 신을 섬기게 된 것은 어쩌면 당연한 일이었다. 여호와는 자기 조상들 같은 유목민이 섬기던

신이며, 이제 자기들도 가나안 땅에 정착했으니 가나안 땅의 신 그것도 풍작을 가져다준다고 하는 바알 신을 섬겨야 한다고 생각했을 것이다.

모양은 달라도 우리와 우리 자녀들이 처한 상황은 가나안 땅에 정착하게 된 이스라엘 자녀들의 상황과 매우 유사하다. 세속의 문화가 화려하고, 세련되어 보이고, 그들이 섬기는 신들이 우리가 섬기는 하나님보다 훨씬 더 멋지고 힘이 있고 내가 원하는 것을 모두 가져다줄 것으로 보인다. 그래서 우리도 섬긴다. 돈의 신, 성공의 신, 건강의 신, 번영의 신. 여기까진 우리 세대도 아는 이야기이다. 그러나 우리 다음 세대 즉 우리 자녀들 세대는 우리가 받지 못한 더 큰 유혹을 받는 세상에서 살게 될 것이다.

지구 온난화라는 변수가 있긴 하지만 지금처럼 계속 기술이 발달한다면, 『2020 2040 한국교회 미래 지도』(생명의 말씀사, 2013)에서 미래학자 최윤식은 2040년 이후엔 가상 현실, 나노 기술, 바이오 기술, 우주공학 기술 등의 기술 혁명이 무르익어 인류 역사상 최고로 환상적인 삶의 환경이 만들어질 수 있다고 한다.

사람의 평균수명이 백 세를 넘고, 다양한 의학적·과학적 기술을 통해 인간을 괴롭히던 질병이 정복되고, 줄기세포 기술이 완성되어 동물을 복제하거나 인간의 장기만 복제하는 것이 아니라 몸에 좋다는 산삼이나 식자재까지 마음껏 생산해 냄으로 식량문제를 해결하고, DNA 조작으로 맞춤형 아기까지 출산할 수 있다고 한다. 2100년이 되면 인공지능을 이식하는 등 기계와 인간이 융합된 트랜스 휴먼

Transhuman이 보편화되고, 인간의 두뇌나 마음을 사이보그 등으로 옮기는 기술이 완성되면 인간과 기계의 경계가 모호해지면서 인간과 구별할 수 없는 휴머노이드Humanoid가 등장한다고 한다. 평균 수명은 200세도 넘긴다.

박영숙 씨가 쓴 『세계 미래 보고서 2045』(2015)에 의하면, 2056년에 단일 유기체로 합성할 수 있는 세포의 수가 100조 개에 도달하는데 이것은 인체 전체 세포의 수와 같은 것으로 유전자 합성 인간의 탄생을 상징한다. 이런 시대에 살면서 하나님에 대한 신앙을 지킬 수 있는 사람은 과연 몇 명이나 될까? 문제는, 그럴지라도 인간이 영원히 살지는 못한다는 것이다. 살아봐야 200년이다. 아무리 기술이 발달해서 초 슈퍼 인간이 만들어진다고 해도 인간은 죽을 수밖에 없다. 그리고 하나님의 심판대에 서야 한다.

이스라엘 자녀들이 가나안 문명에 혹해서 하나님을 버렸으나 그 결과는 그들이 바란 풍요가 아니라 오히려 침략당하고 노략당한 것뿐이었다. 우리 자녀들도 하나님을 제대로 배우지 못한다면, 앞으로 펼쳐질 현란한 기술 문명 앞에서 신앙을 가볍게 던져 버릴 것이다. 그 결과 우리 아이들 역시 그 영혼이 노략 당하고 강탈당할 것이다.

부모가 아무리 바쁘고 힘들다고 해도 앞으로 있을 상상하기 어려운 기술 문명의 발달에서 자녀들의 영혼을 약탈당하지 않으려면, 기회 있을 때 부지런히 하나님 말씀을 가르쳐서 어떤 상황에서도 하나님을 등지지 않는 철저한 신앙을 소유하게 해야 할 것이다. 다음 세대 신앙 전수는 애써 하지 않으면 결코 저절로 이루어지지 않는다.

5장

자녀교육과 훈련

어머니 요게벳이 갓난아기 모세를 보는 눈으로 자녀를 보는가? 우리 자녀를 통해 하나님의 영광이 나타나기를 소원하는 마음으로 보고 있는가? 자녀의 영적인 생명과 육적인 생명을 세상이 주는 위협에서 보호하기 위해 치밀하게 계획하고, 준비하고, 기도하며, 하나님의 손에 자녀를 맡기고 있는가? 세상의 부귀영화가 아무리 멋지고 화려해 보여도, 우리 자녀들이 그것에 물들지 않고 하나님의 자녀로서 정체성을 확실히 하고 자라도록 가르치고 있는가?

바벨탑의 축복

창세기 11:1-9

8 여호와께서 거기서 그들을 온 지면에 흩으셨으므로 그들이
그 도시를 건설하기를 그쳤더라

영어 하기 힘들 때마다 바벨탑 사건이 아쉽다. '아 그때 그러지만
않았어도 영어 때문에 내가 이 고생하지는 않을 텐데….' 요즘엔 또
아이들 영어 조기 교육으로 마음을 졸인다. '남보다 늦게 가르쳐서
손해 보지 않을까?' '다른 방법도 있었을 텐데 왜 하필 언어를 혼잡하
게 하셨을까?'

그러나 다시 한번 생각해 보자. 만약 온 세상이 한 가지 언어만 사
용한다면 어떨까? 너무 지루하고 단조롭지 않을까? 아마 지구상의
많은 민족이 그동안 만들어 온 다양하고 독특한 문화는 없을 것이
다. 언어가 같으면 사고방식이 같아지기 때문에 모든 것이 비슷해질
수 있다. 세계 여행도 의미가 줄어들 것이다. 어딜 가나 유사한 문화
이므로 여행이 주는 매력이 삭감할 것이다. 언어가 다양함으로 인해
인류는 다채롭고 풍성한 문화를 만들고 서로 그것을 보고 감탄하며

향유할 수 있다.

홍수 후에 얼마나 시간이 지났는지는 모른다. 노아의 자손들은 함께 모여 살았고 어디로 옮길 때도 같이 옮겼다. 살던 곳이 좁아서 동쪽으로 옮기다가 시날 평지 지금 메소포타미아 지역의 바벨로니아까지 온 것 같다. 이곳은 평원이라 널찍하니 모여 살기 좋았다. 그런데 문제는 이 사람들이 하나님의 명령을 대수롭지 않게 생각한 것이다. 하나님은 생육하고 번성하고 땅에 충만하라고 말씀하셨으나 그들은 흩어지기 싫어서 탑을 쌓기 시작했다.

"또 말하되, 자 성읍과 탑을 건설하여 그 탑 꼭대기를 하늘에 닿게 하여 우리 이름을 내고 온 지면에 흩어짐을 면하자 하였더니"(창세기 11:4). 그들이 탑을 쌓고자 한 것은 이해할 수 있다. 노아 자손들에게는 홍수에 대한 두려운 기억이 있었다. 하나님의 은혜로 구원을 받았고 하나님이 다시는 홍수로 멸하지 않으실 것을 약속하셨지만, 홍수 심판에 대한 두려움은 집단 무의식 속에 남아 있어서 다시 홍수가 나면 피할 수 있는 높은 곳을 만들고 싶었을 수 있었다. 문제는 그들의 동기가 꼭 그것만은 아니었다는 것이다. 더 먼저 나온 동기가 "탑 꼭대기를 하늘에 닿게 하여 우리 이름을 내고"였다. 아담과 하와의 범죄로 인해 인간 속에 들어온 죄성은 홍수 심판을 받았어도 없어진 것이 아니었다. 인간의 교만과 하나님에 대한 반역은 인간의 의식 속에 여전히 남아 있었다.

이 사건을 하나님 편에서 바라보면 어떤 이야기가 될까? 하나님은 온 세상을 매우 다양하고 다채롭게 지으셨다. 총천연색의 자연 세계가 얼마나 아름다운가! 사람도 마찬가지다. 어느 한 사람도 똑같지 않게 지으시고 (일란성 쌍둥이도 외모만 같고 성격이나 재능은 서로 다르다), 온 만물이 각각 독특성과 개성을 가지고 서로 조화를 이루며 살도록 지으셨다. 그리고 사람들이 온 세상에 흩어져 살면서 하나님이 지으신 세상을 아름답게 가꾸길 바라셨다.

그러나 사람들이 흩어지기 싫어서 한곳에 모여 살면서 인간 제국을 건설하려 했다. 이미 죄가 들어 왔기 때문에, 보나 마나 그 제국에서는 힘 있는 사람이 주인이 되어서 자기 마음대로 주물럭거리고 모든 것을 자기 원하는 대로 할 것이다. 거기엔 다양성이나 독창성은 완전히 무시되고, 오직 힘 있는 사람이 옳다고 주장하는 것만 남게 될 것이다. 그런 곳에서 사람들의 개성이나 독특성 역시 설 자리가 없고, 민주주의라는 것은 개념조차 생겨나지 못했을 것이다. 모든 것이 규격화되고 획일화되었을 것이다. 알고 보면, 바벨탑에서 인류를 흩으신 것은 보통 축복이 아니었다.

이 사건과 관련하여, 나는 자녀를 키우는 부모 입장에서 두 가지를 생각해 본다. 먼저 세상 교육 따라가려고 너무 애쓰지 말아야 한다. 그 교육 철학의 중심에 하나님이 계시지 않는다면, 그것은 모든 사람을 똑같이 만들어 버리고 하나님이 원래 주신 창의성과 독창성을 말살시키는 교육이 되기 쉽기 때문이다. 바벨탑을 쌓았을 때나 지금이나 사람들은 같이 뭉쳐 살기를 좋아한다. 그것이 좋은 점도 있지만, 하나님이 중심이 되지 않고 사람이 중심이 될 때 그것은 곧 인간 제국이 되어버리고 그 폐단은 잘 알려져 있다. 인간이 힘을 가진 듯 보이나, 실상은 모두가 자신의 주장이나 생각은 버리고 그 제국이 요구하는 통념과 관행에 복종하고 살아야 한다. 우리 자녀들을 세상 교육으로 무장시키게 되면 세상이 요구하는 것들만 잘하는 아이들이 될 것이다.

자녀가 풍부한 창의성을 가지고 폭넓게 사고하며, 자기 소신도 있고 자신감도 있어 다른 사람들과 다르게, 그러면서도 사회에 유익을 더하는 인물로 살기를 바란다면 자녀를 하나님과 함께 키워야 한다. 무조건 세상 교육에서 좋다고 하는 것 따라가려는 생각부터 버려야 한다. '어느 어린이집, 어디 유치원, 어느 학교가 좋다! 거기에 꼭 우리 아이 넣어야 한다!' 이런 집착도 버려야 한다. 들어갈 수 있으면 좋지만 혹 못 들어가도 괜찮다. 중요한 것은 모든 상황에서 주님과 상의하고 주님의 인도를 구하는 것이다. 아이의 마음과 생각 속에 하나님의 말씀을 심어 주는 것이다. 그렇게 해서 하나님이 키우시면, 훨씬 더 그 영혼이 자유롭고 창의적인 아이로 자라날 것이다.

그렇게 하다가 아이가 나중에 커서 무슨 일을 하면서 살지 걱정될 수 있다. 그러나 하나님이 인류를 바벨탑에서 흩으셨기 때문에 다양한 문화를 꽃피울 수 있었던 것처럼, 우리 자녀들을 세상의 일률적인 교육에서 벗어나 하나님과 함께 키울 때 오히려 하나님이 주신 재능과 은사를 다양하게 꽃피우고 열매 맺을 수 있다. 우리가 알지 못하고 보지 못하는, 그렇지만 하나님의 나라를 위해 누군가는 해야 하는 많은 일이 있다. 하나님은 우리 자녀들을 그런 일을 할 수 있는 일군들로 만드실 것이다.

그리고 우리도 흩어져야 한다. 다른 말로, 사람을 너무 의지하지 말아야 한다. 인간은 연약해서 자꾸 무엇인가를 의지하려고 한다. 그렇게 의지하며 살려고 바벨탑도 쌓았다. 그러나 그 사람이 누구이든, 남편이든 아내이든 부모이든 자녀이든, 사람을 의지하고 살려고 한다면 후에 생각지 않은 어려움을 겪을 수도 있다. 누군가 지나치게 의존할 때 가족이라도 그 관계에서 벗어나고 싶고, 반대로 기대가 충족되지 않을 때 배신감을 느낄 수도 있다. 근본적으로 가족은 믿고 의지하기도 하지만 그보다 사랑하고 섬기라고 주신 것이다. 사람은 또 아무리 인격이 훌륭하고 나를 사랑해 준다고 해도, 그 호흡이 코에 있고 수에 칠 가치도 없다(이사야 2:22). 언제 떠날지 모른다. 사람을 의지하지 말고 하나님을 의지해야 한다.

부모로서 우리는 우리 자녀들 역시 흩어지는 삶을 살게 해야 한다. 가족 멀리 떠나보내야 한다는 것이 아니라 독립적으로 키워야 한다는 것이다. 특히 하나님 앞에서 독립적인 인격이 되도록 키워야 한다. 자녀는 내 자녀만이 아니다. 내 자녀이기 전에 하나님의 자녀 됨이 먼저다. 하나님께서 부모에게 자녀를 돌보고 키울 시간을 주셨다. 특수한 상황이 아니라면 대개 그 기간은 아이가 고등학교를 졸업할 때까지일 것이다. 그 시간 안에 최선을 다해 자녀를 가르친 다음, 그 시간이 다하였을 때는 주저 없이 떠나보낼 수 있어야 한다. 무엇보다 그 자녀가 하나님 앞에 홀로 설 수 있도록 축복하며 마음에서 떠나보내야 한다. 이 떠나보냄이 고통스러울 수도 있다. 그러나 그것을 잘 준비한다면, 더는 사람을 의지하지 않고 하나님만 의

지하며 자신의 삶을 누구보다 멋있게 살아가는 어엿한 자녀의 모습
을 보게 될 것이다.

〈아들의 독립〉

큰아이는 학교에서 여전히 기독교 동아리 활동을 하면서 주일에는 원룸에서 가까운 큰은혜 교회에 나가 예배를 드렸다. 교회 대학부에도 등록하였고, 주일뿐 아니라 자주 교회에 가서 기도하였다. 이 모습이 대학부 담당 목사님 눈에 들었나 보았다. 느닷없이 아이에게 대학부 회장직을 맡으라는 요청이 왔다. 대학부에서 열심히 활동한 것은 아니었기 때문에 처음에 아이는 말도 안 되는 소리라고 생각하였으나, 따지고 보면 그럴 수도 있겠다 싶었다. 귀신도 잡는다는 해병대 출신에, 학교에서 철저한 신앙 훈련과 교육으로 인정받는 기독교 동아리 멤버에, 아버지는 목사, 게다가 본인은 자주 교회에 나와 기도하는 사람이니 목사님 눈에 들 법도 하였다. 우여곡절 끝에 결국 아이는 대학부 회장직을 맡았다.

회장직을 맡은 것은 좋았지만 아이는 다시 학교에 휴학계를 내었다. 회장 일을 잘하기 위함이라고 이유를 대었으나, 내가 보기에 공부가 하기 싫었던 것이 분명하였다. 그때까지 나는 아이에게 다달이 용돈을 주고 있었다. 가뜩이나 심란해하는 아이에게 돈 걱정까지 시키고 싶지는 않아서 생활비를 보내고 있었다. 그러나 아이가 부모와 상의도 하지 않고 맘대로 휴학계를 낸 것이 선뜻 용납되지 않았다.

그것도 전임 사역자처럼 교회 일에 매이는 것도 아니고, 봉사 차원에서 하는 대학부 회장직을 잘 수행하기 위해서라니….

아이를 위해 기도할 때 이전처럼 그대로 생활비를 보내서는 안 될 것 같은 생각이 들었다. 군대도 다녀왔고, 스스로 자기 생활을 책임질 나이는 되고도 남았다. 학교도 다니지 않는데 계속 생활비를 보내는 것은 아이를 위해서 결코 좋은 일이 아니었다. 기도하면 할수록 부모로서 가르칠 것을 바르게 가르쳐야 한다는 확신이 들었다.

마음을 단단히 먹고 아이에게 톡을 보냈다. "너에게 생활비를 보낸 것은 네가 공부하느라 시간이 없을 것으로 생각했기 때문이었으나, 지금은 네가 공부를 하지 않으니 다음 달부터 생활비를 보내지 않겠다."라고 썼다. 톡을 보고 아이가 놀라서 답을 보냈다. 어찌 그럴 수 있느냐의 항의문이었다. 나는 다시 기도하고 답을 썼다. "엄마 아빠는 가진 재산이 별로 없지만, 하나님께서 지금 당장 우리가 가진 것을 전부 너에게 주라고 하셔도 문제없이 다 줄 수 있다. 그러나 지금 너에게는 생활비를 주는 것이 아니라, 네가 네 생활을 스스로 책임지도록 가르치는 것이 더 필요하다고 말씀하신다." 한참 후에 아이가 "알겠습니다." 하고 답을 보냈다.

그러나 막상 월말이 되어 생활비를 보내던 날짜가 다가오자 나는 안절부절못하였다. '돈이 없어 아이가 밥을 굶으면 어떡하지?' '이번 한 번만 보내고 다음부터 보내지 말까?' 별생각이 다 들었다. 그렇게 갈팡질팡하고 있을 때 전연 뜻밖의 일이 일어났다. 관악노회 남선교회 헌신예배를 아들이 다니는 교회에서 드렸는데, 그 남선교회가 주는 장학금을 아들이 받게 된 것이었다. 오십만 원. 다음 달 생활비를 하나님께서 주셨다.

이 일로 아들도 놀라고 나도 놀랐다. 아들은 내가 더는 생활비를 주지 않는 것이 하나님의 뜻이란 것을 확인했고, 나는 어찌할 바 모르던 상황을 하나님께서 간섭하심으로 깔끔하게 해결해 주신 것이 너무 감사했다. 그때 이후 아들은 집에서 돈을 가져가지 않았다. 생활비는 물론 등록금까지 자기가 벌어서 충당하였다.

아들은 영어가 능통하여 강남 학원가에 나가면 쉽게 돈을 벌 수 있었다. 그러나 무슨 이유에서인지 그렇게 하기를 싫어하였다. 대신 막노동을 선택하였다. 나는 드라마에서 보는 것처럼 공사판에서 넘어져 허리라도 삐끗할까 염려하고 기도하였으나, 아이는 자신은 미장일을 하니 걱정하지 말라고 했다. 아이가 성실하게 일을 잘하니 같이 일한 팀장이 아이를 좋게 보아 다음 일자리 생기면 부르겠다고 하기도 했다. 아들은 공사장 아저씨들과 친하게 지냈다. 하루 일당을 벌기 위해 그들이 얼마나 많은 땀을 흘리는지도 보았다.

또 한번은 진로 상담 아르바이트 자리를 얻어 경남에 있는 한 상고에 가서 고3 학생들을 만났다. 그때 상담한 학생들이 지방 상고 출신으로서 자존감이 바닥에 있는 것을 보고 아들은 그들에게 큰 연민을 느꼈다. 나는 그저 자립을 가르칠 요량으로 야박하지만 생활비를 끊었으나, 아이는 화려한 세상 이면에서 고달픈 인생길을 걷는 사람들의 삶의 애환까지 보고 듣고 있었다.

어머니의 꿈

출애굽기 2:1-10
2 그 여자가 임신하여 아들을 낳으니 그가 잘생긴 것을 보고
석 달 동안 그를 숨겼으나
3 더 숨길 수 없게 되매 그를 위하여 갈대 상자를 가져다가 역
청과 나뭇진을 칠하고 아기를 거기 담아 나일강 강가 갈대 사
이에 두고

내가 아는 한 어머니가 있다. 남매를 두었는데 딸은 공부를 잘했
으나, 아들은 하라는 공부는 안 하고 늘 다른 짓만 하여 속을 썩였
다. 그러나 이 어머니는 아들에 대한 하나님의 뜻이 있음을 믿었다.
그리고 새벽기도에서 늘 아들을 위해 기도했다. 그리고 아들이 공부
도 못 하고 또 하지도 않는 때조차 "넌 서울대 치대를 들어갈 것"이
라고 말했다. 그 어머니가 어떻게 해서 그런 꿈을 가지게 되었는지
는 모르지만, 어쨌든 아들은 고 2가 되면서 어느 날 바뀌더니 열심히
공부하여 결국 서울대 치대를 들어가고야 말았다. 난 그 누나가 대
학 CCC 모임에서 간증하는 것을 들었다.

어머니가 자녀에 대해 꿈을 가지는 것이 얼마나 중요한지를 알게 해 주는 간증이다. 만약 그 어머니가 믿음이 없어서, 공부 못하는 아들을 보고 "넌 왜 그 모양이냐? 그렇게 해서 밥벌이라도 하겠냐?"라고 늘 구박했다면 그 아들은 지금쯤 그야말로 밥벌이하기도 힘들게 살지 모른다. 그러나 그 어머니는 아들을 위해 기도하면서 뭔가 하나님이 주시는 아들에 대한 소망과 믿음이 있었기에 아들에게 큰 뜻을 심어 줄 수 있었다. 80년대 전라도 촌 골에서 서울대 치대는 그야말로 이루기 힘든 큰 꿈이었다.

성경에 많은 믿음의 어머니들이 나온다. 그중에서도 모세의 어머니는 단연 위대하다. 자녀를 위해 꿈을 꾸고 그것을 이룰 수 있도록 가르쳤기 때문이다. 모세가 태어났을 때는 애굽 왕의 학정이 극에 달한 때였다. 이스라엘 백성이 번성하여 강하여지는 것을 두려워한 애굽 왕은 드디어 인류 역사에 있어 가장 잔혹한 명령 중 하나를 내린다: 히브리인의 "아들이 태어나거든 너희는 그를 나일 강에 던지고 딸이거든 살려두라"(출애굽기 1:22).

모세가 태어났을 때 그 부모는 아기가 범상치 않은 것을 알았다. 그래서 석 달을 숨겨서 키우다가 더는 어려워졌을 때, 갈대 상자에 역청과 나무진을 칠하여 물이 새지 않게 만든 다음 아기를 나일강에 띄웠다. 우리 중 많은 어머니가 〈이집트의 왕자〉 영화를 배경으로 한 "요게벳의 노래"를 듣고 눈물 흘린 줄 안다. 아기 모세를 강물에 띄워 보내면서 어머니가 마음속으로 간절히 기도하였을 내용이다. 후렴구가 이렇게 되어 있다.

너의 삶의 참 주인 너의 참 부모이신

하나님 그 손에

너의 삶을 맡긴다.

너의 삶의 참 주인 너를 이끄시는 주

하나님 그 손에 너의 삶을 드린다.

　성경에 나오는 가사는 아니고 상상해서 만든 가사이지만 매우 잘 만들었다. 이때 놀라운 일이 일어난다. 애굽 왕 바로의 딸이 목욕하러 나일강에 왔다가 아기를 발견하고 자기가 키우기로 한 것이다. 아기가 어떻게 되는지 지켜보던 모세의 누나 미리암이 유모로 친어머니 요게벳을 소개하면서, 아기는 다시 엄마 품에 돌아왔다. 이제 아기 키우는 대가로 수고비까지 공주한테 받으면서 안전하게 아들을 키우게 되었다. 그런데 〈이집트의 왕자〉 영화와 염평안씨의 "요게벳의 노래"는 이야기를 더욱 극적으로 만들기 위해 갈대 상자가 떠내려가는 것으로 묘사했지만, 성경을 자세히 읽고 생각하면 갈대 상자가 그렇게 물에 떠서 정처 없이 흘러간 것으로 보이지는 않는다. 성경은 오히려 아기를 살리기 위해 모세의 어머니가 얼마나 철두철미하게 계획을 짰는지를 말해 주고 있다.

　그녀는 아기를 갈대 상자에 넣어서 떠내려가지 않도록 나일강 갈대 사이에 두고, 당시 여섯 살 된 모세 누나 미리암에게 멀리 서서 지켜보게 시켰다. 만약 떠내려갔다면 여섯 살짜리가 지켜볼 수 없었을 것이다. 또 그 어머니는 바로의 딸이 나일강에 목욕하러 온다는 것을 알고 있었다. 그래서 공주가 올 때쯤 시간을 맞추어서 아기를 그곳에 갖다 놓았을 것으로 생각된다. 공주의 눈에 뜨일 만한 곳을 살펴 두었다가 그곳에 아기를 두었다. 아니나 다를까 공주가 아기를 발견하였고, 아기는 구조되었다. 아주 치밀한 계획 속에 그 어머니가 움직인 것이다. 상자가 떠내려가는 부분 외에 다른 내용은 "요게벳의 노래" 가사와 일치할 것이다. 아들의 목숨이 달린 상황에서 하나님께 아기를 맡기며, 하나님이 지켜 주시길 간절히 기도하였을 것이다.

결국 모세는 구조되었고, 그 어머니는 아기를 데려와 젖을 주고 키우고, 젖을 뗀 다음 바로의 딸에게 데려갔다. 모세는 애굽의 왕자가 되어 왕궁에서 당대 최고 교육을 받게 된다. 그런데 또 놀라운 일이 일어났다. 모세는 애굽의 왕자로, 역사가 요세푸스 기록에 따르면 왕위 서열이 네 번째였다고 하는데, 그런 모세가 자신은 히브리인이고 자신을 통해 하나님이 이스라엘 백성을 구원하실 줄 생각하고 있었다는 것이다. 모세는 장성했을 때 "그 형제들이 하나님께서 자기의 손을 빌어 구원하여 주시는 것을 깨달으리라고 생각하였다"(사도행전 7:25). 그는 애굽의 왕자로 자랐지만, 하나님의 백성으로서 정체성이 확실했다. 이것은 그 어머니가 모세에게 젖을 주면서 심어 주지 않았다면 모세 스스로 얻기는 불가능한 것이었다.

모세는 훌륭했다. 실로 탁월했다. 많은 이스라엘 사람들은 지금도 모세를 그들 역사에서 가장 훌륭한 지도자로 손꼽고 있다. 그런 모세도 하늘에서 떨어진 것이 아니라, 그런 인물이 되기까지 보이지 않는 어머니 요게벳의 기도와 눈물과 헌신이 있었다. 당시 많은 이스라엘 어머니들이 눈물을 삼키고 아들을 나일강에 던졌을 것이나, 모세의 어머니는 모세를 숨겼다. 그 이유가 "그가 잘생긴 것을 보고"라고 나오는데, 자기 아이가 그 엄마 눈에 잘 생기지 않은 아이가 어디 있을까? 나는 여기에 그 어머니의 아기를 위한 간절한 소원이 투영되었다고 본다.

모세 어머니 이름은 요게벳으로 '여호와의 영광'이란 뜻이다. 모세의 어머니는 모세를 통해 하나님의 영광이 드러나기를 간절히 소원했을 것이다. '이 아기를 통해 하나님의 영광이 나타나게 하소서' 그런 마음과 눈으로 아기를 보는데 어떻게 그 아기가 잘 못 생길 수 있으며, 그 아기를 쉽게 갖다 버릴 수 있었겠는가?

물론 하나님께서 모세를 이미 만세 전에 모세가 되도록 예정하셨을 수 있다. 그러나 그 모세를 키우도록 어머니 요게벳을 준비해 두셨다는 사실을 기억하면 좋겠다. 하나님은 그 어머니의 간구와 소원을 따라 모세를 지키시고, 보호하시고, 키우셨다. 하나님은 언제나 우리와 함께 일하신다. 혼자 다 해버리지 않으신다. 우리에게 소원을 주시고 일하신다(빌립보서 2:13). 부모로서 우리는 우리 자녀도 하나님께 귀하게 쓰임 받기를 원한다. 그렇다면 지금 우리가 우리 자녀를 어떤 눈으로 보는지가 중요하다.

어머니 요게벳이 갓난아기 모세를 보는 눈으로 자녀를 보고 있는가? 우리 자녀를 통해 하나님의 영광이 나타나기를 소원하는 마음으로 보고 있는가? 그리고 그 자녀의 영적인 생명과 육적인 생명을 세상이 주는 위협에서 보호하기 위해 치밀하게 계획하고, 준비하고, 기도하며, 하나님의 손에 자녀를 맡기고 있는가? 세상의 부귀영화가 아무리 멋지고 화려해 보여도, 우리 자녀들이 그것에 물들지 않고 하나님의 자녀로서 정체성을 확실히 하고 자라도록 가르치고 있는가?

　모세 어머니 요게벳에게서 자녀 양육의 한 수를 배울 수 있기를 소망한다.

광야의 신세대

여호수아 3:7-17

15 요단이 곡식 거두는 시기에는 항상 언덕에 넘치더라 궤를 멘 자들이 요단에 이르며 궤를 멘 제사장들의 발이 물가에 잠기자

16 곧 위에서부터 흘러내리던 물이 그쳐서 사르단에 가까운 매우 멀리 있는 아담 성읍 변두리에 일어나 한 곳에 쌓이고 아라바의 바다 염해로 향하여 흘러가는 물은 온전히 끊어지매 백성이 여리고 앞으로 바로 건널새

17 여호와의 언약궤를 멘 제사장들은 요단 가운데 마른 땅에 굳게 섰고 그 모든 백성이 요단을 건너기를 마칠 때까지 모든 이스라엘은 그 마른 땅으로 건너갔더라

가나안 입성을 코앞에 두고 모세는 그 땅을 탐지하도록 열두 명 정탐꾼을 보냈다. 그들이 돌아왔을 때 그중 열 명이 부정적으로 보고 했다. "그 땅 거주민은 강하고 성읍은 견고하고…. 우리는 그들에 비해 메뚜기와 같다"(민수기 13장). 이 말을 듣고 이스라엘 백성은

낙담했다. 거기서 죽느니 차라리 애굽으로 돌아가자고 했다. 정탐꾼으로 같이 갔던 여호수아와 갈렙이 "여호와께서 우리와 함께하시니 우리가 이길 수 있다. 여호와를 거역하지 말라, 그들은 우리의 밥이다"고 소리쳤다.

그러나 이스라엘 백성은 그들의 말보다 앞의 열 사람의 말을 믿고 이 둘을 돌로 치려 했다. 결국 이스라엘 백성의 불신에 하나님께서도 진노하시고, 그 세대는 아무도 가나안에 들어가지 못하게 하셨다. 그들 때문에 모세까지도 들어가지 못하게 하셨다. 그 세대 사람들은 광야에서 다 죽고 오직 여호수아와 갈렙만 남았다(민수기 14장).

이스라엘 백성이 가나안 땅에 제때 들어가지 못했던 것은 그들의 불신 때문이었다. 애굽에서 열 가지 재앙이 내려지는 것을 목격했고, 마른 땅을 밟고 홍해를 건넜으며, 십계명을 받았고, 만나와 메추라기를 먹었어도, 그들은 지금까지 그들이 어떻게 그곳까지 왔는지 까마득히 잊어버렸다. 가나안 땅을 정복하기가 어려울 것이라는 정탐꾼의 보고를 듣고 그 싸움을 자신들이 싸워야 하는 것처럼 낙담했다. 하나님 쪽에서 보면 기가 막히셨을 것이다. 그동안 살아온 것도 전부 하나님의 은혜로 말미암았는데 그것을 다 잊어버린 것이다. 게다가 분명히 가나안 땅으로 너희를 인도해 줄 것이라고 수없이 약속하셨을지라도, 그 약속의 말씀까지 기억하지 못했다. 기억했다 해도 그것을 전혀 믿지 않았다.

그토록 불신하는 사람들과 하나님은 함께 일하실 수 없어서 기다리시기로 하셨다. 광야에서 40년이 지나면서 구세대는 가고 새로운 세대가 주역이 되었다. 모세까지 죽고 여호수아가 새로운 지도자가 되었다. 이 새 세대가 할 일은 가나안 땅을 정복하는 것이었다. 여호수아를 흔히 여호수아 장군이라 칭하는 것은 그가 한 중요한 일이 가나안 정복 전쟁이었기 때문이다.

이 전쟁의 성격은 가나안 거주민들에 대한 하나님의 공의로운 심판이자 하나님 왕국의 건설이었다. 첫 세대 이스라엘 사람들이 오해하여서 자기들이 전쟁을 해야 하는 것처럼 생각했지만, 사실 이 전쟁은 처음부터 주인이 하나님이셨다. 그래서 전쟁에 승리하는 비결도 강력한 군대와 무기와 전략에 있는 것이 아니라 하나님의 말씀을 순종하는 데에 있었다. 하나님께서 여호수아에게 가나안 땅 정복의 사명을 주시면서 가장 강조하신 것이 바로 말씀에 대한 순종이었다. "이 율법 책을 네 입에서 떠나지 말게 하며 주야로 그것을 묵상하여 그 안에 기록된 대로 다 지켜 행하라 그리하면 네 길이 평탄하게 될 것이며 네가 형통하리라"(여호수아 1:8).

이스라엘 백성이 가나안 땅에 들어가려면 요단강을 건너야 했다. 그들이 요단강을 건넌 사건은 하나님이 어떻게 그 전쟁의 주인이 되시는지를 다시 한번 분명하게 보여 주었다. 이 시기에 요단강은 늘 물이 언덕에 넘쳤다. 하나님은 여호수아에게 언약궤를 멘 제사장들이 먼저 요단강 물에 들어가라고 하셨다.

놀랍게도, 이 새로운 세대 이스라엘 백성은 노예근성에 젖어서 자립심도 없고 주체성도 없이 걸핏하면 불평 불만하던 그들 부모 세대와 완전히 달랐다. 한 사람도 불평하거나 의심하지 않았다. 여호수아를 신뢰했고 무엇보다 하나님 말씀을 신뢰했다. 그들은 시키는 대로 행하였다. 마침내 언약궤를 멘 제사장들이 요단강 물에 들어서자 믿을 수 없는 일이 일어났다. 위에서 흘러오던 요단강 물이 멈춰 섰다. 다시 한번 이스라엘 백성은 홍해를 건넜을 때처럼 마른 땅을 밟고 요단강을 건넜다.

이 새로운 세대, 믿음과 열정으로 충만했던 세대를 생각하면 나는 가슴이 찡하다. '하나님께서 지금도 이런 세대를 일으키시길 원하실 텐데' 하는 생각 때문이다. 그렇게 해서 요단강을 건넌 다음 그들이 한 일이 무엇인지 아는가? 바로 할례를 행한 것이다. 진정 죽기를 작정하지 않고서야 어떻게 적진에 들어가서 할례를 행할 수 있을까? 모든 군사가 며칠 동안 고통을 견뎌야 했을 텐데, 만약 가나안 족속이 알고 먼저 쳐들어온다면 이스라엘 민족은 그 자리서 끝날 수 있었다. 그럴지라도 하나님이 그렇게 하도록 명하셨고, 그중 한 사람도 부당하다고 반대하고 나서지 않았다.

물론 이 사람들이 계속 이렇게 순종을 잘한 것은 아니었다. 곧 아간 사건도 일어나고 다른 문제들도 터진다. 이들 역시 연약한 인간이었기 때문에 어쩔 수 없었을 것이다. 사실 완전한 순종은 성령 하나님이 우리 안에 오실 때에만 가능하다. 그런데도 이스라엘 신세대의 믿음과 열정은 놀라웠으며, 자녀를 양육하는 우리 부모들에게 큰 교훈을 준다.

이 신세대는 어떻게 해서 그렇게 믿음과 열정으로 충만했을까? 먼저, 그들은 광야에서 자랐다. 환경이 척박한 곳이었다.

자녀가 강하고 담대하게 자라기를 원한다면 광야에서 자라게 할 필요가 있다. 모든 것을 넉넉하게 풍족하게 잘해 주려고 하지 말라는 뜻이다. 부족함이 없이 키우면 나중에 아이가 부모에게 감사할 것 같지만 현실은 반대이다. 살다가 무엇이 조금만 부족해도 견디지 못하고 불평하고 불만스러워한다. 조금 부족한 듯 키우는 것이 아이들 정신건강에 훨씬 더 좋다. 이렇게 자란 아이는 조금 더 가지면 감사할 줄 알고 무엇이 부족해도 참을 줄 안다.

또 광야에서 출애굽 2세대 아이들은 그야말로 영혼이 자유롭게 자랐다. 부모 세대처럼 노예 생활하며 남의 눈치 보고 살지 않았다. 자녀들을 독립적이고 진취적으로 키우려면 잔소릴 너무 많이 하지 말아야 한다. 눈치 보게 만들지 말아야 한다. 큰 틀만 정해 주고 그 안에서 자유로이 자라게 해야 한다. 아침에 일어나서 저녁에 잠자리 들 때까지 아이의 일정을 엄마가 규제하는 방식으로는 아이가 독립심도 진취성도 키울 수 없다.

무엇보다 아이들은 놀면서 배운다. 광야에서 그 아이들은 영혼뿐 아니라 몸도 자유롭게 자랐다. 들로 언덕으로 마음껏 돌아다니며 놀았을 것이다. 광야라고 해서 나무도 풀도 없는 곳은 아니었다. 문명화된 도시가 없었을 뿐이다.

부모의 과잉보호로 유치원 아이들이 자기 스스로 할 수 있는 일이 점점 줄고 있다. 아이들의 놀이 시간도 예전에 비해 현저하게 줄었다. 이와 비례해, 소아 우울증과 소아 비만 환자가 증가하고 있다. 심신이 건강한 아이로 키우려면 놀 수 있게 해야 한다. 가능하면 자연 속에서, 광야의 신세대처럼.

그리고 이 신세대는 하나님의 말씀을 듣고 자랐다. 그것도 모세에게서 직접 듣고 배웠다. 모세가 신명기에서 구구절절 가르쳤던 하나님의 말씀을 이 아이들은 아마 귀가 닳도록 듣고 자랐을 것이다. 광야에 무슨 학교가 있었겠는가? 모세가 설교하는 것을 듣는 것이 배움의 전부였을 것이다. 그런데 그것이 그 아이들을 어떤 상황에도 불평하지 않고 하나님의 말씀을 지키는 믿음의 사람들로 만들었다. 그 말씀 속에 주어진 약속의 땅 가나안에 대한 꿈은 이 신세대 가슴을 뜨겁게 달구었을 것이다.

자녀를 강하고 담대하고 믿음과 열정이 충만한 사람으로 키우기를 원한다면 두 가지를 기억하는 것이 필요하다.

광야에서 키우라! 조금 부족하게 그러나 영혼은 자유롭게, 그리고 무엇보다

하나님 말씀으로 키우라! 말씀 학교에서 아이가 자라야 한다.

광야의 신세대가 믿음의 용사들이 된 데에는 이유가 있었다.

〈효자 아들〉

교회 한 권사님이 계셨다. 갑작스레 유방암 수술을 하게 되었다. 엎친 데 덮친 격으로 남편의 사업도 불황을 겪었다. 권사님에게는 고2 아들이 있었다. 외동아들이었다. 그때까지 아들은 세상 부족함이 없이 살았다.

변화된 상황에 아들은 당황하였지만 곧 정신을 차렸다. 열심히 공부해서 대학에 들어간 다음, 할 수 있는 아르바이트는 모두 했다. 그리고 돈을 버는 대로 어머니를 드렸다. 어머니가 필요하지 않다고 해도 맛있는 것 사드시라고 드리고, 예쁜 옷 사 입으라고 드렸다.

유방암 수술을 받았고 남편의 사업이 힘들었어도 권사님은 행복했다. 아들이 자기에게 이렇게 할 줄 생각지도 못하였다고 말했다.

역경이 아들을 효자로 만들었다.

***

큰아이에게 생활비 송금을 멈추었을 때 나는 아이가 자기 생활을 스스로 책임질 수 있을 정도만 경제적으로 독립해도 좋겠다 생각했다. 결과는 기대 이상이었다. 아이는 생활비뿐만 아니라 등록금까지 스스로 감당했다. 그리고 남편과 나에게 자주 봉투를 내밀었다. 내가 용돈을 줄 때는 결코 없었던 일이었다. 우리 생일 때나 명절 때는 물론 그렇지 않은 때에도 봉투를 주었다. 어느 무더운 여름 아이가 집에 와서 또 봉투를 내밀었다.

"뭐야? 왜 줘?"

"더운 여름 잘 지내시라고 드려요."

나는 그 돈을 그냥 쓰기 너무 아까웠다. 더운 여름 잘 지내라고 돈을 주는 아들이라니…. 무엇이라도 기념할 것을 만들고 싶었다. 마침 원피스가 한 벌 필요하던 차라, 평소 같으면 돈 쓰는 것을 주저해서 이리 재고 저리 재고 했을 터이지만, 호기 있게 가서 맘에 드는 원피스를 샀다. 나는 그 원피스를 입을 때마다 아들이 더운 여름 잘 지내라고 나에게 돈을 준 것을 기억한다.

효자는 풍족에서 나오지 않는다.

귀할수록 더

사사기 13:1-7

3 여호와의 사자가 그 여인에게 나타나서 그에게 이르시되 보
라 네가 본래 임신하지 못하므로 출산하지 못하였으나 이제
임신하여 아들을 낳으리니
4 그러므로 너는 삼가 포도주와 독주를 마시지 말며 어떤 부정
한 것도 먹지 말지니라
5 보라 네가 임신하여 아들을 낳으리니 그의 머리 위에 삭도를
대지 말라 이 아이는 태에서 나옴으로부터 하나님께 바쳐진
나실인이 됨이라 그가 블레셋 사람의 손에서 이스라엘을 구원
하기 시작하리라 하시니

삼손은 힘장사의 대명사로 불리지만 매우 비극적인 인물이다. 하
나님의 특별한 은총을 입고 태어났음에도 불구하고, 하나님이 주신
힘을 제대로 사용하지도 못하고 생을 마감하게 된다. 이 슬픈 삼손
이야기에서 우리는 무엇을 배울까?
삼손은 이스라엘 백성이 범죄 함으로 사십 년 동안 블레셋 치하

에서 고생을 당하고 있었던 때에 하나님께서 이스라엘을 구원하시려고 특별히 보내신 사람이었다. 삼손의 부모님은 오랫동안 아기를 낳지 못했다. 그런데 어느 날 여호와의 사자가 그 어머니에게 나타나, 이제 그녀가 임신하여 아들을 낳을 것이니 포도주와 독주와 어떤 부정한 것도 먹지 말고 아기가 태어나면 머리에 삭도를 대지 말라고 했다. 이 아이는 태어나서 죽는 날까지 하나님께 바쳐진 나실인이 되고, 그가 블레셋 사람의 손에서 이스라엘을 구원할 것이라고 했다.

이것이 하나님의 계획이었고, 그 부모는 말씀대로 잘 행하였다. 문제는 삼손이 그 하나님의 뜻을 충분히 깨닫지 못한 것이다. 나실인은 "자기의 몸을 구별하는 모든 날 동안 그는 여호와께 거룩한 자"로 살아야 했다(민수기 6:8). 그런 이유로 포도주와 독주를 멀리하며 머리를 깎지 말고 시체를 가까이하지 말아야 했다. 그러나 삼손이 성인이 되어서 한 행동들을 보면 자기를 구별해서 여호와께 드린 자로 전혀 살지 못한 것을 볼 수 있다. 기생집에 들락거리기를 좋아했는데 기생집에 가서 술을 먹지 않았을 리 없고, 사자 사체에 꿀이 생긴 것을 보고 주저 없이 찍어 먹었다.

그럴지라도 하나님은 그를 통해 일하셨다. 그가 개인적인 정욕과 복수로 일을 벌였어도 그를 통해 블레셋 사람들을 징벌하시고, 이십년 동안 이스라엘 사람들을 블레셋 사람들로부터 보호받게 하셨다. 그러나 삼손의 마지막은 실로 비극적이다. 삼손은 블레셋 여인 들릴라를 사랑했다. 삼손을 눈엣가시처럼 여기던 블레셋 방백들이 들릴

라를 매수해서 그의 힘의 비밀을 캐내게 했다. 삼손은 처음 몇 번은 거짓말을 하다가, 결국 여자의 간청을 배겨 내지 못하고 자기 힘의 비밀이 머리털을 깎지 않은 데 있다는 것을 누설하고 말았다. 삼손은 블레셋 사람들에게 잡혀가서 눈이 뽑히고 옥에서 맷돌을 돌리는 자로 전락했다. 하지만 그는 마지막으로 하나님께 도우시길 간구하면서 신전을 받치고 있는 기둥을 밀쳤다. 그곳에 모여 있던 수천 명 블레셋 사람들을 죽이고 자기도 죽었다.

삼손이 실패한 원인은 무엇이었을까? 그렇게 하나님의 은혜를 받고 태어났는데, 왜 그렇게 비극적인 결말을 맞이하였을까? 여러 가지 이유가 있을 수 있으나, 자녀를 양육하는 부모 입장에서 우리가 배워야 할 교훈으로 한 가지가 두드러진다.

삼손은 절제 훈련을 받지 못하였다. 삼손은 하나님께서 나실인으로 태어나게 하셨다. 아예 처음부터 하나님께 구별된 자로 부르신 것이다. 나실인으로 지켜야 할 규례의 핵심은 한 마디로 절제이다. 그러나 삼손은 머리에 삭도를 대지 않은 것 외에는 그 규례를 거의 다 어기고 살았다. 가장 절제해야 할 사람이 가장 절제하지 못한 것이다. 그래도 하나님은 삼손과 함께하셨다. 삼손이 그 규례를 다 지키지 못하고 그나마 한 가지, 머리에 삭도를 대지 않은 것이라도 지켰을 때는 그와 함께하시고, 그를 도우시고, 그를 통해 일하셨다. 그러나 머리마저 밀리자 이제 하나님의 영도 떠나셨다.

삼손은 왜 절제 훈련을 받지 못하였을까? 추측건대, 아마도 오랫동안 생기지 않았던 아기를 얻었으므로 그 부모가 아이에게 엄하게 하기가 매우 어려웠을 것 같다. 삼손의 부모는 자신들이 지켜야 할 것은 다 잘 지켰다. 그 어머니는 아이를 위해서 절대 술을 입에 대지 않았고 부정한 음식을 먹지 않았다. 하지만 그 귀한 아들 삼손이 "어머니, 아버지 전 그렇게 살지 못하겠어요!" 하면 어느 부모라도 그의 말을 무시하고 엄격히 규례를 지키도록 강요하지 못했을 것이다. 우리도 같은 부모로서 충분히 이해가 간다. 또 삼손 처지에서 보면, 혈기 왕성하고 힘이 넘치는 젊은이로서 포도주와 독주를 먹지 말아야 하는 규례를 지키기가 매우 어려웠을 것이다. 그러므로 여기서 누군가의 잘잘못을 따지고 싶지는 않다. 다만 일어난 사건을 통해서 우리가 교훈을 얻는 것이 필요하다고 생각한다.

그것은 아무리 아이가 귀하고 아까워도 필요한 훈련은 해야 한다는 것이다. 아이가 힘들어하거나 좋아하지 않는다고 해서 필요한 훈련을 하지 않으면, 당장은 아이에게 좋은 것 같아도 아이 장래에 큰 해를 가져오기 때문이다. 거꾸로, 아이가 힘들어하는 것이 안쓰러워 절제를 가르치기 힘들어도 그것이 결국 아이를 위한 길이란 것을 믿고 필요한 것을 가르친다면, 그래서 좋은 습관을 형성해 주면, 후에 그것은 아이에게 큰 유익이 될 것이다. 아이가 귀여우면 귀여울수록, 어릴 때부터 절제해야 하는 것을 분명하게 가르쳐야 한다. 아직 어려서 나중에 크면 가르쳐야지 생각하면 늦을 수 있다.

절제를 가르치기에 필요하고 적절한 첫 훈련은, 내 경험으로, 정한 시간에 잠자는 훈련이다. 아이들이 밤늦게까지 자지 않으면 잘 때까지 놀아 주고 하다가 온 가족이 다 잠을 설친다. 그런데도 일찍

재우는 일은 많은 부모가 하기 힘들어하는 일이기도 하다. 사실 나 역시 우리 아이들을 키울 때는 잘하지 못하였다. 나중에 아이들이 좀 커서야 그 중요성을 깨달았다. 『복음에 견고한 자녀교육』(강성환·길미란, 2021)에서 저자도 역설하듯이, 일찍 자고 일찍 일어나는 습관을 키워 주는 것은 자녀가 아침 조용한 시간에 주님과 함께 하는 '경건의 시간(Quiet Time)'을 갖도록 훈련하기 위해 꼭 필요한 것이기도 하다.

가능하면 저녁을 일찍 먹이고 잠자는 시간을 정해서 그 시간이 되면 무조건 자는 것을 가르치는 것이 좋다.

- 조금 넉넉하게 자는 시간을 준비한다.
- 자는 시간을 준비하는 것이 재미있게 만든다. 성경 이야기도 읽어 주고 동화책도 읽어 주고, 함께 기도도 하고, 불 끄고 같이 누워서 찬양도 부르다가 잠들도록 만든다. 그 시간이 즐거우면 아이들도 그 시간을 기다리게 되고, 또 시간이 지나서도 안 자고 불을 켜 놓고 논다고 떼쓰지 않는다.
- 아이가 잠이 안 오면 그냥 같이 누워 있는다, 습관 들일 때까지.

시간 되면 잠이 안 와도 자야 하는 것을 배우는 것은 세상을 자기 맘대로 사는 것이 아니란 것을 배우는 첫 훈련이다. 이 훈련에 성공하면 부모도 일찍 육아에서 벗어나 저녁 시간을 자유롭게 쓸 수 있다.

잠자는 것뿐만이 아니다. 아이가 귀할수록 더 일찍부터 필요한 것을 훈련해야 한다. 고운 아이에게 매 하나 더 주라는 말이 결코 빈 말이 아니다. 응석받이로 자라서 절제 훈련을 받지 못하면, 삼손처럼 큰 능력을 받았어도 그것의 반의반도 사용하지 못할 수 있다. 부모가 마음을 단단히 먹어야 한다.

사랑의 매

열왕기하 17:6-8; 18-23

23 여호와께서 그의 종 모든 선지자를 통하여 하신 말씀대로 드디어 이스라엘을 그 앞에서 내쫓으신지라 이스라엘이 고향에서 앗수르에 사로잡혀 가서 오늘까지 이르렀더라

하나님은 죄를 반드시 심판하신다. 북이스라엘은 계속된 하나님의 경고에도 불구하고, 하나님의 말씀을 떠나 다른 신들을 섬기고 죄악의 길로 갔다. 아합이 속했던 오므리 왕조는 아합의 죄로 인해서 망했고, 엘리사가 기름 부어 세운 예후 왕조도 4대 만에 망했다(열왕기하 15:8-12). 그 이후 여러 왕이 나오다가 결국 마지막 호세아 왕 때 앗수르 제국에 의해 나라가 멸망했다. 하나님께서 앗수르 제국을 사용하여 북이스라엘을 심판하셨다(주전 722년).

심판의 이유는 하나님 대신 이방의 거짓 신인 바알과 아세라 뿐아니라 금송아지 우상을 섬겼고 율법을 지키지 않았기 때문이다. 하지만 하나님이 그의 백성인 이스라엘을 완전히 버리신 것은 아니었다. 하나님은 남 유다를 남겨 두시고 유다 지파 다윗의 후손으로 오

실 예수님을 통해 하나님 나라를 이루신다.

우리를 사랑하시는 하나님은 죄를 미워하시며 심판하신다. 예수님의 십자가는 우리의 죄를 미워하시며 심판하신 증거이자 동시에 우리의 죄를 용서하신 사랑의 확증이다. 하나님은 이 모든 역사의 주인이다. 장차 예수님께서 이 땅에 재림하실 마지막 날에는 공의로 세상을 심판하실 것이다. 그러므로 우리는 죄를 용서받고 구원받았음을 날마다 감사하는 한편, 하나님 앞에 거룩하고 의로운 삶을 살기를 힘써야 한다.

특히 우리는 자녀를 기르는 부모로서 자녀들이 죄를 멀리하고 거룩하게 살아갈 수 있도록 돕는 부모가 되어야 한다. 성경은 "아이의 마음에는 미련한 것이 얽혔으나 징계하는 채찍이 이를 멀리 쫓아내리라"라고 말한다(잠언 22:15). 또한 "마땅히 행할 길을 아이에게 가르치라 그리하면 늙어도 그것을 떠나지 아니하리라"라고 말한다(잠언 22:6). 미련한 것을 선택하기 쉬운 자녀에게 지혜롭고 경건한 삶을 살도록 가르쳐야 한다. 그럼 죄를 심판하시는 하나님 앞에서 우리 자녀가 바르게 살도록 어떻게 가르치고 도와줄 수 있을까?

첫 번째는 말씀을 가르치는 것이다. "청년이 무엇으로 그 행실을 깨끗하게 하리이까 주의 말씀만 지킬 따름이니이다"(시편 119:9). 말씀이 아이 마음속에 있으면 그것이 판단 기준이 된다. 그래서 죄를 지을 상황에 부닥칠 때, 말씀이 떠오르고 그 말씀이 아이와 죄 사이를 가로막는다.

나는 아들 둘을 키웠다. 아이들이 초등학교 다닐 때 내가 잠언서

7장을 읽다가 크게 깨달았다. 내용인즉, 어리석은 젊은이가 밤에 그를 유혹하며 호리는 여인을 만나 그 말에 미혹되어서 뒤를 따라가는 것이었다. "젊은이가 곧 그를 따랐으니 소가 도수장으로 가는 것 같고 미련한 자가 벌을 받으려고 쇠사슬에 매이러 가는 것과 같도다"(잠언 7:22). 이 말씀을 읽는 순간 내가 사내아이들을 키우고 있다는 사실을 새롭게 자각했다. '아 이것 정신 차려야겠다! 세상에 유혹이 얼마나 많은데, 우리 아이들이 이 젊은이처럼 되지 않게 하려면 어떻게 하지? 내가 아이들 뒤를 날마다 따라다닐 수도 없고, 스스로 판단할 수 있는 능력을 키워 주어야 할 텐데 어떻게 하지?' 그때 하나님 말씀을 가르치는 것밖에는 방법이 없다는 것을 깨달았다. 말씀을 마음에 심어 주어서, 말씀이 아이들을 지키게 해야겠다고 생각했다. 물론 그전에도 성경 이야기를 읽어 주었지만, 그때부터 정신 차려서 좀 더 제대로 가르치려고 애썼다.

두 번째는 당연히 자녀를 위해 기도하는 것이다. 기도는 영적 보호막, 영적 울타리가 되어서 자녀를 보호한다. 아이의 건강과 안전뿐 아니라 세상 살면서 자기도 모르게 유혹받고 넘어질 수 있는 상황에서도 부모의 기도는 아이를 지켜 준다.

그다음은 말 그대로 훈육하는 것이다. 잘못된 말이나 행동을 하면 따끔하게 매를 들고 가르치는 것이다. 매는 필요하다. 세속 교육에서는 매를 부정적으로 보지만, 성경은 매가 필요하다고 가르친다. 말로만 해서는 안 되는 것을 매가 가르치기 때문이다. 이때 주의할 점은 부모가 자신의 감정을 자녀에게 쏟아 내거나 화를 내고 벌을 주어서는 안 된다는 것이다. 매를 드는 것은 자녀를 바로잡기 위함이지 부모 감정을 해소하는 것이 아니다. 그래서 매를 들 때도 규칙을 정하고 그것을 지키는 것이 필요하다.

첫째, 절대 손을 사용하지 않는다. 손에는 감정이 실리고 아이의 자존감을 상하게 할 수 있다. 회초리를 만들어 놓고 사용하는 것이 좋다.

둘째, 마음을 가다듬고 평정심을 찾은 후에 매를 사용한다. 평정심을 잃고 과하게 때린 매는 아이를 노하게 할 수 있다.

셋째, 매를 사용한 후에 아이가 잘못을 인정하는 기색이 역력하면 꼭 안아 주고 미워서 때린 것이 아닌 것을 확인시켜 준다. 매는 벌주는 것이 목적이 아니라 행동 교정이 목적이다. 이것은 아이 마음에 분노나 원한을 남기지 않고 후에 돌아보았을 때 매를 맞은 것도 감사한 일이 되게 한다. 그러나 매를 때렸어도 깨닫지 못하면 기다려야 한다. 방에서 나오지 말고 더 생각하도록 시간을 주고 기다리라.

넷째, 열 살 이상 혹은 사춘기로 넘어간 자녀에게는 매를 사용하지 않는다. 자신이 인격적인 대우를 받지 못한다고 느끼고 반항할 수 있다. 사실 이 나이 전에 매를 잘 사용하면 이후에는 사용할 필요가 없다. 말로 해서도 알아듣는다. 이 시기에 벌이 필요한 경우에는 체벌이 아닌 다른 방법을 찾는 것이 좋다.

다른 한편, 요즘 어떤 젊은 부모들을 보면 아이의 의견을 존중한다는 의미에서 모든 것을 시시콜콜히 아이에게 묻고 아이가 선택하게 하는 경향이 있다. 어느 정도는 좋지만 지나치면 문제다. 아이는 아직 바른 선택을 할 만한 충분한 지식이나 정보가 없다. 그런 아이에게 무슨 일에서나 스스로 선택하라고 하면 아이는 오히려 불안해진다. 아이가 어떤 규율을 배우고 그에 따른 순종을 배워야 할 때가 있고, 스스로 자기가 좋아하는 것을 선택해야 할 경우가 있다. 젊은 부모들에게 그 구분이 쉽지 않다. 그래서 세속적인 교육 방식을 따라 무조건 아이의 의견을 존중해 주면 좋다고 생각하고 무엇이나 아이에게 의견을 물으면 아이는 머리가 혼란스럽기만 할 수 있다. 어른이라도 내용을 잘 모르는 상태에서 무언가를 선택해야 한다면 걱정되고 당황할 것이다. 아이도 마찬가지다.

아이에게 선택권을 주려고 하기보다, 부모가 보기에 이것은 아이가 배워야 한다고 생각되면 그냥 아이에게 가르쳐야 한다. 예를 들어 채소나 과일 섭취는 아이들 건강을 위해 필요하다. 이 경우 아이에게 이것 먹을래 안 먹을래 묻는 대신, 맛있게 먹는 본을 보여 주며 먹어야 하는 것을 가르친다. 주일날 예배 드릴래 말래, 교회 갈래 말래 아이에게 묻는 것이 아니다. 정성껏 준비하여 예배드리는 모습을 보여 주며 예배를 잘 드리도록 가르쳐야 한다.

하나님은 죄를 반드시 심판하신다. 부모는 자녀가 죄를 떠나 거룩하게 살아갈 힘을 길러 주어야 한다. 말씀을 자녀 마음에 심어 주고, 아이를 위해 늘 기도하며, 필요하면 매를 들어서라도 따끔하게 훈육해야 한다. 그것이 참으로 자녀를 사랑하는 방법이다.

에스더가 처음부터 그랬을까?

에스더 4:13-17

14하 네가 황후의 자리를 얻은 것이 이 때를 위함이 아닌지 누
가 알겠느냐 하니

에스더는 왕비로 간택될 만큼 외모도 뛰어나고 성경 이야기의 주
인공이 될 만큼 신앙도 좋아서 모든 믿는 여성의 로망이 되는 인물
이다. 외모는 그렇다 해도, 신앙도 에스더가 처음부터 그랬을까?

바벨론에 포로로 사로잡혀 갔던 이스라엘 백성은 페르시아 고레
스왕 때 스룹바벨과 예수아를 중심으로 1차 귀환(주전 537년)을 한
다. 당시 귀환한 사람들은 약 오만 명 정도였다. 이미 그곳 생활에
익숙해진 사람들은 그냥 그곳에 남았다. 그러다가 약 80년 후 아닥
사스다 1세 때(주전 464-423년) 학사 겸 제사장 에스라의 지도하에
제2차 귀환을 한다(주전 458년, 스 7:7-9). 에스더 이야기는 바로 1
차와 2차 포로 귀환 사이에 일어난 사건이다. 아하수에로 왕이 통치
하던 시기이다(주전 486-465년).

그 당시 베냐민 지파에 속한 에스더와 사촌 모르드개도 페르시아

에 있었다. 그들은 이미 페르시아 문화에 동화되어서 그들 중 하나로 살고 있었다. 이것을 알 수 있는 것은 "그의 삼촌의 딸 하닷사 곧 에스더"(에스더 1:7)에서 하닷사가 에스더의 원래 히브리 이름이고, 에스더는 페르시아 이름이기 때문이다. 에스더는 별을 뜻하기도 하지만, 바벨론 사람들이 섬긴 여신 이스타에서 따온 이름이다. 그들은 아예 개명까지 하고 그곳에 눌러살 생각을 했다고 볼 수 있다.

그러던 중 아하수에로 왕이 기존의 왕비를 폐하고 새 왕비를 간택하는 일이 있었다. 에스더는 매우 용모가 곱고 아리따워 새 왕비로 뽑혔다. 그 과정에서 모르드개는 에스더에게 자신이 유대인임을 밝히지 말라고 지시하고 에스더도 그것을 따랐다. 굳이 자신들을 포로로 사로잡혀 온 유대인 출신인 것을 밝혀서 다른 사람들에게 가십거리가 되기보다 그냥 조용히 사는 것이 좋을 것 같았기 때문이었을 것이다. 잠시 만사가 형통하게 진행되는 것 같았다.

그러나 전혀 엉뚱한 곳에서 문제가 터졌다. 당시 궁에는 아말렉 사람 하만이 왕에게 신임을 얻어 무소불위의 권력을 휘두르면서, 왕의 명령으로 자기가 지나갈 때 모든 사람이 그 앞에서 무릎을 꿇고 절을 하게 했다. 따라서 모든 사람이 그가 지나갈 때 무릎을 꿇어 절을 하였으나, 단 한 사람 절을 하지 않는 사람이 있었다. 바로 모르드개였다.

왕의 신하가 모르드개에게 물었다, "아니 왜 당신은 왕의 명령을 거역하는가?" 모르드개는 결국 자기는 유대인이라고 답했다. 이스라엘 민족과 아말렉족속 사이에는 역사적인 큰 적대감이 있었다. 출애굽 때 아말렉족속이 광야에서 이스라엘 민족을 공격하여 후미에 쳐진 연약한 사람들을 죽였기 때문이다. 그때부터 두 민족은 철천지 원수가 되었다. 모르드개는 자신이 유대인인 것을 드러내지 않기 위해 다른 것은 다 할 수 있어도, 이 아말렉 사람 하만에게 무릎을 꿇고 절을 하는 것은 결코 할 수 없었다. 모르드개는 결국 자신이 유대인인 것을 드러내게 되고, 분노한 하만은 모르드개만 처치할 것이 아니라 유다 민족 전체를 말살할 엄청난 음모를 꾸몄다. 제비를 뽑아 날을 정하고, 그날에 페르시아 제국 내 모든 유대인을 죽이고 재산을 빼앗아도 좋다는 왕의 조서를 공표했다.

당연히 유대인들은 공황에 빠졌다. 모르드개는 이 사실을 에스더에게 알리며 왕에게 나아가 유다 민족을 구하길 요청했다. 그러나 에스더는 망설였다. 왕에게 부름을 받지 않고 나갔다가 잘못 걸리면 왕비라도 죽을 수 있었기 때문이었다. 그런 에스더를 보고 모르드개가 말했다. "이 때에 네가 만일 잠잠하여 말이 없으면 유다인은 다른 데로 말미암아 놓임과 구원을 얻으려니와 너와 네 아버지의 집은 멸망하리라 네가 왕후의 자리를 얻은 것이 이 때를 위함이 아닌지 누가 알겠느냐 하니"(4:14). 이에 에스더도 용기를 내서 시녀와 함께 사흘 동안 금식하고 죽으면 죽으리라는 각오로 왕께 나아갔다.

중략하면, 상황은 급반전하여 모르드개를 처형하려고 세운 나무에 하만 자신이 달리게 되고, 유대인을 멸하려고 뽑은 그 날은 반대로 유대인들이 그들을 해치려는 사람들에게 복수하는 날이 되었다. 슬픔이 변하여 기쁨이 되고, 애통이 변하여 웃음이 되었다. 에스더서의 특이한 점은 '하나님' 말이 한 번도 나오지 않으나 다 읽고 나면 이 모든 일을 하나님이 하셨다는 것을 그냥 아는 것이다.

에스더서가 보여 주는 것은 하나님의 백성으로서 우리는 우리의 정체성을 숨기고 살 수 없다는 것이다. 모르드개는 자신이 하나님의 백성인 것을 숨기고 페르시아 사람들 속에서 그들과 똑같이 살려고 했다. 그것이 처음에는 괜찮은 것 같았으나 결국 어느 시점에선가 드러나게 되고 말았다. 왜 그렇게 되었을까? 하나님이 언급되지 않지만, 하나님께서 자기 백성을 사랑하심으로, 그들이 자신의 정체성을 지키며 살아가도록 이끄셨기 때문이다. 모르드개 경우는 하만을 통해서 자기가 유대인인 것을 결코 숨길 수 없다는 사실을 깨닫게 하셨다. 하만으로 인해 유대인에게 닥칠 환난을 마주하면서, 그는 마침내 하나님께 울며 회개하며 나아갔다. 에스더 역시 자신이 유대인임을 부인하지 못하고 민족을 위해 금식하며 죽기를 각오하고 왕에게 나아가 호소했다.

우리에게 찾아오는 어려움은, 때로 모르드개와 에스더 경우같이, 우리가 세상 속에 살면서 우리 정체성을 잃어버리고 살아갈 때, 하나님께서 우리가 누구인지, 어떻게 살아야 하는지 깨우쳐 주시기 위해 주시는 것일 수 있다. 다른 이유로 고난이 오기도 하지만, 때로는 우리가 하나님의 자녀인 것을 깨닫고 돌아오도록 하나님께서 주시기도 한다.

이 사건을 통해 정체성을 회복한 것은 모르드개와 에스더만이 아니었다. 당시 페르시아 제국 백이십칠 도에 흩어져 살던 유다 전 민족이 몰살당할 뻔했다가 살아난 이 사건을 통해, 유대인들은 비록 자신들이 멀리 남의 나라에 포로로 잡혀 와서 살고 있긴 하지만 결국은 하나님의 백성이란 사실을 다시 확인했다. 에스더 사건은 이후에 이루어질 2차 포로 귀환의 중요한 계기가 된다. 2차 포로 귀환은 예루살렘으로 돌아온 하나님 백성의 신앙공동체 회복에 매우 중요한 역할을 했다. 하나님께서 크신 섭리로 에스더 사건을 사용하신 것이다. 우리의 연약에도 불구하고 하나님은 하나님의 일을 이루어 가시는 것을 여기서도 볼 수 있다.

부모가 세상 따라 살면서 하나님의 백성으로서 정체성을 잃어버리지 않고 사는 것이 중요하다. 특히 자녀들이 세상 속에 살지라도 하나님의 자녀인 것을 언제나 기억하며 살도록 가르치는 것이 중요하다. 우리가 정체성을 잃어버릴 때 결국 하나님은 그것을 찾게 하시는데, 그 과정은 대개 여기에서처럼 고난과 고통을 수반하기 때문이다. 물론 하나님은 에스더 이야기에서처럼 깨닫고 돌아오기만 하면 멋지게 회복시켜 주신다. 그러나 회복시켜 주시는 그 은혜가 클지라도, 다니엘처럼 처음부터 잊어버리지 않고 산다면 훨씬 더 멋지게 하나님께 쓰임 받으며 영광 돌릴 수 있다.

에스더가 처음부터 그랬더라면 이야기가 어떻게 전개되었을지 궁금하다.

〈민성(가명) 이야기〉

　내가 민성이를 처음 만난 것은 민성이가 중2 때 친구와 함께 영어를 배우러 우리 집에 왔을 때였다. 민성이는 또래 남학생에 비해 키가 작고 몸집이 왜소한 편이었으며, 성격이 차분하고 착실하였다. 과제도 잘 해왔고, 공부도 곧잘 하였다. 한 이태 정도 가르친 다음, 아이가 안산의 한 고등학교로 진학하면서 헤어졌다.

　그러다가 다시 한 이 년 후 어느 날 뜻밖으로 민성이 어머니께서 전화하셨다. 민성이가 학교생활에 문제가 있다고 하시면서 걱정이 이만저만 아니셨다. 어머니의 말인즉, 민성이가 반의 아이들이 무서워서 수업에 들어가기 싫어한다는 것이었다. 그때가 고2 여름 방학 쯤이었는데, 2학년 초부터 그렇게 느끼기 시작했다고 한다.

　민성이 아빠는 교회 안수집사로 부모님 두 분 다 신앙이 있으신 분들이었다. 나는 아이들 문제는 결국 부모의 영적 훈련 수단이므로 걱정하지 마시고 하나님께 기도하도록 말씀드렸다. 그리고 민성이는 하나님의 자녀로서 자신의 정체성을 확립할 필요가 있어 나와 함께 성경 공부를 하자고 했다. 민성 어머니는 성경 과외도 영어 과외처럼 수업료 받으시냐고 해서 내가 크게 웃으며 받지 않는다고 했다. 교재는 두란노 서원에서 나온 일대일 교재를 사용하였다. 공부하면서 중요한 말씀들을 암송하게 하였다. 그렇게 여름 방학 동안 일주일에 한 번씩 아이가 우리 집에 와서 성경 공부를 하였다.

그다음 삶에서 터득한 지혜로 - 심신의 회복을 위해 필요한 것은 말씀과 기도, 운동, 영양 보충이라는 것 - 민성 아빠에게 민성이와 함께 아이가 좋아하는 운동을 하도록 조언하였다. 아이가 동년배 아이들에게 두려움을 느끼는 것은 신체적 자신감의 부재에서 비롯되었을 수도 있을 것 같았기 때문이었다. 민성이는 뜻밖에 복싱을 하고 싶어 했고, 아빠는 회사 일로 바빴음에도 불구하고 저녁마다 시간을 내어 아이와 복싱장을 찾았다. 그러기를 수개월.

민성이 어머니에게는 아이를 기숙사보다 집에서 묵게 하고 학교는 자동차로 통학시키며, 저녁마다 좋은 식사를 만들어 아이에게 영양을 보충시켜 주도록 조언하였다. 어머니도 이 조언을 그대로 따라 해 주셨다. 차츰 민성이 상태는 좋아졌다. 고3이 되었을 때 입시 공부에 전념할 수 있을 정도로 회복되었다.

그러나 고2 후반기를 그렇게 느슨하게 보낸 대가는 지불해야 했다. 고3 때 열심히 했음에도 수능 성적이 원하는 만큼 나오지 않았다. 아이는 재수를 하겠다고 했다. 부모님도 나도 처음에는 스트레스로 아이의 상태가 다시 나빠질까 봐 반대했다. 하지만 아이가 고집을 부리는 바람에, 그토록 하고 싶어 하면 하게 하는 것이 훗날 후회함이 없을 듯하여 허락하는 쪽으로 마음을 돌렸다. 아이는 열심히 노력하였고, 재수하여 성균관대 원하는 과에 진학하였다. 이후에 들은 것은 민성이 교회 청년부에 들어가 열심히 활동하고 있다는 소식이었다.

예수님처럼 키우려면

누가복음 2:52

52 예수는 지혜와 키가 자라가며 하나님과 사람에게 더욱 사랑스러워 가시더라

살면서 겪는 어려움은 대개 시간이 지나면 해결이 된다. 나중에 돌아보면서 옛날이야기처럼 할 수 있다. 그러나 시간이 지나도 해결이 안 되고 때로는 평생 짐으로 지고 가야 하는 일이 있다. 바로 자녀 양육이다. 바르게 잘 키운 자녀는 평생 부모의 기쁨과 자랑이 되지만, 그렇게 키우지 못한 자녀는 평생 부모의 짐이 되고 한이 된다. 자녀를 어떻게 키워야 할까 고민이 되지 않을 수 없다. 다행히 우리에게 최고 훌륭한 본이 있다. 바로 예수님이다. 예수님처럼 자녀를 키우면 된다.

예수님은 지혜와 키가 자라며 하나님과 사람에게 더욱 사랑스러워 가셨다. 자녀들을 어떻게 하면 예수님처럼 지혜롭고 사랑스러운 아이로 키울 수 있을까? 에둘러 말하지 않고 단도직입적으로 말하겠다. 성경 이야기를 들려주면 된다.

"여호와를 경외하는 것이 지혜의 근본이요 거룩하신 자를 아는 것이 명철이다"(잠언 9:10). 예수님처럼 자녀를 키우려는 부모는 일찍부터 세상 것으로 자녀들 머리와 마음을 채우려 하지 않아야 한다. 조금이라도 무얼 일찍 깨우치려고 애쓰지 않는다. 다른 아이들보다 말도 잘하고, 글자도 먼저 읽고, 영어도 한마디 먼저 하고, 더하기도 먼저 하는 아이로 가르치려고 애쓰지 않는다. 그런 것들은 시간 지나면 다 할 수 있는 일이다. 그런 것 너무 일찍 가르치려 하다가 공부하는 재미를 놓치게 할 수도 있다. 그보다 자녀를 근본적으로 지혜롭게 만드는 길을 가르친다. 바로 성경 이야기를 아이에게 들려준다. 그 이야기를 통해서 자녀가 하나님의 존재를 의식하게 되고 어릴 때부터 하나님을 경외하는 자녀로 자라게 된다.

성경 이야기는 아이들의 무한한 상상력을 자극한다. 동화의 좋은 점이 아이들에게 상상력을 키워 주는 것이다. 하지만 동화는 밑도 끝도 없는 이야기들도 많다. 그러나 성경 이야기는 천지를 지으신 무한하신 하나님과 연결되는 동시에 또 실제로 다 일어난 일들이다. 무 차원적 상상의 세계와 우리가 발붙이고 사는 현실 세계를 성경 이야기처럼 광대하면서도 구체적으로 연결 지어 주는 동화는 없다. 성경 이야기는 결코 고루하고 편협하지 않다. 아이들에게 상상력뿐 아니라 하나님에 대한 이해, 사람에 대한 이해도 한꺼번에 심어 준다. 성령의 지혜로 비상한 꿈을 꾸는 동시에 이웃 사람에 대한 연민과 동정심도 가지게 한다.

아기가 알아들을 정도로 크면 읽어 주겠다고 생각하는 부모도 있다. 그러나 알아듣지 못하는 아기는 없다. 태교를 하는 이유는 태아가 알아듣는다고 생각하기 때문이다. 태교할 때는 우아하게 클래식 음악도 들려주고 동화도 읽어 주다가, 아기가 태어난 후에는 못 알아듣는다고 생각하면 이치에 맞지 않는다.

내 조카가 장가를 가고도 아기가 좀 늦게 생겼다. 그래서 아내가 임신이 되자 기뻐서 태중 아기에게 자주 찬양을 불러 주었다. 마침내 아기가 태어났다. 어느 날 아빠가 아기를 보는데 자꾸 울었다. 조카는 아직 아기 보는 것이 서툴러 어떻게 할 줄 모르다가 무심코 태아 때 자주 불러 주었던 찬양을 불렀다. 갑자기 울던 아기가 눈을 동그랗게 뜨고 아빠를 쳐다보았다. 아빠는 가슴이 쿵 할 정도로 놀랐다. 태아도 부모가 말하는 걸 알아듣고, 돌 전후 아기들도 당연히 부모가 말하는 걸 알아듣는다.

아기가 지적으로 이야기를 이해하지는 못할 수 있다. 그러나 그 이야기를 들려주는 부모의 목소리와 눈빛과 마음 자세는 아기에게 그대로 다 전달된다. 하나님을 경외하기를 가르치고자 하는 부모의 그 간절함이 그대로 자녀에게 전달되어서, 아기는 무의식 속에서 하나님을 경외하는 자녀로 자라게 된다.

아기가 조금 자라서 어린이집이나 유치원에 가면 부모들에게 유혹이 많다. 또래 어머니들에게 이것 좋다 저것 좋다 하는 말을 많이 듣는다. 그런 것 따라 하지 말라는 것은 아니다. 해도 좋다. 다만 하나님 말씀을 사랑하게 만드는 것, 그것이 가정 먼저란 것은 잊지 말아야 한다.

독서 지도사들은 초등학교 고학년 아이들에게도 책을 읽어 주면 좋다고 한다. 미국은 초등학교 고학년 교실에도 선생님이 책을 읽어 주는 코너가 있다. 교실 한쪽에 선생님이 편하게 앉을 수 있는 낮은 소파가 있고 바닥에는 카펫이 깔려 있다. 선생님이 책을 읽어 주면, 아이들은 앉아서 들어도 되고 누워서 뒹굴면서 들어도 된다. 아이들이 커서도 책을 읽어 주는 것이 그만큼 그들의 지적, 정서적 발달에 좋기 때문이다.

부모가 아이와 정서적으로 친밀함을 나누며 함께 할 수 있는 시간은 뜻밖에 매우 짧다. 요즘에는 아이들이 다녀야 할 학원이 많아 초등학생도 집에 있는 시간이 많지 않다. 게다가 스마트 폰으로 인해 아이가 부모 옆에 있기를 싫어한다. 사춘기 시기도 점점 내려오고 있다. 예전엔 고등학생 때였는데 중학생 때 된 지 오래고 이제 초등학생 시기로 내려오고 있다. 그땐 부모가 자녀와 함께 하고 싶어도 아이가 밀어낸다. 자녀가 어릴 때 친밀함을 쌓아 두지 않는다면 아이가 자라면서 어느 순간 대화가 잘되지 않는다. 소통이 막혀 버린다. 그러나 부단히 아이에게 책을 읽어 주면서 대화의 창구를 열어 두면, 아이가 사춘기를 지나면서도 여전히 소통이 될 수 있다. 사춘기는 아이의 정신적 독립 시기이다. 그동안 책을 통해 정신적 대화를 해 왔다면 최소한 소통이 막혀 고통스럽지는 않을 것이다.

책을 읽어 줌으로써 얻는 유익은 말로 다 할 수 없다. 그런데 그 책이 성경이라고 해 보라. 자녀가 지혜와 키가 자라가며 하나님과 사람에게 더욱 사랑스러워 가는 것은 시간문제다.

6장

말씀 묵상과 기도

말씀을 묵상한다는 것은 하나님의 주권을 인정하고 높이고 그분의 음성에 귀를 기울이는 것이다. 말씀을 지켜 순종하는 것은 우리 삶 속에 하나님께서 그분의 뜻을 행하시도록 우리 자신을 내어드리는 것이다. 이 말씀 묵상과 순종을 통해서 하나님은 우리를 통해 그분이 뜻하시고 계획하신 일을 이루신다.

찾아오시는 예수님

누가복음 5:1-11

4 말씀을 마치시고 시몬에게 이르시되 깊은 데로 가서 그물을
내려 고기를 잡으라

5 선생님 우리들이 밤이 새도록 수고하였으되 잡은 것이 없지
마는 말씀에 의지하여 그물을 내리리이다

…

8 시몬 베드로가 이를 보고 예수의 무릎 아래 엎드려 이르되
주여 나를 떠나소서 나는 죄인이로소이다 하니

…

11 그들이 배들을 육지에 대고 모든 것을 버려두고 예수를 따
르니라

베드로와 동네 어부들이 밤이 새도록 갈릴리 호수에서 고기를 잡
았지만 한 마리도 잡지 못했다. 아침이 되어서 파장하려고 배를 호
숫가에 대고 그물을 씻었다. 그때 마침 예수님이 호숫가에 서 계셨
고, 많은 사람이 하나님 말씀을 들으러 왔다. 예수님은 배를 보시고

그중 한 배에 오르셨다. 베드로의 배였다. 예수님은 배를 육지에서 조금만 띄우게 하시고 배에서 무리를 가르치셨다. 말씀을 다 마치신 후에, 베드로에게 깊은 데로 가서 그물을 내려 고기를 잡으라고 하셨다.

베드로가 대답했다, "**선생님** 우리들이 밤이 새도록 수고하였으되 잡은 것이 없지마는 말씀에 의지하여 그물을 내리리이다"(5절). 그리고 가서 그물을 내리는데 고기가 너무 많이 잡혀서 그물이 찢어졌다. 얼른 다른 배에 있는 친구들에게 와서 도와 달라고 손짓했다. 물고기는 두 배 가득 찼다.

베드로는 이것을 보고 너무 놀랐고 갑자기 두려워졌다. '예수님 이분은 진짜 하나님이 함께 하시는 분이구나!' 깨달은 것이다. 예수님 앞에 무릎을 꿇고 말했다, "**주여**, 나를 떠나소서. 나는 죄인이로소이다." 예수님이 말씀하셨다, "무서워하지 말라 이제 후로는 네가 사람을 취하리라"(10절 하). 이 말씀을 들은 어부들은 베드로, 안드레, 요한, 야고보였다. 그들은 배도 방금 잡은 물고기도 다 버려두고 예수님을 따라갔다.

예수님이 베드로를 찾아가셨다. 밤새도록 물고기를 잡았지만 한 마리도 못 잡고 허탕 친 그 아침, 왜 하필이면 예수님이 그 호숫가에서 계셨을까? 그리고 사람들이 너무 몰려와 거기 있는 배에 올라가 사람들을 가르치셨을 때 그 배가 하필이면 베드로의 배였을까? 우연이었을까? 아니다. 예수님의 의도는 분명했다. 그날 아침 예수님의 목적은 사람들을 가르치는 것보다 베드로를 만나는 데 있었다.

베드로가 이날 예수님을 처음 만난 것은 아니었다. 몇 달 전 예수님이 요한에게 세례받으셨을 때 동생 안드레의 소개로 예수님을 만난 적이 있고(요한복음 1:35-42), 며칠 전에 열병에 걸린 베드로의 장모를 예수님이 고쳐 주시기도 했다(누가복음 4:38-39). 그렇지만 아직도 예수님은 베드로에게 선생님이었다. 생을 바쳐 따라야 할 주님으로는 여겨지지 않았다. 그래서 그 전날 밤도 예수님을 따라다니기보다 일이나 하자는 생각으로 고기를 잡으러 나섰다.

예수님은 베드로의 마음을 아셨다. 그래서 그날 아침 작정하시고 베드로에게 찾아오셨다. 그리고 일부러 베드로의 배에서 사람들에게 하나님의 말씀을 가르치셨다.

주님은 찾아오셔서 말씀하신다. 배에서 그물을 씻으며 베드로는 말씀을 들었다. 그 말씀 내용이 정확히 무엇인지 우리는 알 수 없지만, 예수님이 하시던 내로 "회개하라 천국이 가까이 왔다!"는 이야기였을 것이다. 우리의 삶이 단순히 이 땅에서 사는 것으로 끝나는 것이 아니라, 하나님의 자녀로 이제는 우리가 하나님 나라의 백성으로 하나님 나라를 이루며 살아야 함을 가르치셨을 것이다. 그런데 비록 예수님이 그 말씀을 무리에게 하셨을지라도, 예수님의 목적은 베드로에게 있었기 때문에 예수님은 베드로의 귀에 대고 말씀하신 것이나 다름없었다.

다행히 베드로가 그 말씀을 잘 들은 것이 분명하다. 왜냐하면 말씀을 다 하신 후에 예수님이 어부 상식에는 전혀 맞지 않게 "깊은 데로 가서 그물을 던져라!"고 하셨을 때, 베드로가 "말도 안 돼요 선생님, 밤새도록 잡았는데 한 마리도 못 잡았어요. 게다가 아침에는 깊은 데로 물고기가 가는 것이 아니라 얕은 데로 나옵니다."라고 말하며 거절하지 않았기 때문이다. 대신 "선생님 우리들이 밤이 새도록 수고하였으되 잡은 것이 없지마는 말씀에 의지하여 그물을 내리리이다"고 말했다. "말씀에 의지하여"를 NIV 영어 성경은 because you say so로 번역하고 있다. 그 경우 베드로의 말은 "어부 상식에는 전혀 안 맞지만, 당신이 그렇게 말씀하시니까 한번 해 보겠습니다."의 뜻이 된다. 이 말에서 우리는 베드로가 예수님의 말씀에 뭔가 권위가 있어 자기 지식으로는 받아들이기 힘들지만 순종한 것을 알 수 있다. 그 결과, 수십 년 경험에서 나온 어부 상식을 완전히 뒤집는 놀라운 일이 일어났다. 그물이 찢어질 정도로 고기가 많이 잡혔다.

여기서 베드로는 충격을 받은 듯하다. 드디어 예수님이 어떤 분이신지 분명히 알게 되었다. 이런 기적이 일어난 것을 보면 하나님이 함께 하심이 분명하였기 때문이다. 그동안 자신이 예수님을 의심하고 주저한 것이 너무도 죄송했다. 그래서 두렵고 떨림으로 그는 예수님 앞에 무릎을 꿇고 말했다. "**주여**, 나를 떠나소서, 나는 죄인입니다"(8절). 드디어 예수님을 "주님"으로 고백했다. 자기가 거룩하신 하나님의 임재 앞에 서기에 너무나 부끄러운 죄인임도 고백했다.

예수님은 우리를 찾아오신다. 베드로에게 찾아가셨던 것처럼 오늘 우리에게도 찾아오신다. 특별한 때에 오실 수도 있지만, 흔히 우리의 일상에 오신다. 우리가 지치고 곤할 때, 아이 문제로 걱정이 있을 때, 다른 사람과의 갈등으로 마음이 괴로울 때, 또는 집에서 온종일 아기 보면서 '남들은 다 잘 나가는데 나는 집에서 아기나 보고, 내 인생은 어떻게 되나?' 생각하며 마음이 우울할 때, 우리 곁에 조용히 오셔서 기다리신다. 우리가 그분의 말씀을 들을 준비가 될 때까지 기다리신다. 밤새도록 고기 잡은 베드로가 허탕 치고 배에서 나와 그물을 씻을 때까지 예수님이 얼마나 기다리셨는지 모른다. 그러나 기다리셨고, 마침내 때가 왔고, 말씀하셨다. 이 예수님을 만나시길 바란다. "나에게는 오시지 않았습니다." 아니다, 찾아가셨다. 지금도 찾아가신다. 마음이 콩 밭에 가 있어서 주님을 못 느끼고 못 볼 뿐이다. 예수님을 만나러 어딜 가는 것도 아니다. 찾아오시는 예수님을 그냥 만나면 된다.

그럼 어떻게 만나나요? 말씀으로 만난다. 그 옛날 예수님이 육신으로 계셨을 때는 육신으로 베드로를 만나셨다. 그러나 이제는 영으로 계시며, 어디서나 영으로 우리를 만나신다. 그렇지만 여전히 말씀으로 우리를 만나 주신다.

이 점과 관련하여 두 가지를 주목할 필요가 있다. 첫째는 주일 설교 말씀이다. 하나님은 그 주일 자기 백성에게 필요한 말씀을 설교를 통해 주신다. 주일예배를 정성껏 드리며 귀 기울여 말씀을 듣는다면, 내 삶에 필요한 말씀을 주시는 것을 들을 수 있다.

그다음은 개인적인 성경 읽기와 묵상이다. 하루 중 조용한 시간에 성경을 읽고 묵상하며 주님이 말씀하시길 기다려 보라. 그날 베드로에게 하신 것처럼 주님은 우리에게도 분명히 말씀하신다. 예수님 자신이 어떤 분인지도 가르쳐 주시고, 지금 나에게 무엇이 필요한지도 가르쳐 주신다. 때로는 깊은 데 가서 그물을 내리라고 명령하시기도 한다. 그 말씀을 듣고 순종할 때, 걱정 근심으로 요동치던 마음이 잔잔해지기도 하고 또는 베드로가 그랬던 것처럼 엄청난 기적을 경험하기도 할 것이다. 하나님이 모든 것을 다스리시는 것을 깊이 경험할 것이다. 베드로는 그 예수님을 만났고, 일평생 그분을 따랐다.

예수님은 우리에게 찾아오신다. 조용히 마음을 열고 귀를 기울여 그분의 음성을 들어 보자.

〈큰어머니 이야기〉

큰어머니는 1923년생으로 학교에 다닌 적이 없어 글을 읽지 못하셨다. 육이오 때 큰아버지가 전사하시고, 혼자 살면서 예수님을 믿고 은혜를 많이 받아 교회를 열심히 섬기시다가 권사까지 되셨다. 그런데 문맹이시라 성경을 읽지 못하는 것이 한이 되었고 성경을 너무 읽고 싶으셨다. 그래서 기도를 하셨다. 성경 좀 읽게 해 달라고, 수년 동안.

그러던 어느 날 새벽기도 후에 성경을 폈는데 글자가 보이셨다. 떠듬떠듬 읽다가 이것이 맞나 싶어 교회에서 가장 친한 장로님을 찾아가서 자신이 읽어 볼 터이니 맞는지 보라고 하셨다. 큰어머니가 읽기 시작하자, 장로님이 "아유 권사님, 잘 읽으시네요!"라고 했다. 실제로 읽게 되신 것이다. 하나님 말씀 읽기를 너무 사모하니 하나님께서 진짜 눈을 열어 주셨다.

성경을 읽고 싶어도 마음대로 읽지 못하는 분들이 많이 있다. 북한이나 중국 또는 보수적인 이슬람권에 사는 사람들은 성경을 소지하기만 해도 잡히면 감옥행이고 엄청난 핍박을 받는다. 그런 분들은 성경을 읽고 배우기를 실로 사모한다. 참 불공평하다. 박해당하는 분이나 문맹이신 분들은 성경 읽기를 사모하고 또 사모하지만, 아무 제약 없이 마음껏 읽을 수 있는 사람들은 성경을 읽지 않는다.

전쟁에서 이기는 비결

여호수아 1:1-9

6 강하고 담대하라 너는 내가 그들의 조상에게 맹세하여 그들에게 주리라 한 땅을 이 백성에게 차지하게 하리라

7 오직 강하고 극히 담대하여 나의 종 모세가 네게 명령한 그 율법을 다 지켜 행하고 우로나 좌로나 치우치지 말라 그리하면 어디로 가든지 형통하리니

8 이 율법 책을 네 입에서 떠나지 말게 하며 주야로 그것을 묵상하여 그 안에 기록된 대로 다 지켜 행하라 그리하면 네 길이 평탄하게 될 것이며 네가 형통하리라

9 내가 네게 명령한 것이 아니냐 강하고 담대하라 두려워하지 말며 놀라지 말라 네가 어디로 가든지 네 하나님 여호와가 너와 함께 하느니라 하시니라

출애굽 세대가 광야에서 다 죽었다. 모세까지 죽었다. 이스라엘 민족은 세대교체가 완전히 이루어졌고, 이제 가나안 정복을 눈앞에 두었다. 여호수아가 모세의 후계자가 되어 이스라엘을 이끌어야 했

다. 그는 젊은 시절부터 모세 옆에서 시중을 들면서 그를 보좌했다. 전쟁이 있을 때마다 앞장서서 이스라엘 백성을 승리로 이끌었고, 열두 정탐꾼 중 하나로 가나안 땅을 탐지했을 때 갈렙과 함께 긍정적인 보고를 한 유일한 사람이었다. 결국 출애굽 1세대 중 그 두 사람만 광야에서 살아남아 가나안 땅에 들어가게 되었다. 여호수아는 용감하고 충성스러웠다.

그러나 아무리 용감하고 충성스러웠어도 가보지 않은 길을 가야할 때, 그것도 혼자 가는 것이 아니라 한 민족을 이끌고 약속의 땅으로 들어가 그 땅의 주민들을 쳐서 멸하고 그곳에 민족 국가를 건설해야 할 때, 아무리 강심장이고 전쟁터에서 뼈가 굵은 사람이라 해도 염려되고 걱정되지 않을 수 없었다. 더구나 여호수아는 가나안땅의 사람들이 어떤 사람들인지 예전에 정탐할 때 직접 눈으로 보았었다. 그들은 거인들의 후손으로 몸집이 컸고 그중 어떤 족속은 철병거도 가지고 있었다. 그토록 의지하던 모세까지 죽었고 민족의 사활이 자신의 어깨 위에 놓인 상황에서 여호수아는 매우 긴장했을 것이다.

그때 하나님께서 여호수아에게 말씀하셨다. 그 말씀이 여호수아 1장 1절에서 9절 말씀이다. 그 핵심 내용은 '이제 이스라엘 백성을 데리고 내가 주는 땅으로 가라. 내가 주리라고 약속한 땅은 모두 너희에게 줄 것이다. 내가 모세와 함께 있었던 것처럼 평생 너와 함께하겠다. 내가 너를 떠나지 않고 버리지 않을 것이다. 강하고 담대하라.'이다. 이 짧은 구절에 "강하고 담대하라"가 세 번이나 거푸 나오는 것으로 보아 여호수아가 얼마나 긴장하고 있는지 능히 짐작할 수 있다.

그러나 그 큰일 앞에서 하나님께서 여호수아에게 요구하시는 것은 한 가지뿐이었다. 하나님의 말씀을 주야로 묵상하고 그것을 지켜 행하는 것이었다. 여호수아가 전쟁에서 이기고 이스라엘을 승리로 이끄는 비결은 바로 하나님의 말씀을 묵상하고 그것을 지켜 행하는 것이었다. 하나님은 여호수아에게 전쟁기술이나 전략보다 하나님 말씀에 귀 기울이고 순종하는 것만 요구하셨다. 왜냐하면 처음부터 이 전쟁은 하나님께 속한 것이고, 여호수아나 이스라엘 백성이 자기들 힘으로 할 수 있는 것이 아니었기 때문이다. 사실 나중에 하나님께서 전쟁할 때마다 어떻게 하면 전쟁에서 이길지 전략도 자세히 가르쳐 주신다. 언제 기습작전을 쓸지, 언제 매복 작전을 쓸지 다 가르쳐 주신다. 하지만 하나님 말씀을 듣고 순종하는 훈련이 되어 있지 않으면, 아무리 전략을 가르쳐 주셔도 듣지 못하고 그것을 사용하지도 못할 것이다. 말씀을 묵상하면서 하나님의 음성을 듣고 순종하는 것이 무엇보다 필요했다. 여호수아는 하나님의 말씀을 명심했다. 그리고 끝까지 충성스럽게 말씀을 붙들고 하나님을 의지함으로 그에게 주어진 사명을 훌륭하게 완수했다.

여호수아는 오늘을 사는 그리스도인들이 어떻게 승리하는 삶을 살 수 있는지 매우 분명하게 가르쳐 준다. 우리는 비록 여호수아처럼 극적인 삶을 살거나 큰 사명을 수행하지는 않을지라도, 가정에서든 직장에서든 우리에게 주어진 크고 작은 책임을 잘 완수할 필요가 있다. 우리는 그 비결을 여호수아에게서 배운다.

우리 앞에 어떤 큰일이나 혹은 중요한 책임이 있을 때, 우리는 그 일 자체만 붙들고 그것을 어떻게 잘 해낼 수 있을지에만 초점을 두기가 쉽다. 예를 들어 육아를 잘하고 싶을 때, 어떻게 해야 육아를 잘 할 수 있을지 또는 다른 사람은 어떻게 해서 육아를 잘했는지 육아 자체에 관심을 기울이고 그 일에 시간과 에너지를 쏟으면 그것을 잘 해낼 수 있을 것으로 생각한다. 그러나 실제로는 그것보다 훨씬 더 중요한 것이 있다. 바로 하나님의 말씀에 귀를 기울이는 것이다. 왜냐하면 하나님만큼 모든 일에 전문가가 없고, 하나님만큼 우리 아이를 잘 알고 그에게 맞는 육아 방법을 아시는 분이 없기 때문이다. 여호수아는 전쟁을 앞에 두고도 전쟁기술을 연마하는 것이 아니라 하나님 말씀을 묵상하고 지켜 행하라는 말씀을 들었다.

물론 무슨 일을 잘 하기 위한 방편으로 말씀을 묵상하라는 것은 결코 아니다. 말씀을 묵상하는 것은 하나님의 주권을 인정하고 높이고 그분의 음성에 귀를 기울이는 것이고, 말씀을 지켜 순종하는 것은 우리 삶 속에 하나님께서 그분의 뜻을 행하시도록 우리 자신을 내어 드리는 것이다. 이 말씀 묵상과 순종을 통해서 하나님은 우리를 통해 그분이 뜻하시고 계획하신 일을 이루신다. 그럼 이 말씀 묵상과 순종을 어떻게 하면 우리가 잘 할 수 있을까?

내가 추천하고 싶은 방법은 묵상일지를 쓰는 것이다. 많은 분이 사용하는 『매일 성경』을 따라 해도 좋고, 또는 자신이 정한 성경 본문을 가능하면 날마다 꾸준히 묵상해 나가는 것도 좋다. 중요한 것은, 그냥 읽고 넘어가지 말고 그 말씀을 통해 하나님이 나에게 주시는 교훈이 무엇인가 생각하며 떠오르는 생각들을 노트에 기록하는 것이다. 처음에는 별생각이 나지 않을 수도 있지만 생각나는 대로 조금씩 쓰다 보면, 그 말씀이 내 속마음을 비추어서 내 안의 것들이 나도 모르게 드러나게 된다. 그럴 때 때로는 깨닫지 못했던 은혜를 깨달으며 감사도 하고, 때로는 깨닫지 못했던 죄를 깨달으며 회개도 하고, 때로는 그날 꼭 해야 할 일이 무엇인지 발견하기도 한다.

하나님은 우리가 상상할 수 없을 정도로 우리와 가까이 계시고 우리에게 말씀하시기 원하신다. 문제는 우리가 보는 눈이 없어 못 보고, 듣는 귀가 없어서 못 듣는 것뿐이다. 그 하나님을 가장 잘 듣고 볼 수 있는 방법이 내 경우는 바로 묵상일지를 쓰는 것이다. (다음 편에 계속)

〈바로 옆에 두고도〉

　내 지인의 이야기이다. 아이들이 서너 살 때 온 가족이 강가로 캠핑하러 갔다. 버너에 불을 피우고 국을 끓이다가 잘못해서 국 냄비가 아이 다리에 엎질러졌다. 아이가 다리를 심하게 데었다. 급하게 아이를 병원으로 데리고 가서 치료를 받았다. 완치되기까지 몇 주 동안 고생했다.

　그런데 나중에 부부는 자기들이 정말 바보 같았다는 것을 깨달았다. 화상 입었을 때 어쩔 줄 몰라 병원부터 갈 것이 아니라 바로 옆에 시원한 강물에 푹 담가서 화기를 일찍 빼 주었더라면 아이가 훨씬 고생을 덜 하였을 것이란 사실이었다.

　우리 신앙생활이 이와 같지 않을까 생각한다. 우리의 구원과 삶에 필요한 모든 지혜가 성경 속에 강물처럼 흐르고 있다. 바로 옆에 손만 뻗으면 있다. 그러나 그것을 모른 채 다른 곳에서 도움을 구하느라 바쁘다. 어떻게 해야 자녀를 잘 키울지, 어떻게 해야 경제적으로 안정되게 살 수 있을지. 사실은 성경에 다 있다.

23. by GOD Grace

〈2% 부족을 채우다〉

나는 대학 다닐 때 CCC 활동을 했다. 나름대로 열심히 했고, 뭔가 부르심이 있는 것 같아 대학 졸업하고 바로 야간 신대원에 진학했다. 주간에는 교사로 일하며 야간에 신학을 공부했다. 그러다가 주간 반 신대원에 진학한 남편을 만나 결혼도 하고 목회자 가정을 이루었다. 겉으로 보기에 참 신앙이 좋은 사람으로 보였다. 하지만 내 속에 나만 아는 2% 부족함이 있었다. 뭔가 부족한 것이 있었는데 어떻게 해야 할지를 몰랐다.

그러던 중 남편이 유학 가면서 나도 직장을 그만두고 함께 미국으로 갔다. 내 나이 서른이었다. 그동안 나는 매우 바쁘게 살았었다. 서른이 될 동안 한순간도 여유 있게 살아 본 적이 없었다. 결혼하기 전은 주경야독으로 고달프게 살았다. 결혼 후에는 아기 낳고 워킹맘으로 살았다. 삶 자체가 분주해서, 자투리 시간을 내어 성경을 읽고 큐티를 해도 충분히 집중할 수 없었다.

비로소 미국에서 어디 다니지도 않고 집에 있으면서 주님께 집중할 수 있는 시간을 얻었다. 이태 정도 날마다 말씀을 묵상하고 기도할 수 있었다. 어느 날 문득 깨달았다, 내가 계속 느꼈던 그 2% 부족이 더는 느껴지지 않는다는 것을. 마침내 가득 채워진 느낌이었다.

나는 그때 알았다, 은혜를 누리려면 시간이 있어야 한다는 것을. 은혜는 공짜로 주시는 것이지만, 그것을 받아서 충분히 내 것으로 만들려면 나도 시간과 노력의 투자가 필요했다.

실천이 중요하다

여호수아 6:2-7

3 너희 모든 군사는 그 성을 둘러 성 주위를 매일 한 번씩 돌되
엿새 동안을 그리하라

4 제사장 일곱은 일곱 양각 나팔을 잡고 언약궤 앞에서 나아갈
것이요 일곱째 날에는 그 성을 일곱 번 돌며 그 제사장들은 나
팔을 불 것이며

5 제사장들이 양각 나팔을 길게 불어 그 나팔 소리가 너희에게
들릴 때에는 백성은 다 큰 소리로 외쳐 부를 것이라 그리하면
그 성벽이 무너져 내리리니 백성은 각기 앞으로 올라갈지니라
하시매

　　가나안 정복 전쟁이 시작되었을 때 그 첫 관문은 여리고 성이었
다. 하나님은 성을 얻는 방법으로 아주 특별한 방법을 제시하셨다.
침묵한 채로 여호와의 언약궤를 따라 성을 돌게 하셨다. 하나님이
정하신 순서대로 군사들, 양각 나팔을 든 제사장들, 하나님의 언약
궤를 맨 제사장들, 그 뒤를 따르는 후군 순서로 엿새 동안 하루에 한

바퀴씩 돌고, 칠일째에는 일곱 바퀴를 돌게 하셨다. 하나님의 말씀에 순종했을 때 백성들은 여리고 성이 위에서부터 무너져 내리는 것을 보았고 승리하였다. 하나님의 언약궤는 하나님의 임재를 뜻한다. 하나님께서 백성과 함께 전투를 행하셨다.

문제는 하나님 말씀에 순종하는 것이다. 그러나 우리는 무엇을 어떻게 순종해야 하는지 잘 알지 못한다. 우리의 삶이 여리고 성 정복 같은 큰 사건들로만 된 것이 아니라, 너무 소소해서 기억조차 못하는 작은 일들로 더 많이 이루어져 있기 때문이다. 차라리 큰 사건 같으면 무엇을 어떻게 해야 하는지가 더 분명할 수 있다. 그러나 매일 사는 일이 어제나 오늘이나 똑같은 삶이다 보니 하나님 말씀을 어떻게 듣고 순종해야 하는지 잘 모르게 된다. 하지만 하나님은 우리 머리카락까지 다 세시는 분이시다. 참새 두 마리가 한 앗사리온에 팔리는 것까지도 알고 계신다(마태복음 10:29-30). 하나님은 소소하기 그지없는 우리 삶에도 깊이 관여하시며 우리를 의의 길로 인도하시길 기뻐하신다.

하나님의 음성을 듣기 어려운 이유는 그것이 대개 세미한 영적 음성이기 때문이다. 세상의 소리가 너무 크거나 또 세상 소리에 익숙해져 있으면 그 세미한 음성을 듣기 어렵다. 그 음성을 잘 듣기 위해서는 듣는 연습을 할 필요가 있다. 그 연습 중 하나로 지난번에 묵상일지를 쓸 것을 권면했다. 이제 그다음 순서로, 묵상일지를 쓰다가 무엇이든지 삶에 적용이 되면 그것을 바로 순종 혹은 실천해야 하는 것을 말하고자 한다.

실천이 매우 중요하다. 이것은 하나님의 음성을 듣는 훈련 중 매우 중요한 과정이다. 하나님께서 계속 말씀하시는데 듣기만 하고 실천을 하지 않으면, 듣는 것이 소용이 없고 결국 하나님의 음성을 더는 들을 수 없게 된다. 하나님은 인격이심으로, 우리와 교제하시고 교통하실 때 우리가 듣기만 하고 도무지 행하지를 않는다면 더는 말씀하지 않으시기 때문이다.

반대로 작은 것이라도 듣고 행하기 시작하면 하나님의 음성을 점점 더 잘 듣게 된다. 그 순종을 통해서 하나님이 하시는 일을 보게 된다. 이렇게 되면 말씀 듣는 것이 즐거운 일이 되고, 하나님과 동행하는 것이 무슨 의미인지를 알게 된다. 실제 삶에서 하나님이 늘 함께하시고 인도하시는 것을 구체적으로 경험하게 된다.

방법을 소개한다면, 묵상일지를 쓰면서 먼저 나에게 주시는 교훈을 찾는다. 내가 염려하는 문제 혹은 결정해야 하는 문제가 그날 성경 말씀과 어떻게 연관되는지 생각 드는 대로 글을 써 내려간다. 그렇게 쓰다 보면 내 문제가 말씀에 비추어 정리되는 것을 느낀다. 거기서 어떤 결론이 나온다면, 그것이 나에게 주시는 하나님의 교훈이 될 수 있다. 그것을 내 삶에 적용한다.

이 적용은 가능한 한 구체적이어야 한다. 작은 일이라도 한 가지 분명한 일을 찾아서 실천하는 것이다. 예를 들어 자녀를 말씀으로 키워야 한다는 교훈을 받았다면, '그래 말씀으로 키우자. 주님 말씀으로 키우게 해 주세요.' 이렇게 하고 끝나면 묵상을 해도 성장이 없다. 자기 전에 꼭 성경 한 장을 읽어준다거나 혹은 중요한 말씀 한 구절을 자녀와 함께 외운다든지 행동 가능한 일을 찾아 실제로 행하는 것이다.

다른 예를 들면, 서로 사랑함으로 섬기라! 가 주님이 주시는 교훈이고, '아 나는 남편을 더 잘 섬겨야겠다,' '아 나는 아내를 더 잘 섬겨야겠다.'라고 생각할 수 있다. 거기서 멈추지 말고 구체적으로 섬길 방법을 찾는다. 저녁 반찬으로 남편이 좋아하는 반찬을 만든다든지, 아내가 말하기 전에 음식물 쓰레기를 버린다든지 한다.

처음엔 이것이 아무것도 아닌 것 같지만, 계속 이렇게 하다 보면 점점 더 주님이 내 삶의 일들에 관여하시고 말씀하시는 것을 깨닫게 된다. 몇 년이 지나면, 주님이 나보다 더 세밀하게 내 일을 주장하시고 인도하시는 것을 경험하게 된다. 그렇게 되면 자신 있게 '나는 주님과 동행한다!'라고 고백할 수 있게 된다.

여리고 성이 무너진 이야기가 오늘날 일어날 수 없는 일이라면 결코 성경에 기록되지 않았을 것이다. 오늘도 말씀에 순종하며 믿음으로 나아가는 자들 앞에 여리고 성은 무너지고 있다. 영화 〈불의 전차Chariots of Fire〉의 주인공 에릭 리델Eric Liddell은 1924년 파리 올림픽에 영국 육상 대표선수였는데, 자기 종목인 100m 달리기가 주일에 열린다는 것을 알고 주일성수를 위해 출전을 포기했다. '옹졸한 신앙인,' '배신자' 등의 낱말이 신문의 제 일면을 채웠다. 결국 우여곡절 끝에 종목을 바꾸어 평일에 열린 400m를 달리게 되었다. 놀랍게도 그는 400m에서 금메달을 땄다. 100m와 400m는 호흡이나 달리는 방식부터 완전히 달라 400m에서 금메달을 딴 것은 완전히 기적이었다. 그가 달리는 장면에서 하나님은 그를 빨리 달릴 수 있게 만드셨고 자기는 하나님을 기쁘시게 하고자 달린다는 그의 독백이 나온다. 하나님의 계명을 지키기 위해 비난을 감수하였으나, 기회가 주어졌을 때 자신에게 달리기 재능을 주신 하나님을 기쁘시게 하려고 사력을 다해 질주한 그를 하나님께서 높여 주신 것이다.

하나님의 말씀에 순종하고 믿음으로 나아갈 때 그분이 하시는 놀라운 일들을 경험할 수 있다. 그런 믿음에 이르는 연습으로 날마다 말씀을 묵상하며, 작은 일에서부터 하나하나 구체적으로 실천해 나가는 것이 매우 중요하다. 이 연습이 잘 이루어질 때, 자녀들에게도 하나님을 믿으라는 말만 하지 않고 어떻게 주님과 동행할 수 있는지 가르쳐 줄 수 있다. 실천이 중요하다.

"자유롭게 하는 온전한 율법을 들여다보고 있는 자는 듣고 잊어버리는 자가 아니요 실천하는 자니 이 사람은 그 행하는 일에 복을 받으리라"(야고보서 1:25)

⟨빛바랜 구두⟩

남편은 어머니가 아침에 출근하시는 아버지의 구두를 닦아드리는 모습을 보고 자랐다. 결혼 후에 나에게도 같은 것을 원했다. 어느 날 나에게 구두를 닦아 달라고 했다. 기분이 언짢아졌다. 자존심도 상했다. 못 들은 척했다.

어느 날 아침 경건의 시간에 묵상일지를 쓰면서 나에게 겸손과 온유함이 더욱 필요하다는 교훈을 얻었다. 이것을 어떻게 적용할까 생각하기도 무섭게 남편의 구두가 떠올랐다. 구두를 닦아야만 할 것 같았다. '좋아, 닦아 보자!' 큰맘을 먹었다.

미루면 또 하기 싫어질 것 같아, 펜을 놓고 현관으로 갔다. 남편의 구두를 찾아 솔로 털었다. 처음에는 솔로 털기만 할 심산이었다. 그런데 털어도 턴 것 같지 않은 빛바랜 구두가 마음을 움직였다. 구두약을 꺼내 제대로 닦았다. 남편은 이후 구두를 닦아 달라는 말을 다시 하지 않았다.

요즘에 나는 심심하면 남편의 구두를 닦는다. 변화와 성장은 실천이 가져온다.

성령님의 조명

고린도전서 2:10-14

10 오직 하나님이 성령으로 우리에게 보이셨으니 성령은 모든 것 곧 하나님의 깊은 것까지도 통달하시느니라

성령님이 하시는 주된 사역 중 하나는 하나님의 말씀을 깨닫게 하시는 것이다. 하나님의 말씀인 성경은 성령의 감동하심을 받은 사람들이 하나님께 받아 말한 것을 기록한 것이다. 그러므로 사람의 지혜로 쉽게 이해할 수 있는 책이 아니다. 물론 사람들이 문학작품을 이해하는 데 사용하는 기법을 적용하여 성경을 더 잘 이해할 수는 있지만, 그것으로 하나님이 주시는 영적 메시지를 간파할 수는 없다. 사람의 일을 사람의 속에 있는 영 외에 알 수 없듯이, 하나님의 일도 하나님의 영 외에는 아무도 알지 못하기 때문이다(고린도 전서 2:11). 문자의 의미를 넘어 영적 의미를 깨닫기 위해서는 성령님이 빛을 비추어 주셔야 한다. 그것을 성령의 조명하심이라고 한다. 플래시로 어두운 밤을 비추어 길을 밝히듯이 성령께서 말씀에 빛을 비추어 우리로 깨닫게 하신다.

그 깨우치심은 단순히 문맥 안에서 의미를 넘어 오늘 나의 삶에 어떻게 적용되어야 하는지까지 포함한다. 나의 사정도 훤히 아시고 하나님 말씀의 뜻도 환히 아시는 성령님께서 그 말씀이 오늘 나에게 어떻게 적용되어야 할지까지 알려 주신다.

이 부분과 관련하여서 가장 기억에 남는 일은 내 친정아버지가 돌아가셨던 때이다. 그때 나는 미국에 있었다. 아버지가 편찮으시 단 말을 들었어도 귀국할 형편이 전혀 되지 않았다. 돈도 없었고 아이들도 어렸고 유학 중인 남편이 중요한 시험을 앞두고 있어 마음만 애가 타서 기도할 뿐이었다. 그러던 어느 날 큐티 시간에 말씀을 묵상하는데 본문이 예레미야서에서 이스라엘의 회복에 대한 말씀이었다. 말씀을 읽는 중 불현듯 이 말씀이 단순히 이스라엘 백성이 바벨론 포로에서 해방될 것만을 뜻하지는 않으리란 생각이 들었다. 이스라엘 백성이 심판받아 멸망했다가 회복할 것에 대한 예언이라면 그때로 끝난 일이며, 오늘 우리와는 상관없는 말씀이기 때문이다. 그러나 오늘 우리가 이 말씀을 하나님의 말씀으로 읽는다면, 이것은 육적인 이스라엘의 회복을 넘어 우리 모두에게 주실 영적 이스라엘의 회복과 완성, 즉 우리 모두가 사모하는 하나님 나라에 대한 말씀일 것이란 생각이 들었다.

그 생각으로 말씀을 다시 읽었을 때, 그 말씀 속에서 실로 하나님 나라의 영광이 보였다. 하나님이 다스리시고 우리의 모든 것을 완전히 회복시켜 주시는 그 나라, 슬픔이 기쁨으로, 눈물이 찬송으로 바뀌는 그 나라의 아름다움과 찬란함이 보였다. '아 우리가 죽어서 이런 나라에 들어간다면 너무 기쁘고 영광이겠다' 생각하며, 묵상 끝에 이렇게 기도를 썼다. "하나님 아버지, 이 영광스러운 하나님 나라에 저희 아버지가 들어가게 하소서. 아버지의 영혼을 받아 주소서!"

묵상과 기도를 마치고 아침 식사를 준비할 즈음에 한국에서 전화가 왔다. 오빠였다. "미숙아 놀라지 말라, 아버지가 방금 돌아가셨다." 나는 아버지 소천 소식에 슬프기도 했지만, 아버지가 천국 가신 것이 확실했기 때문에 기쁘기도 했다. 그리고 성령님께서 마치 플래시를 비추어 주시듯이 말씀을 조명하여 주셔서 문자 이면의 영적인 하나님 나라를 보게 하신 것이 깊은 감동으로 남았다.

"하나님의 말씀은 살아 있고 활력이 있어 좌우에 날선 어떤 검보다도 예리하여 혼과 영과 및 관절과 골수를 찔러 쪼개기까지 하며 또 마음의 생각과 뜻을 판단"한다(히브리서 4:12). 하나님의 말씀을 통해 이렇게 일하시는 분은 바로 성령 하나님이다. 말씀을 읽을 때 우리는 기록된 문자에 생명을 불어넣어 살아 역사하게 하시는 성령님과 교통한다.

그러므로 성경을 읽을 때, 단순히 기록된 문자를 읽는 것을 넘어 살아 계신 하나님과 교통하고 있음을 언제나 기억하며, 실제로 성령님과 교통하며 말씀을 읽을 필요가 있다. 잘 깨닫지 못하는 부분이 있으면, "주님, 혹은 성령님 이것은 무슨 뜻일까요?" 질문도 하고, 적용을 찾기 어려울 때는 "성령님, 이 말씀을 어떻게 적용해야 할까요?" 묻는 것도 필요하다. 혼자 한 장 혹은 몇 절 읽다가 재미없다 혹은 어렵다 하면서 덮어버리지 말고, 그 말씀을 통해 나와 교제하기를 원하시는 성령님을 생각하고 기쁘게 성령님께 나아가는 것이다.

특히 명심해야 할 일은 성령님은 지극히 인격적이신 분이시란 점이다. 마음의 반은 콩밭에 가 있는 상태에서 건성으로 말씀을 읽으면 안 된다는 말이다. 영과 영이 통하는 일에 건성은 있을 수 없다. 짧은 시간이라도 그 시간에 집중해야 한다. 그 집중을 위해 느끼고 깨닫는 바를 기록하는 것이 매우 도움이 된다. 최소한 우리가 우리 생각을 글로 옮길 때는 그것에 집중하게 되기 때문이다. 그러므로 통독에서 성령님의 깨우쳐 주심을 경험하기도 하지만 대개는 묵상에서 그것을 더 자주 경험한다.

그리고 솔직해야 한다. 마음을 쏟아 놓아야 한다. 어떤 가식도 위선도 끼어들지 말아야 한다. 묵상일지를 쓸 때 '아 혹시 이것 누가 나중에 보면 어떡하지' 하는 생각이 들면 표현을 조심하게 된다. 그것은 바람직한 것이 아니다. 나중에 아무도 못 보도록 불태워버릴 생각으로 내 마음을 솔직하게 쏟아 놓을 수 있어야 한다. 그리할 때 성령님도 막힘없이 나에게 말씀하시고 나와 교통하신다.

"아버지" 불러 보기

마태복음 6:5-13

9 그러므로 너희는 이렇게 기도하라 하늘에 계신 우리 아버지
여 이름이 거룩히 여김을 받으시오며

10 나라가 임하시오며 뜻이 하늘에서 이루어진 것 같이 땅에
서도 이루어지이다

예수님은 이 주기도문을 가르치시기에 앞서 먼저 당시 기도의 큰
병폐 두 가지를 지적하셨다. 그것은 외식하는 기도와 중언부언하는
기도였다. 외식하는 기도는 당시 알맹이는 없고 껍데기만 남았던 종
교지도자들의 기도 모습이었다. 그들은 사람들에게 보이려고 회당
이나 큰 길거리에서 기도하기를 좋아하였다. 사실 그것은 하나님께
드린 기도이기보다 사람들에게 '나는 무척 경건한 사람, 기도하는 사
람'이라는 것을 과시하려고 한 것이었다. 예수님은 이렇게 외식하는
자들처럼 위선으로 기도하지 말라고 가르치셨다. 그런 기도는 하나
님이 들으시는 기도가 아니었다. 그렇게 하지 말고 골방에 들어가
문을 닫고 은밀한 중에 보시는 네 아버지께 기도하라고 가르치셨다.

하나님이 들으시는 기도는 사람들을 의식하지 않고 하나님께 마음을 쏟아 드리는 기도이기 때문이다.

그다음 병폐는 이방인들의 기도로 중언부언하는 기도였다. 이것은 했던 기도를 또 하는 것이기보다, 정성을 들여야 기도가 이루어진다고 생각해서 주문 외우는 것처럼 같은 말을 수십 번 수백 번 되풀이하는 것이었다. 그러나 기도는 우리가 어떤 정성을 들이고 공을 쌓는 것이 아니다. 하나님은 이미 우리에게 필요한 것을 다 알고 계신다. 그저 한마디만 해도 된다. 중요한 것은 하나님과의 관계다. 그래서 예수님이 제자들에게 어떻게 기도를 해야 하는지를 가르치셨다. 그것이 바로 주기도문이다.

기도는 기본적으로 대화다. 대화가 제대로 이루어지기 위해서는 관계가 맺어져야 한다. 외식하는 자들의 기도와 이방인들의 중언부언하는 기도에서 공통으로 결여된 것이 바로 하나님과의 관계였다. 우리의 기도도 만약 하나님과의 관계가 제대로 정립되지 못한 채 드려지는 기도라면 그들의 기도와 크게 다를 바 없을 것이다. 결국 하나님 중심의 기도가 아니라 나 중심의 기도가 될 것이기 때문이다. 어떤 사람이 주기도문을 만 번을 했더니 기도가 응답 되었다고 말을 한다면 우리는 그런 말에 쉬이 넘어간다. 우리 문화가 샤머니즘 성격이 많아 그 말이 맞는 것인지 틀린 것인지 금방 구분하지 못한다. 그러나 그 사람이 주문 외우는 것처럼 만 번을 했다면 아무리 정성을 들였어도 그것은 틀렸다. 정한수 떠 놓고 신령님한테 빈 것과 진배없다. 사실 하나님 아버지와의 관계가 맺어지지 않고 하는 기도는 모두 잘못되었거나 불완전하다.

그렇다면 기도에서 이 하나님과의 관계는 무엇을 의미할까? 바로 주기도문의 첫 구절이 말해 준다. "하늘에 계신 우리 아버지여." 기도는 바로 이 하늘 아버지와 나 사이에서 주고받는 대화다. 대화가 제대로 이루어지려면 관계가 맺어져야 한다. 이 관계는 상대방이 누군지 아는 데서 시작된다. 하지만 대개 우리 기도는 우리의 기도를 들으시는 하나님 아버지에 대해서는 별로 생각하지 않는다. 그저 내 문제, 내 어려움을 쏟아 놓고 그 문제를 해결해 주시도록 사정하기 일쑤다. 한 걸음 더 나아가, '만약 이 문제를 해결해 주지 않는다면 하나님은 없는 것이고 나는 하나님을 믿지 않을 것이다.'라고 무언의 협박까지 해 가며 내가 구하는 것에 응답하시기를 종용한다. 남 얘기가 아니라 내가 옛날에 그렇게 했다. 그러나 때로 하나님은 내가 구하는 것에 응답해 주시기도 했지만, 완전히 침묵하시거나 전혀 다르게 응답해 주신 경우도 많았다. 하나님을 잘 알지 못했기 때문에, 하나님과 사이에 제대로 된 대화가 이루어지지 못했다.

하나님과 우리의 관계는 아버지와 자녀 관계다. 예수님의 십자가를 통해서 우리가 죄를 용서받고 하나님의 자녀로 회복되었다. 우리의 기도는 바로 이 관계에서 시작된다. 우리 죄를 용서하시기 위해 목숨보다 더 아까운 독생자를 십자가에 못 박히게 하신 하늘 아버지의 그 큰 사랑, 그리고 죄에 대한 그 무서운 공의로우심과 거룩하심! 하나님의 이 성품이 바로 우리 구원의 출발점이 되는 동시에 우리 기도의 출발점이 된다. 하나님과 우리가 부모-자녀 관계가 된 것이 바로 하나님의 그 거룩하심과 사랑하심에서 시작되었기 때문이다.

그러므로 기도에서 우리가 부르는 대상인 이 하늘 아버지가 어떤 분이신지를 안다면, 우리 기도가 바뀌지 않을 수 없다. 나를 위해 아들을 죽기까지 내놓으신 아버지 앞에 감히 나를 자랑하려고 위선 떠는 기도를 할 수 없다. 내가 하는 말 못 알아들을까 봐 혹은 있는 대로 정성을 들이고 공을 들여서 내 소원을 이루어 주시도록 하나님을 회유하려고 애쓰지 않을 것이다. 만약 우리의 대화의 상대분이 나를 그토록 사랑하시는 하늘 아버지인 것을 알고 그분 앞에 나간다면, 나갈 때마다 "아버지" 한 번 부르고 그 큰 사랑의 아버지 앞에 내 삶이 너무 부족해서 죄송함으로 눈물 쏟고, 또 "아버지" 한 번 부르고 세상에서 사람들이 이 좋으신 아버지를 모른 채 아버지를 거역하고 등지고 사는 것이 너무 속상해서 또 한 번 눈물 쏟게 될 것이다. 이렇게 진짜 아버지를 알고 아버지 마음을 이해하고 기도 자리에 나간다면, 예수님이 가르쳐 주신 주기도문을 외우지 않더라도 우리 기도의 내용이 주기도문의 내용이 될 것이다. 내가 살아가는 세상에서 아버지의 이름이 거룩히 여김을 받고, 아버지의 나라가 임하고, 아버지의 뜻이 이루어지도록 자연히 기도하게 된다.

그러므로 이제 기도의 자리에 나갈 때 무엇을 구하기에 급급하지 말고, 내 기도를 들으시는 분을 나는 과연 어떤 분으로 알고 지금 내가 기도를 드리려고 하는지 생각해 볼 필요가 있다. 하나님과의 관계를 먼저 확인할 필요가 있다. 하나님은 나에게 어떤 존재이시며, 나는 하나님께 어떤 존재인가? 나는 무슨 권리로 하나님께 내 기도를 들어 주시도록 요구를 할 수 있는가? 아직도 하나님이 우리 아버지시다는 것이 실감 나지 않는다면, 다른 것 구하기 전에 먼저 이 문제부터 기도할 필요가 있다. 왜냐하면 이 문제가 해결되면, 그다음 기도 내용이 완전히 바뀌어 버릴 수도 있기 때문이다.

이 하나님 아버지를 알기 위해서는 먼저 성경을 읽어야 한다. 성경에 하나님이 어떤 분인지 다 나와 있다. 성경을 읽지 않으면 결코 하나님을 제대로 알 수 없다. 그리고 기도할 때 가장 먼저 '아버지'하고 가만히 불러 본다. 친아버지 부르는 것처럼, 또 '아버지'하고 불러 본다. 그리고 진심으로 아뢴다. "아버지, 제가 아버지를 잘 모릅니다. 아버지를 더 알게 해 주세요." 이런 간절한 마음으로 아버지 앞에 나가면 점점 하나님 아버지를 깊이 알아갈 것이다. 이런 기도는 한 번 해서 되는 것이 아니다. 하나님 아버지를 알아 가는 데는 시간이 필요하다. 친구도 처음 한 번 만나서 바로 친한 친구가 되지 않는다. 시간을 내서 자꾸 어울리면서 점점 더 친해진다. 하나님 아버지와도 마찬가지다. 하나님은 시간이 필요 없으시지만, 우리에겐 시간이 필요하다.

'하나님 아버지!' 부를수록 마음이 푸근해진다.

기도의 자리로 부르시는 하나님

사무엘상 1:1-18

10 한나가 마음이 괴로워서 여호와께 기도하고 통곡하며

11 서원하여 이르되 만군의 여호와여 만일 주의 여종의 고통을
돌보시고 나를 기억하사 주의 여종을 잊지 아니하시고 주의
여종에게 아들을 주시면 내가 그의 평생에 그를 여호와께 드
리고 삭도를 그의 머리에 대지 아니하겠나이다

한나의 이름의 뜻은 히브리어로 '은혜, 은총'이다. 성경에는 하나
님의 은혜가 폭포수처럼 쏟아진 이야기도 있고 가랑비처럼 보슬보
슬 내리다가 어느새 전신을 흠뻑 적시는 이야기도 있다. 한나에게
부어진 은혜는 어떤 은혜였을까?

한나는 아기를 낳지 못했다. 당시에 불임은 저주로 간주 되었다.
그것으로도 충분히 힘든데, 남편의 다른 부인 브닌나는 아이를 여럿
낳았으나 남편이 한나를 더 사랑하는 것을 보고 질투심으로 한나를
무척이나 괴롭혔다. 한나의 고통은 이중 삼중이었다. 그런데 한나
가 아기를 갖지 못한 원인이 어디 있었는지 아는가? 사무엘상 1장 6

절은 "여호와께서 그에게 임신하지 못 하게" 하셨다고 말한다. 한나의 임신을 막으신 이는 누구도 아닌 바로 하나님이셨다. 왜 그렇게 하셨을까? 『마더와이즈 지혜편』(드니스글렌, 2017)을 공부하면서 그 이유를 알게 되었다.

하나님께서 사람이 필요하셨기 때문이다. 하나님께 온전히 헌신된 사람으로, 하나님의 말씀을 듣고 그것을 바르게 백성에게 가르치고 백성을 지도할 사람이 필요하셨는데 그런 사람이 없었다. 당시 이스라엘을 다스린 엘리 제사장은 눈이 어두웠다. 이것은 실제로 나이가 많아 눈이 어두운 것을 뜻한 동시에, 이스라엘의 지도자로서 영적인 눈이 어두웠다는 것을 의미하기도 한다. 그리고 엘리의 아들들은 여호와를 알지 못하고 제사장 일을 하면서 갖은 악을 행하고 있었다. 하나님 입장에서 이 난국을 헤쳐 갈 길은 깨어 있는 새로운 영적 지도자를 세우는 것밖에 없었다. 그 영적 지도자를 세우시기 위해 하나님께서 한나에게 아기를 주시지 않으셨고, 그녀를 기도의 자리에 나오게 하셨다.

그 해도 여호와의 집에 와서 제사를 지내고 났을 때 브닌나가 한나에게 심통을 부렸다. 한나는 너무 서럽고 원통해서 하나님의 전(성막)에 들어가 기도하고 통곡했다. 통곡은 자기 마음을 있는 대로 다 쏟아 놓을 때 한다. 마음 깊숙이 있던 서러움과 속상한 것이 다 토해지는 것이 통곡이다. 한나는 자기 마음을 다 쏟아 놓았다. 그렇게 다 쏟아 놓고 났을 때, 마음에 소원이 생겼다. "서원하여 이르되 만군의 여호와여 만일 주의 여종의 고통을 돌보시고 나를 기억하사 주의 여종을 잊지 아니하시고 주의 여종에게 아들을 주시면 내가 그의 평생에 그를 여호와께 드리고 삭도를 그의 머리에 대지 아니하겠나이다." 이렇게 해서 태어난 아기가 사무엘이다. 그의 이름의 뜻은 '하나님께 구하다'이다. 하나님께 구해서 얻은 아들이란 뜻이다.

하나님께서 한나를 임신하지 못하도록 하셨다. 하나님의 사람을 주시기 위해서 그 어머니가 먼저 기도하는 사람이 되도록, 그리고 그 자녀를 전적으로 하나님께 맡김으로 하나님께서 그를 마음껏 쓰실 수 있는 사람으로 만드시기 위해, 한나를 임신하지 못하게 하셨다. 그로 인해 한나는 기도의 자리에 나오지 않을 수 없었다. 하나님의 은혜는 우리를 기도의 자리에 나오게 하시는 것이다.

아무도 고통이나 괴로움은 겪고 싶지 않다. 되도록 피해 가고 싶은 것이 우리 마음이다. 그러나 하나님은 다르다. 하나님은 우리가 하나님의 마음을 알고 하나님의 일에 참여하는 자가 되도록 기도의 자리로 불러내시길 원하신다. 문제가 없어도 하나님과 충분히 교제하는 자라면 어려움을 겪지 않을 수도 있다. 하지만 그런 수준에 이르려면 수십 년간 하나님과 동행하며 하나님께 전적으로 순복하는 자가 되어야 한다. 그렇게 되기까지 우리는 우리를 괴롭히는 문제들 때문에 주님께 나아가게 된다. 그러나 후에 시간이 지나고 나면, 나를 기도의 자리에 나오게 한 그 문제가 사실은 너무도 큰 하나님의 은혜였다는 것을 깨닫는다.

한나는 기도함으로 사무엘을 낳았고 불임여성이 갖는 모든 서러움과 수모를 깨끗이 씻어 버렸다. 그러나 그것이 다가 아니었다. 하나님의 더 큰 은혜는 그 아들을 하나님이 귀하게 쓰시는 일군으로 삼으셨다는 것이다. 한나는 개인적인 어려움으로 통곡하며 호소했으나, 하나님은 그 기도를 들으셨을 뿐 아니라 그렇게 낳은 아들을 이스라엘 민족의 영적 갱신과 부흥을 주도하는 인물로 사용하셨다. 우리 기도 끝에서 우리는 하나님을 만나는데 그 하나님의 생각과 계획은 우리의 상상을 초월한다. 한나가 자기 아들 사무엘이 이스라엘을 영적 위기에서 구원하는 인물이 될 줄 상상이나 하였을까?

오늘도 계속되는 하나님의 은혜는 무엇보다 우리를 기도의 자리에 불러내시는 것이다. 우리가 가진 문제가 무엇이든 그것으로 인해 기도하지 않을 수 없다면 그것은 하나님이 우리를 기도의 자리 불러내시는 도구이다. 우리가 할 일은 그저 하나님 앞에 나가서 우리 마음을 쏟아 놓는 것이다. 다만 기도하면서 이것은 이렇게 저것은 저렇게 해 주시도록 하나님께 지시하지는 말아야 한다. 많은 사람이 구체적인 기도를 해야 한다고 할 때 여기서 넘어진다. 구체적인 기도는 문제를 구체적으로 아뢰는 것이지, 해결 방법을 시시콜콜히 하나님께 지시하는 것이 아니다. 오히려 마음을 쏟아 놓고, 하나님이 그 빈 마음을 채워 주시도록 마음을 내어드려야 한다. 그렇게 할 때 하나님이 그분의 마음과 생각을 알려 주실 것이다. 그것은 위로일 수도 있고, 기다림일 수도 있고, 때로는 한나처럼 하나님께 서원하는 것일 수도 있다.

더 큰 하나님의 은혜는 우리 기도가 거기서 끝이 아니란 것이다. 개인적인 괴로움으로 하나님 앞에 기도했지만, 그 기도를 응답하시는 분은 우주를 창조하신 하나님이시다. 룻도 그랬고, 한나도 그랬듯이, 그들이 무슨 큰일을 한 것은 아니다. 하루하루 사는 것이 너무 힘들고 괴로워 주님을 의지하고 주님께 마음을 토했는데, 하나님께서 그 기도를 사용하셔서 하나님의 크신 일을 하셨다.

우리의 기도도 마찬가지다. 우리의 간구가 소소하고 개인적이고 자신만 괴로운 일일 수 있다. 그러나 하나님께서 그것으로 무슨 일을 하실지는 아무도 모른다. 우리를 기도의 자리에 불러내시는 것 그것부터 이미 크신 은혜다.

〈25년 만에 응답 된 기도〉

남편은 예수님을 믿지 않았다. 그러다가 대학원 2학년 때 원인을 알 수 없는 위장 질환에 걸렸다. 속이 메스껍고 울렁거려 음식을 먹을 수가 없었다. 병원에서 진찰해도 병명이 없었다. 그로부터 남편의 고난이 시작되었다. 남편의 세 가지 소원은 살 수만 있다면, 먹을 수만 있다면, 일할 수만 있다면 이 되었다.

남편은 그때 비로소 선배의 권유를 받아 교회에 출석하였다. 처음 교회 간 날 예배 시간에 설교를 듣는데 뭔지는 알 수 없지만 '이제 살았다!' 하는 생각이 들었다고 한다. 그러나 생각에서뿐 실제로 나아진 것은 없었다. 다만 전과 달리 소망을 가지고 기도하게 되었다.

우리가 결혼할 때도 남편은 병약해 보였다. 처음 남편을 본 나의 지인들은 그의 건강을 걱정하였다. 그러나 나는 결혼을 하기까지 하나님의 인도를 확신하였기에 크게 걱정하지 않았다. 함께 기도하면서 노력하면 남편의 건강이 회복될 줄 믿었다. 야속하게도 그 믿음은 기우였다. 남편은 나빠지지도 나아지지도 않았다. 나는 기도하지 않고선 견딜 수 없어 기도하였지만, 시간이 오래면서 회복에 대한 확신을 점점 잃어 갔다.

남편의 삶에 고비가 왔다. 그동안은 그래도 나이로 버텼지만, 쉰

이 지나면서 체력이 바닥을 쳤다. 원래 부실한 소화력으로 기초체력이 없었는데, 나이가 들면서 교수 사역의 과중한 업무를 몸이 견뎌내지 못한 것 같았다. 체중이 사정없이 줄고 신경도 예민해질 대로 예민해졌다. 겁이 더럭 났다. 남편은 안식년을 얻어 시골로 요양을 떠났다. 형부와 언니가 목회하고 계신 곳이었다.

남편은 시간 날 때마다 교회에 가서 기도하며, 아침마다 등산했다. 지역 목사님들께 테니스를 배웠다. 고맙게도 언니는 맛깔난 식사로 남편의 영양을 보충해 주었다. 아홉 달이 지났을 때 남편은 회복되었다. 시골에 가기 전 상태로 회복이 아니라 오랜 지병, 원인도 알 수 없는 만성 위장병에서까지 회복되었다. 지금 남편은 건강하다. 밥을 먹고 피곤하다고 바로 누워서 쿨쿨 자는 모습을 보면, 나는 '저 사람이 예전에 위장 때문에 그렇게 고생한 것이 맞나?' 의구심이 들 정도다. 계산을 해 보니 25년 만에 하나님께서 우리 기도를 들어주셨다.

이 알 수 없는 고난으로 인해 남편은 예수님을 믿었고 목사가 되었다. 신학교 교수가 되었다. 남편의 고난은 하나님이 그를 붙드신 방법이었다. 나를 기도의 자리로 부르신 은혜였다. 남편의 세 가지 소원은 넘치도록 성취되었다.

"우리 가운데 역사하시는 능력대로 우리가 구하거나 생각하는 모든 것에 더 넘치도록 능히 하실 이에게 교회 안에서와 그리스도 예수 안에서 영광이 대대로 영원무궁하기를 원하노라 아멘"(에베소서 3:20-21)

고난 없는 축복

열왕기상 11:4-13
13 오직 내가 이 나라를 다 빼앗지 아니하고 내 종 다윗과 내가
택한 예루살렘을 위하여 한 지파를 네 아들에게 주리라 하셨
더라

솔로몬은 다윗이 자신의 죄를 깨닫고 처절하게 회개한 후에 낳
은 아들이다. 하나님은 다윗의 회개를 받으셨고 그를 사랑하셔서 솔
로몬을 선물로 주셨다. 솔로몬의 다른 이름은 여디디야로 '여호와께
사랑을 입은 자'란 뜻이다. 위로 형이 줄줄이 있었지만 솔로몬이 왕
이 된 것은 순전히 아버지 다윗 때문이었다. 다윗은 하나님께서 용
서와 사랑의 증표로 주신 아들 솔로몬을 자신의 후계자로 확정하였
다. 솔로몬은 아버지 다윗으로 인해 왕이 되는 큰 축복을 받았다. 그
러나 그것이 오래가지 못했다. 솔로몬 자신의 믿음이 받쳐 주지 못
했기 때문이다.
처음에 솔로몬은 자신의 연약함을 인정하고, 겸손하게 하나님께
일천번제를 드리며 하나님의 백성을 잘 다스릴 지혜를 구하였다. 하

나님은 크게 기뻐하셨고, 그가 구하지 않은 부와 귀까지 주시겠다고 하셨다. 하나님의 약속대로 솔로몬같이 지혜로운 자가 다시 없고, 그와 같이 부와 영광을 누린 왕도 다시 없었다. 그는 잠언 삼천 가지를 말하고 노래를 천 다섯 편 짓고, 동물과 식물에 대해서도 박학다식하게 논했다. 성경은 솔로몬 왕의 재산과 지혜가 세상의 그 어느 왕보다 컸다고 말한다(열왕기상 10:23). 그는 또 하나님의 성전과 왕궁을 건축하여 나라를 안정되고 부강하게 만들었다.

그러나 문제가 생겼다. 하나님은 일찍이 이스라엘 자손에게 주변 민족과 절대 통혼하지 말도록 경고하셨다. 그들로 인해 이스라엘 민족이 이방 신들을 섬기고 영적으로 타락할 것을 아셨기 때문이다. 그리고 솔로몬에게 두 번이나 - 한 번은 일천번제를 드리고 났을 때, 또 한 번은 성전을 건축하고 봉헌식을 했을 때 - 나타나셔서 그가 그의 아버지 다윗이 행함같이 행하며 여호와의 법도와 명령을 지키면 그의 왕위를 견고하게 할 것이라고 말씀하셨다(열왕기상 3:14, 9:4-5). 그러나 솔로몬은 아마도 다른 나라들과 좋은 관계를 유지하기 위해 혼인 정책을 사용한 것 같다. 천 명이나 되는 솔로몬의 처첩은 이방 민족과 나라 출신이었다.

솔로몬은 나이가 많이 들자 그들이 가져온 신들을 섬기도록 허락했다. 그 많은 여인의 불만을 달래기 위함이었을 것이나, 급기야는 예루살렘 안에 그들의 신전을 짓고 분향하는 것까지 허용하고 말았다. 이것은 이스라엘을 엄청난 우상숭배 속으로 던져 넣은 것이자, 하나님을 어느 다른 신 중 하나로 전락시키는 악한 행위였다. 결국 하나님은 솔로몬에게서 나라를 빼앗아 버린다. 그래도 다윗으로 인해 나라를 다 빼앗지는 않고, 한 지파는 다윗의 자손이 계속 왕이 되도록 남겨 놓으실 것이라고 하셨다.

솔로몬은 그토록 하나님의 축복을 누렸지만 어떻게 해서 이렇게 타락의 길로 가게 되었을까? 그가 고난을 별로 겪지 않고 많은 복을 받은 것이 주요 원인인 줄 나는 생각한다. 고난을 통해 그 영혼이 깊이 하나님의 임재를 경험하고 그 은혜를 누린 자라면, 다윗처럼 잘못을 범하더라도 뼈를 깎는 회개를 하면서 하나님과 관계를 회복한다. 그러나 솔로몬은 초반에 왕이 되기까지 형제간에 왕위 다툼으로 잠깐 마음고생 한 것 외에는 이렇다 할 고난을 겪지 않고 평탄한 길을 걸었다. 그런 삶은 축복으로 보이긴 하지만, 인간은 심성이 연약하고 부패하기 때문에 타락의 길을 가기 쉬운 것이다. 우리에겐 정말 반갑지 않지만, 고난은 우리를 영적으로 깨어 있게 하는, 없어서는 안 될 귀한 손님이다.

부모는 자녀를 위해 기도해야 한다. 그 기도는 그저 우리 자녀들이 아무 문제 없이 잘 자라고 앞으로 평탄한 길만 걸어갈 수 있기를 구하는 것만이 되어서는 안 된다. 힘들더라도 자녀가 어려운 일을 겪으면서 영적으로 그 심령이 단련되고 견고해지도록 도우시고 인도하시길 구하는 기도도 포함되어야 한다. 그것이 바로 우리 자녀들을 진정으로 사랑하고 위하는 기도이다. 사실 이 기도가 하기 쉬운 기도는 아니다. 나도 우리 아이들을 위해 "하나님, 마음껏 훈련하셔서 하나님 마음에 합한 자로 삼으시고"라고 기도할 때, 마음속에 살짝 '그래도 너무 심하게는 하지 마시길' 하는 바람이 들어 있다. 그렇지만 이 기도가 필요하다. 고난 없는 축복, 훈련 없는 축복은 솔로몬 경우처럼 후에 비극을 가져올 수 있기 때문이다.

이렇게 기도할 때 얻는 유익이 있다. 자녀를 좀 더 인격적으로 대하게 된다. 자녀를 아무것도 모르고 모든 것을 다 해 주어야 하는 만년 어린애 혹은 자기 소유물로 보지 않고, 하나님 앞에 훈련받고 성장해야 할 독립적인 한 인격체로 보게 된다. 그렇게 되면 아이라고 무시하지 않고 아이가 하는 말에 귀 기울여 주고, 또는 귀엽다고 어리광만 받아 주지 않고 가르칠 것은 가르치고 혼낼 것은 혼내서 아이 버릇을 잘 가르치며 키우게 된다.

또 무엇보다 이런 기도는 아이와 일심동체가 되는 데서 부모를 벗어나게 한다. 일심동체는 필요한 상황에서는 좋은 뜻이다. 예를 들어 적군과 맞서 싸울 때 승리하기 위해서는 어느 공동체이든 일심동체가 되어야 한다. 그러나 개별적 인격체로 분명히 서야 할 때 일심동체는 좋지 않다. 많은 청소년의 일탈 원인은 부모와 자녀 특히 엄마와 아이가 정서적으로 분리되지 않은 데 있다. 아이는 자라서 독립하고 싶은데 엄마가 지나치게 간섭이 심한 것이다. 엄마가 자녀를 자기 소유로 생각하고 자기 마음대로 좌지우지하려는 생각에서 벗어나지 못했기 때문이다. 그러나 자녀가 어릴 때부터 하나님께서 이 아이를 훈련하셔서 하나님께 합당한 자로 세우시길 기도하면서 키우면, 자기도 모르게 아이와 나는 하나란 생각에서 벗어나고, 아이가 자라면서 독립을 주장하고 요구할 때 마음속에 그것을 받아들일 준비가 되어 있다.

　부모는 자녀를 위해 복을 구하기보다 먼저 자녀가 복을 담을 수 있는 그릇이 되도록 기도하고 가르쳐야 한다.

〈기도 외에 길이 없을 때〉

▶ 손가락 빤 이야기

우리 아이 둘이 다 어렸을 때 엄지손가락을 심하게 빨았다. 살이 헐고 피가 맺힐 정도로 빨았다. 내가 고등학교 교사로 근무했기에, 엄마가 직장 일을 해서 아기들이 정서불안이어서 그렇다고 할 정도로 손가락을 빨았다. 보기 싫다고 억지로 빼내거나 하지 말라고 소리칠 수도 없고, 난감했다. 그래서 아이들을 재울 때 같이 기도했다. "주님 우리를 사랑해 주서서 감사해요. 손가락 빨지 않고도 잘 자게 해 주세요." 그런 버릇이 빨리 고쳐지는 것은 아니기 때문에 꽤 오래 기도한 것 같다. 그런데 언제인가부터 손가락을 빨지 않았다.

아이들은 자기들이 손가락을 빨았는지 기억도 하지 못한다. "너희가 손가락을 너무 빨아서 엄마하고 같이 기도했다."라고 하면, 오히려 "우리가 언제?" 반문한다. 그렇지만 내게는 그것이 아이들을 키울 때 내가 어떻게 해야 하는지를 배운 큰 학습의 기회였다. 이런 경험이 쌓이면서, 자녀 양육과 관련해 모든 일을 기도로 해결했다. 그리고 그때마다 주님은 주님을 더 깊이 알고 새 노래로 주님을 찬송할 수 있게 하셨다.

▶ 다섯 배로 갚아 주시다

유학 생활할 때 경제적으로 무척 힘들었다. 어느 날 아프리카 케냐에서 농아 학교를 운영하시며 선교하시는 선교사님이 교회에 오셨다. 우리도 어렵긴 했지만, 그 아이들을 돕고 싶어서 당장은 헌금을 드리지 못하고 몇 달 동안 돈을 조금씩 모았다가 나중에 선교사님 주소를 물어서 돈을 보냈다. 그때가 90년대라서 돈을 우편으로 보냈다.

그리고 다시 몇 달이 지났는데 우리 형편이 매우 어려워졌다. 동서남북 어디를 봐도 돈 나올 곳은 없고 열린 곳은 위로 하늘밖에 없었다. 그래서 기도했다. "하나님 하늘 문 좀 여시고 저희 좀 도와주세요."

며칠 후 편지가 왔다. 내가 보냈던 그 돈이 돌아왔다. 수신자 불명(No Recipient) 도장이 수십 번 찍혀서 돌아왔다. 우리가 하나님께 물질을 드리면 하늘 창고에 보물을 쌓는 것이라고 했다. 내가 "하나님 하늘 문 좀 여시고 저 좀 도와주세요." 했더니, 정말 내가 하늘 창고에 쌓은 것 꺼내서 다시 돌려주신 것 같았다. "네 마음은 내가 받았으니 이 돈은 네가 쓰라." 하신 것 같았다.

그러나 그것이 다가 아니었다. 그 돈도 다 써 갈 무렵 어떤 분이 내가 아프리카에 보냈던 돈의 다섯 배 되는 금액의 돈을 하나님께서 주라고 하신다면서 우리에게 주었다.

큰아이가 초등학교 3학년 때 놀다가 넘어지면서 손가락을 다쳤
다. 그때 우리는 미국에서 의료보험도 없이 살았다. 지금은 안 되지
만, 90년대엔 유학생 본인만 보험을 내면 가족은 보험 없이 미국에
들어갈 수 있었다. 대신 병원에 갈 일이 생기면 큰일이 나는 셈이었
다. 그런데 아이가 손가락을 다쳤다. 병원에 가서 진료를 받았다. 후
에 청구서가 우편으로 왔다. 진료비가 800불이 나왔다. 그 당시 800
불은 집세 빼고 한 달 생활비가 될 때였다. 너무 큰 돈이었다. 돈 나
올 곳도 없었다.

그때 히스기야 왕의 기도가 생각났다. 그래서 똑같이 했다. 병원
에서 온 청구서를 펼쳐 놓고 기도했다. "주님 어떻게 해요? 주님 도
와주세요." 그런데 내가 예상한 액수보다 훨씬 많이 나온 것 같았다.
간절히 기도한 다음, 병원에 편지를 썼다. 우리 사정도 말하고, 진료
비도 진료받은 것에 비해서 액수가 너무 큰 것 같다고 썼다. 손가락
을 다쳤으나 수술이나 깁스도 하지 않고 밖에서 고정만 시켰는데 왜
그렇게 많이 나왔는지 살펴 달라고 썼다.

두어 주 후에 답신이 왔다. 액수가 반으로 줄어 있었다. 의사가 두
사람이 보면서 진료비가 두 번 청구되어서 200불 빼주고, 자기네 병
원에 저소득층 도와주는 프로그램이 있어 그곳에 신청해서 200불
빼 준다고 했다. 나머지 400불도 연체 수수료 없이 그냥 형편 되는
대로 갚기만 하면 되도록 만들어 주었다. 성경을 읽을 때 히스기야

왕이 앗수르 왕의 편지를 펴 놓고 기도하는 장면에 오면 언제나 그때 생각이 난다.

▶ 너 미쳤다!

한번은 내가 우리 아이들을 위해 기도하는데, 그냥 하다 보니 오대양 육대주를 들먹거리며 기도하고 있었다. 우리 아이들을 통해 하나님의 나라가 오대양 육대주에 임하길 기도한 것이다. 그때 갑자기 사탄의 불화살이 휙 날아왔다. "너 미쳤다!" 불가능해 보이는 일들이 이루어지길 기도하고 있으니 미쳐 보일 수 있었다.

그런데 나도 믿음이 조금은 있었다. 순간 얼른 무릎을 꿇고, "주님, 미쳐도 제가 주님을 위해 미치겠습니다!" 했다. 그렇게 말하는데 왈칵 눈물이 쏟아졌다. 그다음 주님이 찬양을 하나 주셨다. 후렴구가 먼저 떠올랐다. "그의 생각 셀 수 없고, 그의 자비 무궁하니…."

앞부분이 생각이 나지 않아 기도하다 말고 찬양을 찾았다. 가사의 첫 시작은 "하나님은 너를 만드신 분 너를 가장 많이 알고 계시며…"였다. 내가 미친 것이 아니었다. 하나님이 나를 알고 우리 아이들을 다 알고 계신 것이다. 내가 그렇게 기도한 것은 주제 파악을 하지 못한 채 미쳐서 한 것이 아니라 성령님의 감동을 따라 한 것이었다.

나중에 성경에 비슷한 말씀이 나오는 것을 발견하였다. "우리가 만일 미쳤어도 하나님을 위한 것이요 정신이 온전하여도 너희를 위한 것이니"(고린도후서 5:13).

▶ 멋진 퇴사 선물

작은아이는 대학 졸업 후 국내에서도 이름있는 건축사사무소 이로재履露齋에서 일했다. 오 년을 근무했을 때, 하나님께서 길을 열어 주셔서 유학을 떠날 수 있게 되었다. 아이는 박봉에 야근에 많은 고생을 하였지만 배운 것도 많았다. 주일에도 근무해야 하는 사정이 자주 생겼다. 그럴 때마다 아이는 토요일 밤늦도록 혹은 밤을 새우며 맡은 일을 해 놓고 주일예배에 참석하였다. 회사 사람들은 아들이 기독교인인 것을 잘 알고 있었다.

유학을 떠나는 것이 확정되었을 때, 나는 아들이 회사에 큰 선물을 주고 갔으면 좋겠다고 생각했다. 그동안 잘 배운 것에 대한 감사 표시이자, 하나님의 자녀로 자기만 잘 되어서 가기보다 그분의 풍성한 은혜를 함께 나누고 싶었다. 마침 아들이 마지막으로 프로젝트 매니저가 되어 맡은 일이 있었다. 국립광주박물관 도자 문화관 현상 설계 공모전에 출품하는 일이었다. 나는 기도했다, 마음을 다해, 좋은 선물 주시기를.

아들 팀은 2위에 입상했다. 1등 상을 받지 못한 것이 아쉬웠지만 오히려 아들은 더 좋아했다. 1등이 되면 시공까지 봐주어야 하는데 그렇게 되면 유학을 떠나는 마음이 홀가분하지 않을 것이라고 했다. 2등 상의 상금은 사천만 원이었다. 멋진 퇴사 선물이 되었다.

▶ 목요일에 응답 된 기도

오래전 일이다. 한진 중공업 해고 노동자 김진숙 씨가 목숨을 걸고 크레인에 올라가 농성을 하는데 마음이 너무 아팠다. 그래서 그분의 주장이 정당하다면 고용주 측에 잘 전달되고 문제가 해결되어 그분이 하루속히 내려오도록 기도했다. 다른 기도도 할 것이 많아서 그분을 위해서는 목요일마다 정해 놓고 기도했다. 다행히 노사 간 타협이 되어서 그분이 309일 만에 크레인에서 내려왔다. 2011년 11월 10일 목요일이었다. 우연히 그렇게 되었다고 생각할 수 있겠지만, 나에게는 큰 의미로 다가왔다.

시편 기자는 이렇게 말한다. "여호와여 아침에 주께서 나의 소리를 들으시리니 -아침에 기도할 때 주님이 들으시는 것을 그동안 많이 체험하였기 때문에 이제 들으실 것을 확신하고- 아침에 내가 주께 기도하고 바라리이다"(시편 5:3).

날을 정하고 시간을 정하고 마음을 모아 집중하여 기도하는 것은 중요하다. 주님이 바로 그 시간에 역사하시기 때문이다. 그것은 주님이 우리의 기도를 들으셨다는 것을 알려 주시는 방법이기도 하다.

〈강남 금식 기도원〉

아들이 한창 어둠과 피 흘리기까지 싸우던 때였다. 나도 덩달아 사망의 음침한 골짜기를 걷는 것 같았다. 이 영적 싸움에서 이기기 위해선 무언가 타개책이 있어야 할 것 같았다. 일주일 금식 기도를 작정하였다. 마음먹기까지 쉽지는 않았다. 허기가 줄 괴로움도 두려웠지만 지쳐서 기진맥진할 것이 더 두려웠다. 그럴지라도 가만히 있어서는 안 될 것 같았다. 아들이 하지 못하면 나라도 해야 할 것 같았다. 집에서는 하기 어려울 듯하여 강남 금식 기도원을 가기로 했다.

마음을 먹기까지 영적 싸움에 임하는 전사로 전투 의지를 불태웠으나, 막상 금식을 확정하자 의외로 마음이 평온하였다. 시집간 딸이 오랜만에 친정집에 돌아가 친정아버지를 만나는 것 같은 설렘도 느꼈다. 아버지께 많은 것을 구하지 말고 그저 아버지께 가까이 나아가기나 하자는 생각도 들었다. 아버지의 따스한 손길을 느끼며 그 앞에서 위로받고 싶었다. 고난 중에 있는 아들에 대해 무언가를 말씀하시면 좋지만 그렇지 않을지라도 괜찮을 것 같았다. 금식을 작정한 것만으로도 마음에서 근심이 사라졌다.

기도원에 간 지 이틀째 날 오전 예배 후 나도 모르게 소리 죽여 흐느끼며 기도했다. "아버지, 저는 제 아들을 아버지께 드렸는데 아버지는 제 마음을 찢어지게 하십니다." 그러자 아버지가 마음에 말씀하시는 것 같았다. "딸아, 걱정하지 말아라. 내가 다 안다. 너의 기도를 들었고, 네 아들을 내가 책임질 것이다. 내가 그를 귀하게 사용할 것이다, 나의 영광을 위하여."

오후 예배에는 때마침 가수 송대관 씨가 와서 간증하였다. 그는 고등학생 때 이미 예수님을 믿었으나 후에 어른이 되어 미국에 이민 가서 많은 고생을 하면서 하나님의 살아 계심을 체험했다고 했다. 그의 간증을 들으며 누구나 하나님의 사람이 되어 그분의 일을 하는 것이 하루 아침에 되는 일은 아니란 것을 깨달았다. 하나님을 알고 그분의 일에 헌신하기까지 누구에게나 시간이 필요하였다. 아들이 지금 시간을 끌고 있는 것은 어쩌면 당연한 일인지도 몰랐다.

혼자 성경을 읽을 때 창세기에서 이삭의 이야기를 읽었다. 하나님께서 이삭에게 큰 민족을 이루게 하실 것을 약속하셨을지라도, 그의 아내 리브가는 아기를 잉태하지 못하였다. 이삭이 아내를 위해 기도하자 임신이 되었다. 하나님께서 약속하셨을지라도 이삭은 그것이 성취되도록 기도해야 했다. 그것이 하나님께서 일하는 방식이었다. 아들을 위해 내가 기도해야 함을 다시 마음에 새겼다.

금식 기도 중에 성령님께서 내가 아들을 위해 무엇을 기도해야 할지 가르쳐 주셨다. 모세가 비스가 산꼭대기에 올라가 하나님께서 장차 이스라엘 민족에게 주실 약속의 땅 가나안을 보았던 것처럼, 나도 장차 아들이 이룰 일들을 미리 바라보고 기도하는 것이었다. 그것은 내가 원하는 것을 이루어 주십사고 기도하는 것이 아니라, 하나님께서 뜻하시는 것이 이루어지기를 기도하는 것이었다. 그렇게 하기 위해서는 먼저 하나님께서 아들을 위해 무엇을 계획하고 계신 지부터 알아야 했다. 당장 그것이 무엇인지 알 수는 없어도 하나님의 크신 계획이 있음이 느껴졌다. 앞으로 어떤 시련과 역경이 닥칠지라도 견뎌낼 수 있을 것 같은 용기가 생겼다.

일주일 금식을 끝내고 돌아오는 길, 한차례 소나기가 지나간 후 멀리 보이는 산 위로 무지개가 선명하게 나타났다. 성경에서 무지개는 하나님의 약속을 의미한다. 다른 사람들의 간증에서 간혹 들었지만, 나에게도 이런 일이 있을 줄은 몰랐다. 잠시 차를 갓길에 세우고 기도하였다. "아버지의 뜻을 이루소서!" 아버지가 껄껄 웃으시는 느낌이 들었다.

7장

부모에게 주신 사명

사명이라 할 때, 내가 아니면 이루어질 수 없는 일이 내게 주신 사명
이다. 다른 사람도 할 수 있는 일을 나에게 사명으로 주시지 않는다.
내가 나에게 주신 자녀를 하나님의 자녀로 키워 내는 것은 세상에
나만 할 수 있는 일이다. 교회 선생님이 할 수 없다. 유치원이나 학
교에서 할 수 없다. 오직 부모인 나만 할 수 있다. 그렇기에 주님은
그 사명을 나에게 주시기 원하신다.

철들기

시편 139:1

1 여호와여 주께서 나를 살펴보셨으므로 나를 아시나이다

시편 139편은 시적 구성과 표현에 있어 시편에서 가장 아름다운 시 중에 하나로 간주 된다. 하나님의 전지·무소부재·보호·주권과 시편 저자의 하나님에 대한 믿음·열심·충성이 손으로 짠 고품격 융단처럼 아름답게 어우러져 있다.

이 시편의 첫 절은 "여호와여, 주께서 나를 살펴보셨으므로 나를 아시나이다"라고 말한다. 나는 "여호와여" 하며 하나님의 이름을 부르고, 주님은 그런 나를 아신다는 것이다. 다시 말해 이 시는 주님과 내가 서로를 인격적으로 아는 관계를 전제로 쓰인 것이다. 여호와가 누구인지 알지도 못하고 그 이름을 부르지도 않는 자들을 주님이 살피고 아시는 것이 아니다. 하나님은 우리의 연약함은 전혀 문제 삼지 않으신다. 오히려 연약할수록 더 불쌍히 여기시고 더 많이 도와주신다. 다만 우리가 그분의 이름을 부르는지 안 부르는지를 보신다. 물론 불러도 망령되이 부르는 것이 아니라 마음의 간절함과 사

모함으로 불러야 한다.

이 하나님의 이름을 부르는 것과 관련하여 말하고 싶은 것이 있다. 그것은 우리나라가 어떻게 이렇게 복을 받았는지와 상관이 있다. 70~80년대 우리 부모님 세대가 교회의 중심이었을 때, 새벽기도에서는 나라와 민족을 위한 기도가 언제나 첫 번째 기도 제목이었다. 전쟁 후 나라는 두 동강으로 나뉘고 정치권에서 이용한 것도 많지만, 북한과의 대치 상황에서 언제나 안보 위협을 안고 살다 보니 나라와 민족을 위해 기도하지 않을 수 없었다. 그런 우리 부모님들의 눈물의 기도로 '한강의 기적' 같은 엄청난 경제발전을 이루어 냈다. 게다가 다른 나라들에서 백 년 이상 걸린 정치와 시민사회의 민주화 문제를 우리는 30년 걸려 해결했다. 한류의 바람은 또 어떤가? 스포츠, 대중음악, 영화, 최근에는 파친코, 오징어 게임 같은 드라마에 이르기까지 이제는 문화면에서도 세계가 인정하는 최고 수준에 이르고 있다. 대한민국 여권passport 파워가 세계에서 수위권에 속한다. 우리나라 여권만 있으면 190개국을 비자 없이 갈 수 있다.

어느 날 나는 궁금해서 하나님께 물었다. "아 하나님, 우리 부모님 세대 때는 하나님께 복을 받을 이유가 있었지요. 전국의 모든 성도가 새벽마다 나라와 민족의 장래를 위해 기도하니 하나님이 복을 주시지 않을 수가 없었을 것입니다. 그러나 지금은 교회가 사회에서 개독교 소리를 들을 만큼 빛과 소금이 되기는커녕 욕을 듣고 살고, 우리 그리스도인들 역시 하나님의 뜻을 따라 제대로 잘 살지도 못하는데 왜 이렇게 계속 우리에게 복을 주시나요?" 그때 하나님이 알려 주셨다. 그렇게 우리 그리스도인들이 어리석고 연약하고 제구실을 못 하며 살아도, 우리가 하나님의 이름을 부르기 때문에 그 한 가지 이유로 우리를 돌아보시고 우리에게 복을 주신다는 것을 깨우쳐 주셨다.

왜 그렇게 하실까? 세상에 너무나 많은 나라와 민족들이 주님을 알지 못하고 믿는 자들을 핍박하며 살고 있다. 수십억의 사람들이 아직 그렇게 살고 있다. 그런 사람들에 비하면, 우린 그래도 하나님의 이름을 부르니까 하나님은 그것도 대견하게 여기시고 우리의 부족한 것은 덮어 주시고 우리를 받아 주시는 것이다. 마치 부모가 자녀가 어리고 잘 몰라서 말도 잘 듣지 않고 어리석게 행동할지라도 커서 철들기를 기다리는 것처럼, 하나님도 우리와 함께하시면서 우리가 철들고 성숙하기를 기다리시는 것 같다.

성경 말씀에 우리가 하나님께 소망을 둔다고 했는데, 거꾸로 하나님께서 우리에게 소망을 두시는 것이다. 어리석고 연약할지라도 우리 한국 성도들이 하나님의 이름을 부르니까, 우리가 나중에 철이 들고 성숙하여 하나님 아버지의 마음을 알고, 하나님이 오매불망 원하시는 그 일을 위해 자원하는 자들이 되길 기다리시는 것이다. 그 일은 아직 하나님을 알지 못하고 그를 대적하는 수십억의 사람들에게 가서 하나님의 복음을 전하고 그들이 하나님께 돌아오게 하는 일이다. 우리 한국교회가 문제가 많을지라도 하나님이 이렇게 복을 주시는 이유는 바로 여기에 있다.

이 하나님의 소원을 깨달았을 때 내 마음에 큰 확신이 생겼다. 하나님께서 우리에게 남북의 평화통일을 이루어 주시고, 북한 교회를 재건하게 하시고, 남북한 청년 그리스도인들을 잘 훈련해서 세계만방에 복음의 일군으로 파송할 수 있게 하실 것이란 확신이 들었다. 어느 날 극동방송을 듣다가 이와 똑같이 기도하시는 분들이 또 있음을 알고 더욱 큰 확신을 얻게 되었다.

　그러나 한국교회가 부패하고 썩어도 그냥 사용하시는 것은 결코 아니다. 하나님은 하나님께서 남겨 두신 칠천 명의 바알에게 무릎 꿇지 않은 사람들을 사용하실 것이다. 그들을 통해 일하실 것이다. 한국 나라와 사회를 복 주시는 것은 그 사람들이 하나님의 일을 잘할 수 있도록 발판과 토대를 만들어 주시는 것이다. 한국교회가 세속주의와 물질만능주의로 오염되고 타락된 것을 부인할 수 없다. 그러나 다 그런 것은 아니다. 하나님의 뜻대로 행하려고 애쓰는 교회와 성도들이 아직 있다. 하나님은 그런 사람들을 쓰실 것이다.

　여기에서 우리가 입장을 정리할 필요가 있다. 과연 어느 쪽에 속할 것인가? 예수님 다시 오시기 전 마지막으로 온 세상에 복음을 전하는 일을 위해 우리 한국교회를 사용하실 때, 하나님이 남겨 두신 칠천 명의 사람이 되어 기쁘게 주님과 동역할 것인가? 아니면 그 일을 하도록 하나님이 복을 주신 것도 모르고, 세상의 부와 오락을 좇으며 살다가 다시 오시는 주님을 부끄럽게 맞이할 것인가? 또 우리 자녀들은 어떻게 살면 좋을까? 복음을 위해 선교사로 나간다고 할 때 전통적인 선교사만 있는 것이 아니다. 못살고 가난한 나라에는 성경 말씀을 전하는 선교사만 필요한 것이 아니라, 교육·의료·건축

등 그 사람들과 사회가 필요로 하는 일을 함께하며 도와줄 사람들도 매우 필요하다. 지금도 어렵고 비참하게 사는 사람들이 세계에는 너무나 많다. 그들에게 가서 자기 전공 분야 일을 하면서 주님의 사랑과 진리를 전하는 사람들, 그런 복음의 일군들이 매우 필요하다.

주님은 우리가 철들기를 기다리고 계신다.

잘 붙어 있기

요한복음 15:1-6

1 나는 참 포도나무요 내 아버지는 농부라

2 무릇 내게 붙어 있어 열매를 맺지 아니하는 가지는 아버지께서 그것을 제거해 버리시고 무릇 열매를 맺는 가지는 더 열매를 맺게 하려 하여 그것을 깨끗하게 하시느니라

3 너희는 내가 일러준 말로 이미 깨끗하여졌으니

4 내 안에 거하라 나도 너희 안에 거하리라 가지가 포도나무에 붙어 있지 아니하면 스스로 열매를 맺을 수 없음 같이 너희도 내 안에 있지 아니하면 그러하리라

5 나는 포도나무요 너희는 가지라 그가 내 안에, 내가 그 안에 거하면 사람이 열매를 많이 맺나니 나를 떠나서는 너희가 아무것도 할 수 없음이라

6 사람이 내 안에 거하지 아니하면 가지처럼 밖에 버려져 마르나니 사람들이 그것을 모아다가 불에 던져 사르느니라

성경을 읽을 때 그 말씀이 어떤 배경에서 주어졌는지를 알면 의미

를 바르게 이해할 뿐 아니라 그 말씀이 어느 정도의 중요성을 띠는 지도 알 수 있다. 진짜 중요한 이야기를 밥 먹다가 지나가는 말처럼 하는 사람은 없다. 때를 기다렸다가 이때다고 생각되는 그 시점에 한다.

이 본문 말씀도 그렇게 주님이 때를 기다리다가 제자들에게 주신 말씀이다. 그만큼 중요한 말씀이다. 요한복음 13~17장까지를 다락방 강화라고 한다. 예수님이 잡혀서 십자가에 못 박혀 돌아가시기 바로 전날 마가의 다락방에서 제자들에게 주신 가르침을 가리킨다. 예수님은 자신이 내일 죽으실 것을 알고 계셨다. 그렇다면 제자들에게 무엇을 가르치셨을까? 예수님의 제자로서 사는데 정말 잊어버리면 안 되는 것들을 신신당부하는 마음으로 가르치셨을 것이다. 이 본문 말씀이 거기에 들어 있다는 것은, 그 의미를 알고 지키는 것이 그리스도인의 삶에 그만큼 필수적이고 중요하다는 뜻이다.

이 말씀은 열매 맺는 그리스도인의 삶의 중요한 원리들을 가르쳐 주고 있다. 첫째, 그것은 예수님 안에 거하는 것이다. 예수님은 그것을 이해하기 쉽도록 자신을 포도나무에, 제자들을 가지에 비유하셨다. 가지가 포도나무에 붙어 있을 때 열매를 맺는 것처럼, 제자들이 예수님 안에 있을 때 열매 맺는 삶을 살 수 있다. 예수님 말씀의 요지는 "그리스도인의 삶을 네 힘으로 살려고 하지 말라!"이다. "네가 노력해서 많은 열매를 맺어 나에게 영광을 돌리라!"가 결코 아니다. 반대로 "너는 아무것도 할 수 없다. 네가 해야 할 일은 오직 하나, 나에게 붙어 있는 것뿐이다!"이다.

여기서 붙어 있다는 의미를 잘 생각해야 한다. 붙어 있는데도 열매를 맺지 못하는 가지가 있기 때문이다. 그런 가지는 말 그대로 붙어 있기만 하고, 포도나무 줄기로부터 아무 수액도 빨아들이지 않는다. 그런 가지는 종래에 말라버리든지 아니면 가지치기를 당하고 말 것이다. 여기서 붙어 있다는 의미는 주님과의 연합 혹은 친밀한 교통이 있는 것을 말한다. 가지가 포도나무로부터 끊임없이 수액을 빨아들이는 것처럼 주님으로부터 쉼 없이 영적인 수액을 공급받는 것을 의미한다.

그러면 어떻게 예수님께 붙어 있으면서 그에게서 수액을 공급받을 수 있을까? 그것은 끊임없이 예수님께 시선을 고정하고 그분의 음성에 귀를 기울이는 것이다. 하루 중 가장 집중하기 좋은 시간에 말씀을 묵상하고 내게 주시는 음성에 순종하고, 내 삶의 문제들을 쉼 없이 주님께 고하는 것이다. 주님과의 이 친밀한 교제를 통하여 주님의 수액이 우리 삶 속에 흘러 들어온다.

자녀를 잘 키우기를 원한다면 이것부터 하는 것이 필요하다. 주님이 주시는 지혜와 사랑으로 부모가 충만해지면, 자연스럽게 그 지혜와 사랑이 자녀에게 흘러간다. 부모가 가진 것을 자녀에게 주지, 가지고 있지 않은 것을 자녀에게 주지는 못한다. 내게 돈이 없으면 자녀에게 주지 못하는 것처럼, 나에게 지혜가 없다면 자녀들에게 그것을 줄 수 없다.

지혜로운 아들은 아비의 훈계를 듣는다(잠언 13:1). 아들이 태어나면서부터 지혜로워서 아비의 훈계를 듣는 것이 아니라, 어릴 때부터 아비가 지혜롭게 훈계하였기 때문에 그것을 듣고 자란 아들이 지혜로운 아들이 된 것이다. 아비의 훈계가 아들을 지혜롭게 하고 지혜로운 아들은 또 아비의 훈계를 듣는 선순환이 계속된다.

그러나 인정하다시피 부모도 지혜가 없다. 부모가 주님께 붙어서 주님의 지혜를 받고 그것을 우리 자녀들에게 전해 주어야 한다. 우리는 주님이 자녀들에게 지혜를 주시도록 기도하지만, 그 지혜가 하늘에서 뚝 떨어지는 것이 아니다. 어릴 때는 아이가 부모를 통해서 그것을 배우고, 나중에 자라면 자기가 예수님께 붙어서 직접 주님으로부터 배우는 것이다.

좋은 부모는 그냥 마음만 좋게 먹어서 되는 것이 결코 아니다. 좋은 부모, 훌륭한 부모가 되기 위해서는 노력이 필요하다. 그리스도인 부모로서 그 노력은 바로 가지가 포도나무에 붙어서 수액을 빨아들이는 것처럼, 부모가 예수님 안에 거하면서 예수님으로부터 필요한 모든 지혜와 능력을 공급받고 그것을 자녀들에게 흘려보내는 것이다. 자녀를 잘 키우기 위해 여러 가지 일을 할 수 있으나, 부모가 주님께 붙어 있으면서 주님이 주시는 지혜로 자녀를 키우는 것보다 더 좋은 방법은 없다.

둘째, 가지치기다. 가지치기에도 두 종류가 있다. 열매 맺지 못하는 가지는 아예 제거해 버리는 가지치기가 있고, 열매를 맺는 가지는 더 많은 열매를 맺게 하려고 깨끗하게 하는 가지치기가 있다. 붙어 있기만 하고 예수님과 참된 연합이 없는 가지는 결국 잘라 내어 버려진다. 그러나 예수님으로부터 수액을 받아 열매를 맺는 가지들은 더 많이 열매를 맺게 하려고 농부 되신 하나님께서 깨끗이 하신다. 아마도 튼실한 열매를 맺는 데 방해가 되는 이기적 생각들, 굳어버린 잘못된 습관들, 세상적인 사고방식 등을 가지치기하실 것이다.

자녀가 문제가 있거나 속을 썩인다면 대부분 하나님이 그 부모를 깨끗이 하시는 때가 많다. 부모를 하나님 앞에 바로 세우기 위해 하나님이 자녀를 사용하시는 것이다. 그래서 차도녀처럼 냉랭하던 어머니가 속 썩이는 청소년 자녀 때문에 눈물 흘리고 기도하다가 뜨거운 기도의 어머니가 되기도 한다. 모태신앙으로 뜨뜻미지근하게 신앙생활 하다가 아들이 학교에서 문제를 일으키면서 정신 번쩍 차리고 새벽기도 하면서 신앙의 열심을 회복한 아빠도 있다. 그러므로 부모의 삶에 아이로 인해 고통스러운 일이 생기면 그것은 불평할 일이 아니라, 부모가 자신을 돌아보아야 할 때이고, 혹시 하나님이 자신을 다듬고 계신지 살펴야 한다.

그렇다고 자녀의 모든 문제의 책임이 부모에게만 있는 것은 아니다. 자녀도 하나님께 가지치기를 받고 훈련을 받아야 할 연약한 죄인이다. 자녀가 어릴 때는 잘 모르지만, 커서 청소년이 되고 성년이 되면 하나님이 그들을 가지치기하고 다듬으시는 것을 보게 된다. 그런 때 부모가 어려움을 겪는 자녀가 안쓰러워 하나님을 의심하거나 원망하면 안 된다. 하나님을 신뢰함으로 기다려야 한다. 그 아이가 하나님 앞에 훈련을 다 받을 때까지, 여전히 기도로 함께하며 선하신 주님을 믿고 기다려야 한다. 부모가 이런 성숙한 신앙의 자리에 서게 되면 종래에는 부모의 삶에도 자녀의 삶에도 풍성한 열매가 맺히게 될 것이다.

주님은 포도나무 우리는 가지다. 잘 붙어 있는 것이 중요하다.

내 어린 양을 먹이라

요한복음 21:15-19

17 세 번째 이르시되 요한의 아들 시몬아 네가 나를 사랑하느냐 하시니 주께서 세 번째 네가 나를 사랑하느냐 하시므로 베드로가 근심하여 이르되 주님 모든 것을 아시오매 내가 주님을 사랑하는 줄을 주님께서 아시나이다 예수께서 이르시되 내 양을 먹이라

제자들은 부활하신 주님을 두 번이나 만났지만 여전히 방황했다. 무슨 일을 해야 할지 몰랐다. 갈릴리 어부 출신 제자들은 모두 갈릴리로 내려갔다. 베드로가 "나는 고기나 잡으러 가겠다." 하니 모두 따라나섰다. 그러나 그날 밤에 아무것도 잡지 못한 채 결국 새벽을 맞았다. 그 새벽에 예수님이 바닷가에 서 계셨다. 아무도 예수님인 줄 알아보지 못했다. "그물을 배 오른편에 던지라 그리하면 잡을 것이다." 예수님이 소리치셨다. 제자들은 조금 이상하게 여기며 그물을 오른편에 던졌다. 아니나 다를까 물고기가 너무 많아서 그물을 들 수 없을 정도가 되었다. 그제야 제자 요한이 예수님을 먼저 알아

보고 "주님이시다!"라고 외쳤다. 베드로는 얼른 겉옷을 두르고 바다로 뛰어내렸다. 빨리 헤엄쳐서 배보다 먼저 주님께 가려 했다.

예수님은 숯불을 피워 놓고 생선과 떡을 굽고 계셨다. 제자들에게 와서 조반을 먹으라 하셨다. 제자들은 예수님인 줄 알기 때문에 말없이 식사 했다.

조반을 마친 후 예수님이 베드로에게 물으셨다. "요한의 아들 시몬아 네가 이 사람들보다 나를 더 사랑하느냐?" 베드로가 대답했다. "주님 그렇습니다. 내가 주님을 사랑하는 줄 주님이 아십니다." 예수님이 말씀하셨다. "내 어린 양을 먹이라." 그런데 다시 물으셨다. "요한의 아들 시몬아 네가 나를 사랑하느냐?" 베드로가 답했다. "주님 그러합니다. 내가 주님을 사랑하는 줄 주님께서 아십니다." "내 양을 치라." 세 번째 다시 물으셨다. "요한의 아들 시몬아 네가 나를 사랑하느냐?" 이제 시몬은 왜 이렇게 세 번씩이나 물으시는지 근심이 되었다. "주님께서 모든 것을 아시오매 내가 주님을 사랑하는 줄을 주님께서 아시나이다." 예수님이 말씀하셨다. "내 양을 먹이라."

예수님은 섬기시는 분이다. 예수님은 하나님의 아들이신 것은 물론, 사람으로도 많은 사람이 따르고 존경하는 지도자였고 열두제자의 스승이셨다. 그런데도 그는 제자들이 먹을 조반상을 손수 준비하셨다. 숯불을 피우고 생선과 떡을 구워서 그것을 친히 제자들에게 나누어 주셨다. 아마 열두제자들과 함께 지낼 때는 제자들이 이 일을 했을 것이다. 그러나 지금 제자들이 몸과 마음 모두 지치고 곤하고 혼란스러울 때, 그들을 격려하고 새 힘을 주시기 위해 예수님이 직접 그 일을 하셨다.

이것이 대수롭지 않아 보이는 일일 수도 있다. 그러나 보통 우리가 이전에 해 보지 않았다면 이런 일을 쉽게 하지 않을 것이란 점과, 제자들이 그 상황을 전혀 이상하게 여기지 않고 자연스레 받아들인 점을 볼 때, 예수님은 주님이셨지만 평소에도 그와 같은 허드렛일을 마다하지 않고 하셨던 것을 알 수 있다. 그분은 부활하신 영광의 주님이시지만, 마지막까지 제자들을 그들의 필요에 따라 기꺼이 섬기셨다.

이 주님은 제자들에게 사명을 주신다. 베드로는 예수님이 십자가에 못 박히시기 전에 세 번이나 그를 부인했다. 마지막 한 번은 저주까지 하면서 부인했다. 그러나 예수님은 그것이 베드로의 참 마음이 아닌 것을 알고 계셨고, 가슴을 친 그의 통곡의 회개도 알고 계셨다. 그래서 아무 말 없이 그를 받아 주시는 것으로 그의 상한 마음을 어루만지셨다. 그러나 누군가와 신뢰 관계가 깨어졌을 때 회복의 절정은 그 사람에게 다시 일을 맡기는 것이다. 신뢰가 회복되지 않으면 결코 일을 맡기지 않는다. 예수님은 그 완전한 회복을 베드로에게 주시기 원하셨다. 베드로에게 세 번이나 "네가 너를 사랑하느냐?" 물으신 것은 베드로 속에 남아 있는 주님을 부인했던 세 번의 기억을 씻어 주시려고 일부러 그렇게 하셨을 것이다. 그리고 베드로가 주님을 사랑함을 고백했을 때, 세 번 다 "내 양을 치라 혹은 내 양을 먹이라"고 하시며 사명을 주셨다.

주님은 지금 우리도 섬기고 계신다. 비록 숯불을 피워 놓고 생선과 떡을 굽지는 않으시지만, 우리가 처한 모든 상황에서 우리를 위로하고 격려하고 계신다. 그리고 주님은 우리에게도 물으신다. "네가 나를 사랑하느냐?" 만약 우리가, 베드로가 한 것처럼, "네 주님, 제가 주님을 사랑합니다."라고 대답한다면, 주님은 베드로에게 주신 것과 똑같은 사명을 우리에게도 주실 것이다. "내 어린 양을 먹이라!"

주님이 베드로에게 주님의 어린 양을 먹이라는 사명을 주신 것은 베드로의 능력을 믿어서가 아니다. 주님을 향한 그의 진심을 아셨기 때문이다. 마찬가지로 우리에게 "내 어린 양을 먹이라!" 하심도 우리의 능력을 믿어서가 아니라 우리의 진심을 보시기 때문이다. 다만 우리가 베드로와 다른 것은 베드로에게 맡기신 어린 양은 이제 막 탄생하게 될 신생 교회 성도들인 반면, 부모 된 우리에게 맡기신 어린 양은 우리 자녀들이란 것이다. 그러나 두 사명 모두 중요하기는 마찬가지다. 베드로에게 주신 사명 못지않게 우리에게 주신 사명 또한 중요한 이유는 우리의 자녀가 소중한 존재들이며, 다음 세대 하나님의 나라가 그들의 어깨 위에 있기 때문이다.

사명이라 할 때, 내가 아니면 이루어질 수 없는 일이 내게 주신 사명이다. 다른 사람도 할 수 있는 일을 나에게 사명으로 주시지 않는다. 내가 나에게 주신 자녀를 하나님의 자녀로 키워 내는 것은 세상에서 나만 할 수 있는 일이다. 교회 선생님이 할 수 없다. 유치원이나 학교에서 할 수 없다. 오직 부모인 나만 할 수 있다. 그렇기에 주님은 그 사명을 나에게 주시기 원하신다.

자녀를 키우는 일은 세상 사람들이 다 하는 평범한 일로 보일 수 있다. 사실 먹이고 입히고 키우는 일이라면 지극히 평범한 일로 세상 어느 부모나 다 하는 일다. 그것을 사명이라고 하지는 않는다. 그러나 이 자녀를 하나님이 기뻐하시는 믿음의 사람으로 키워 내는 일은 결코 평범한 일이 아니다. 그것은 주님을 사랑하는 자에게 주시는 하나님의 특별한 사명이다.

주님은 목숨을 주시기까지 성실하심으로 우리를 구원하시는 그분의 사명을 감당하셨다. 우리에게도 그 헌신과 성실이 필요하다.

〈You Raise Me Up (날 세우시네)〉

큰아이가 드디어 대학을 졸업하게 되었다. 입학하고 십 년 육 개월 만이었다. 8월 말 후기 졸업이었다. 아들은 산전수전 다 겪으면서, 그 이상 휴학을 하면 안 될 정도로 휴학을 하며 길고도 고통스럽게 대학을 다녔다. 해병대를 거쳐 공사장, 호텔 연회장, 드마리스 뷔페 주방보조, 택배 물류 창고 같은 일터를 섭렵했다. 땀을 흘려야 사는 고단한 인생이 어떤 것인지 배웠다. 기독교 동아리 활동을 통해 리더 훈련을 마쳤고, 신학생보다 성경을 더 깊이 있게 보는 안목을 키웠다. 교회 대학부 회장직도 책임을 다했다. 이때 얻은 신임으로 후에 아들은 그 교회 전도사로 일하도록 요청받았다. 내면의 영적 싸움을 통해 하나님이 삶의 주인이 되시는 영의 사람이 되어 갔다. 아들의 이십 대는 눈물과 씨름과 탄식으로 얼룩졌다. '이러다가 과연 내가 졸업이나 할 수 있을까?' 하는 염려도 아들 마음에 있었을 것이다. 그 지난 한 훈련의 시간을 뒤로 하고 이제 졸업하게 되었다. 졸업식 날 정말 오랜만에 아들의 얼굴에 웃음꽃이 활짝 피어난 것을 보았다.

졸업식 축사는 한센병 환자 치료에 헌신해 온 여수애양병원 김인권 명예 원장님이 하셨다. 그분의 감동적인 축사 중에 "환난은 인내를 인내를 연단을 연단은 소망을" 이룬다는 성경 말씀이 유독 내 귀에 꽂혔다. 하나님께서 아들의 지나온 삶을 어루만지시면서 위로하시는 말씀처럼 들렸다. 축가는 음대 성악과 남성 사중창단이 "You Raise Me Up (날 세우시네)"을 불렀다. "날 세우사 저 산에 우뚝 서리, 날 세우사 풍랑 가운데도 함께 하심 나 강하게 하네, 날 세우사 모든 것 할 수 있네"를 노래하는 중창단의 묵직한 목소리가 천정이 높은 졸업식장을 가득 채울 때, 마치 아들을 일으켜 세워 주실 것을 약속해 주시는 주님의 음성이 들리는 듯하였다. 이모저모로 하나님께서 아들을 위해 특별히 준비하신 졸업식이 분명했다.

그해 11월 우리 부부의 결혼 삼십 주년 기념일에 아들이 집에 왔다. 신학대학원에 가겠다고 말했다. 그동안 내가 받은 선물 중 최고의 선물이었다.

에필로그: 아버지의 영광을 위하여

▶ 내 은혜가 네게 족하다

큰아들이 전도사로 사역자의 길을 가고 있는데 혼기가 꽉 찼다. 장가를 가야 하는데 짝이 없었다. 어느 날 기도하는데 나는 속이 상했다. 주님께 하소연했다. "주님, 아들이 주의 일 하는 것 너무 좋아서 제가 등을 떠밀다시피 해서 사역자의 길을 가는데 제때 장가는 보내 주셔야 하지 않으신가요? 일반회사 다니는 친구들은 돈도 잘 벌고 말쑥하게 차리고 다녀서인지 모두 결혼해서 잘 살고 있는데, 우리 아들은 이게 뭔가요?" 그랬더니 마음속에 주님이 "내 은혜가 네게 족하다!"는 음성을 들려주셨다. "아니, 장가를 보내 주셔야 족한 것이지 어떻게 족해요!" 내가 투덜거렸다.

그날은 내가 너무 속이 상해 있었는지 주님이 더는 말씀하지 않으셨다. 그러나 이튿날 새벽기도 시간에 조용히 깨우쳐 주셨다, 지금 이 시간이 아들에게 왜 필요한지. 아들은 지금 하나님의 때가 될 때까지 기다리는 훈련을 받고 있었다. 인생의 가장 중요한 문제 앞에서 하나님보다 앞서가지 않고 하나님의 시간을 기다리는 것을 훈련 받고 있다고 주님이 가르쳐 주셨다. 아들이 주님께 아주 중요한 훈련을 받고 있는데 내가 모르고 불평하였다.

그로부터 이 년 후 아들은 예쁘고 사랑스러운 신부를 맞이하였다.

▶ 삼위 하나님 결혼식 초청

모년 모월 모일 오후 1시 큰은혜 교회에서 있을 큰아들 결혼예식에
하늘 아버지, 구주 예수님, 보혜사 성령님을 정중히 초청합니다.
꼭 오셔서 좌정하시고 우리 예배를 받으소서!
새롭게 시작하는 가정을 마음껏 축복하소서!
신랑 신부의 걸음걸음을 친히 인도하소서!
주님의 일을 이루게 하소서!
모든 영광 받으소서!
예수님의 이름으로, 아멘!

아들이 청첩장을 가져온 날, 제일 먼저 삼위 하나님께 청첩장을
올려 드렸다.

▶ 아버지의 영광을 위하여

　큰아들이 소속된 교단은 결혼하지 않으면 목사 안수를 주지 않았다. 아들은 짝을 만나지 못하여, 신대원을 졸업하고 목사고시에 합격하고서도 수년 동안 목사 안수를 받지 못하였다. 그러다가 마침내 결혼하고 열흘 후에 안수를 받았다. 그동안 아들을 위해 흘렸던 내 모든 눈물이 씻겨진 날이다. 주님께 "잘했다, 딸, 그동안 수고했다!" 칭찬을 들었다.

　주님은 신실하셨다. 아들을 맡기며 주께 기도드린 대로, 주님이 직접 아이에게 말씀하시고 가르치시고 인도하셨다. 직접 훈련 하시고 연단 하시고 하나님의 일군으로 세우셨다. 그 훈련 과정에서 아들보다 더 힘들어한 부모를 붙들어 주시고 견딜 수 있게 하셨다.

　아직 기도가 남아 있다. '오직 아버지의 영광을 위하여 살게 하소서!'

▶ 목회자가 가지 못하는 곳에서

나는 큰아이는 목회자가 되길 바랐지만, 작은아이는 어렸을 때부터 목회자가 가지 못하는 곳에서 주님의 사랑과 진리를 전하며 살길 기도했다. 그렇게 되기 위해 먼저 아이가 주님께 사랑을 많이 받고, 받은 사랑을 다른 이들에게 흘려보내는 통로가 되길 기도했다.

아이는 언제나 맡은 일에 성실하였다. 간혹 어쩔 수 없어 빠진 때도 있었지만, 야근을 일삼는 회사에 다니면서도 주일 아침 찬양팀 드럼을 맡아 수년간 봉사했다. 그 성실을 주님이 귀하게 여기셨는지 뜻밖의 큰 은혜를 베푸셨다. 하버드대 디자인 대학원(Graduate School of Design) 석사 과정에 입학하게 하셨다. 필요한 장학금도 함께 주셨다. 그곳에서 공부하면서 아들은 건축 설계에서 도시 설계로 전공을 바꾸었다.

아들은 교회에서 시행한 단기 선교를 여러 차례 다녀오면서 가난한 나라의 가난한 사람들의 삶에 눈을 뜨게 되었다. 특히 전공과 관련해 제삼 세계 저소득층 사람들을 위한 효과적인 재난 대책이 무엇일지에 관심을 가졌다. 아들이 쓴 석사 논문은 마닐라시에서 빈민가와 부유층 주택가를 장벽으로 분리한 것이 효율적인 기후 재난(홍수) 대책 수립에 어떤 영향을 미치는지에 관한 것이다. (논문 제목: "Divided we drown: Segregation and climate resilience in Metro Manila")

아들은 이 논문을 쓰기 위해 마닐라에 가서 빈민들이 모여 사는 현장을 조사하고 관련된 사람들을 만나 인터뷰를 했다. 나는 이 논문이 마닐라시 저소득층 사람들을 위한 효율적인 재난 대책 수립에 유용한 자료가 되도록 기도하였다. 이듬해 이 논문은 하버드 대 아시아센터에서 주최한 "동남아시아 기후 복원적 개발 국제 워크숍"에 발제 논문으로 선정되었다.

아들은 현재 미시간 대학에서 박사과정을 밟고 있다. 관심 분야가 비슷한 지도교수는 브라질 상파울루 판자촌 주거 실내 온도를 줄이는 방법을 연구하고 있다. 나는 이들의 연구가 흥미로우며, 아들의 학업이 소망스럽다. 목회자가 가지 못하는 곳에서 아들이 어떻게 주의 복음을 전하며 살지 무척 기대된다.

나는 주께서 나에게 자녀들을 위한 거룩한 열심을 주신 것을 감사한다. 그러나 그 열심을 이루는 것은 내 능력 밖이었다. 힘들 때마다 내가 한 일은 주님을 바라본 것이 전부였다. 이루시는 분은 주님이셨다. 앞으로 이루어 가실 이도 주님이시다. 주님께 모든 영광을 올려 드린다.

부록: 묵상일지 쓰는 법

1. 묵상할 성경을 정한다. 신구약 성경 중 한 책을 정하거나 혹은 『매일 성경』 같은 큐티 집을 따라 해도 좋다.

2. **노트 한 권**을 마련한다.

3. 하루 중 **집중할 수 있는 조용한 시간과 장소**를 찾는다. 최소 30분은 집중할 수 있어야 한다.

4. 준비 찬양 또는 기도를 한다.

5. 우선 성경 한 장을 읽으며 그날 묵상할 분량을 정한다. 많이 하려는 욕심은 금물이다. 성경 읽기가 아니라 **묵상이 포인트**이다. 대략 **열 절 내외**가 좋다. 성경 읽기는 따로 할 것을 추천한다.

6. 노트에 날짜와 묵상할 성경 본문을 기록한다.

예) 2024년 1월 1일 창세기 1:1-8, 또는 요한복음 1:1-18

7. 묵상하기로 정한 부분을 다시 읽으며 **중요한 내용을 노트에 쓰기 시작한다**. 성경 구절을 그대로 써도 되고, 풀어 써도 된다.

8. 의미를 모르는 단어나 이해가 안 되는 문장은 쉬운 뜻을 찾아본다. 사전이나 새 번역, 영어 쉬운 번역 등을 사용한다. 성경 연구가 아니므로 도통 이해가 안 되는 부분은 일단 넘어가고 나중에 연

구하거나 질문하는 것이 좋다.

9. 중요한 내용을 쓴 것 중에 마음에 와닿는 구절 혹은 문장에 대해 **마음속에 떠오르는 생각을 그대로 노트에 기록한다.** 잘 쓰려 하지 말고 솔직하게 있는 그대로 쓰는 것이 중요하다. 화나면 화난 대로, 속상하면 속상한 대로 쓴다. 마음에 와닿는 무엇이 없으면 말씀을 곱씹으며 되풀이하여 읽는다, 쓸 거리가 생길 때까지.

10. 오늘 성경 말씀에 비추어 **하나님은 나에게 무엇이라 말씀하실지** 생각하며 계속 써 내려간다. 마음속에서 **하나님과 주거니 받거니 대화가 되면 그 대화를 그대로 기록한다.**

11. 쓰면서 생각이 정리되고 결론이 나오면 그것이 오늘 나에게 주시는 교훈이 된다. **주님의 음성을 귀 기울여 들으려는 자세가 중요하다.** 내 생각을 고집하면 주님의 음성을 듣기가 어렵고, 따라서 생각이 정리되지도 교훈을 얻지도 못하기 쉽다.

12. 그 교훈과 관련해 내가 실천할 수 있는 적용 한두 가지를 찾는다. **실천 가능한 구체적인 것이 좋다.**

예를 들면 교훈이 '기도해야 한다'일 때, 적용은 '큐티 묵상 후에 15분 기도한다.' 또는 교훈이 '아이를 더 사랑해야 한다'일 때, 적용은 '오늘 아이와 즐거운 마음으로 한 시간 동안 놀아 준다.'와 같이 구체적이어야 한다.

13. 교훈을 다시 마음에 새기고 적용한 것을 잘 실천할 수 있도록 기도하며 묵상을 마무리한다.

14. 적용을 어떻게 실천했고 그 결과가 어땠는지 **실천 후기를 기록**

해 둔다. 이 후기는 지속적인 묵상과 실천에 큰 동기부여를 제공한다.

▶ 〈묵상일지 예〉

2024년 0월 0일
본문: 이사야 39:1-8

중요내용

1절 발라단의 아들 바벨론 왕 므로닥발라단이 히스기야가 병들었
다가 나았다 함을 듣고 히스기야에게 글과 예물을 보냈다.

2절 히스기야가 사자들로 인해 기뻐하여 그들에게 보물 창고 곧
은금과 향료와 보배로운 기름과 모든 무기고에 있는 것을 다 보여
주었다. 히스기야가 자신과 나라의 보물을 보여 주지 않은 것이 없
었다.

5절 이사야가 히스기야에게 만군의 여호와 하나님의 말씀을 전했다.

6절 "보라 날이 이르리니 네 집에 있는 모든 소유와 네 조상이 오
늘까지 쌓아 둔 것이 모두 바벨론으로 옮긴 바 되고 남을 것이 없으
리라" 하나님께서 말씀하셨다.

묵상 및 교훈

이 본문 말씀을 이해하기 어렵다. 보통 히스기야의 자랑과 교만
때문에 하나님께서 심판하신다고 하는데, 그것 좀 자랑한 것치곤 벌

이 너무 과하게 보인다. 아 얼마 전에 교회서 보았던 한 형제가 생각난다. 어쩌면 히스기야 왕도 그 형제와 같았을지 모른다.

그는 (50대 독신남, 불신자) 뇌졸중으로 쓰러져서 거동을 못 하다가, 믿는 누님의 중보기도로 겨우 회복하여 이제 거동하며 교회 출석도 시작하였다. 그런데 얼마 못 가서 주일예배에 나오지 않았다. 이유인즉 먹고 살기 위해 주일에도 일해야 하기 때문이라고 했다. 일용직으로 생계를 유지하다 보니 생활비가 걱정일 수도 있지만, 그래도 반신마비에서 회복되었는데 너무 쉽게 하나님의 은혜를 저버린 것 같다. 원래 믿음이 없었으니 그런가 보다 하다가도, 먹고 사는 문제에 매여 사는 모습이 안타까웠다.

히스기야도 그와 같지 않았을까? 하나님의 은혜로 앗시리아도 이기고 죽음의 병도 이겼건만, 신흥 강국 바벨론의 사자가 자신을 칭송하며 찾아온 것을 보았을 때 순간, 이 바벨론을 의지하여 나라의 안녕을 도모해야겠다고 생각한 것 같다. 그래서 나라 안의 모든 보물을 다 보여 주며 바벨론이 자기와 동맹을 맺을 가치가 있음을 어필하였을 것이다.

문제는, 본문에 언급되지는 않았지만, 히스기야의 마음속에 숨은 동기였다. 하나님보다 바벨론을 의지하려고 했던 그 동기가 이전 왕들이 애굽이나 여타 강대국을 의지하려 한 것과 같았고, 하나님의 진노를 사기에 충분했다. 이것은 하나님 외에 다른 것을 의지하려 한 이스라엘 백성을 심판하실 것이라고 말씀하신 성경의 다른 부분들과도 일맥 상통한다.

적용

1. 하나님은 마음의 동기를 보신다. 내 앞에도 정말 중요한 결정을 해야 하는 일이 있다. 아무래도 영아부 사역을 내려놓고 외국인 유학생 사역에 전념해야 할 것 같다. 물밀듯 밀려드는 유학생들을 가만히 보고만 있을 수 없다. 이미 반 이상 마음이 결정된 상태이긴 하지만, 다시 한번 내 안의 다른 숨은 동기는 없는지 살펴야겠다. 눈곱만치라도 하나님보다 우선하는 무엇인가 있다면 주님이 기뻐하지 않으실 것이다. 사역 전환에 대한 동기 점검을 위해 저녁에 남편과 상의해 본다.

2. 생활을 염려하여 예배를 멀리하는 그 형제를 위해 기도해야겠다. 몸을 고쳐 주신 분이 먹을 것도 주실 것을 믿을 수 있도록, 예배 자리를 먼저 지키도록! 매일 밤 기도 시간에 한 달 동안 형제를 위해 기도한다.

실천 후기

1. 저녁에 남편과 이야기했다. 남편은 외국인 유학생 사역의 필요성을 이해했다. 내 동기에 문제가 있음을 지적하지 않았다. 사실 주님께서도 길을 열어 주시는 것으로 보인다. 마음을 확정해야겠다.

2. (한 달 후) 연약한 형제를 위해 매일 밤 기도 시간에 한 달 동안 기도했다. 그러나 형제는 여전히 주일예배를 드리지 않고 있다. 기도를 계속해야겠다.

네가 실패하면
하나님이
실패하시는 거란다

ⓒ 장미숙, 2025

초판 1쇄 발행 2025년 2월 5일

지은이   장미숙
펴낸이   이기봉
편집   좋은땅 편집팀
펴낸곳   도서출판 좋은땅
주소   서울특별시 마포구 양화로12길 26 지월드빌딩 (서교동 395-7)
전화   02)374-8616~7
팩스   02)374-8614
이메일   gworldbook@naver.com
홈페이지   www.g-world.co.kr

ISBN   979-11-388-3950-1 (03230)